본격 대결 과학실험 만화

내일은 실험왕 ⑯

본격 대결 과학실험 만화

내일은 실험왕 ⑯ 파동의 대결

글 곰돌이 co. | **그림** 홍종현 | **감수** 박완규, 이창덕 | **채색** 이재웅 | **사진** POS 스튜디오, Wiki, Shutterstock | **협찬** 미래과학
찍은날 2011년 2월 5일 초판 1쇄 | **펴낸날** 2011년 2월 8일 초판 1쇄
펴낸이 김영진 | **본부장** 김군호 | **개발실장** 황현숙
개발팀장 박현미 | **기획·편집** 문영, 이영, 박소영, 이지웅, 이소영, 강지혜, 백은영 | **디자인** 박남희, 이유리, 박지연
펴낸곳 (주)미래엔 서울시 서초구 잠원동 41-10 편집 02)3475-3920 마케팅 02)3475-3843~4 팩스 02)541-8249
출판등록 1950년 11월 1일 제16-67호 | **홈페이지** http://www.i-seum.com

부록으로 '파동으로 작용하는 소리의 원리, 플라스틱 팬플루트' 실험 키트가 들어 있습니다.

ISBN 978-89-378-4768-4
ISBN 978-89-378-4773-8(세트)

이 도서의 국립중앙도서관 출판시 목록(CIP)은 e-CIP 홈페이지(http://www.nl.go.kr/ecip)에서 이용하실 수 있습니다.
(CIP 제어번호 : CIP2011000410)

잘못된 책은 구입처에서 바꾸어 드립니다.
값은 뒤표지에 있습니다.

*(주)미래엔은 대한교과서주식회사의 새로운 이름입니다.

아이세움 i-seum

본격 대결 과학실험 만화

내일은 실험왕 ⑯

글 곰돌이 co. | 그림 홍종현

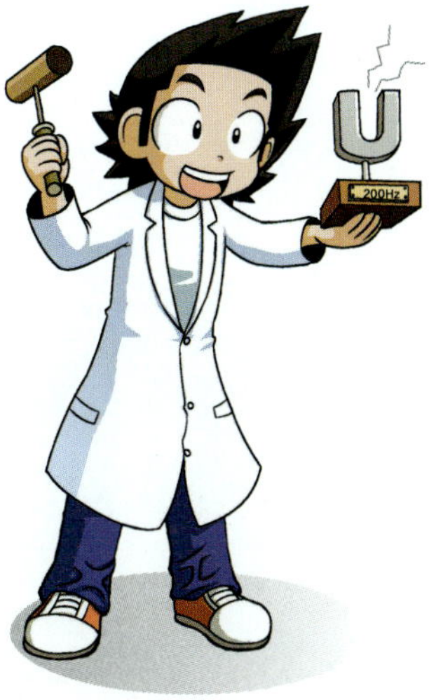
200Hz

아이세움

차례

등장인물

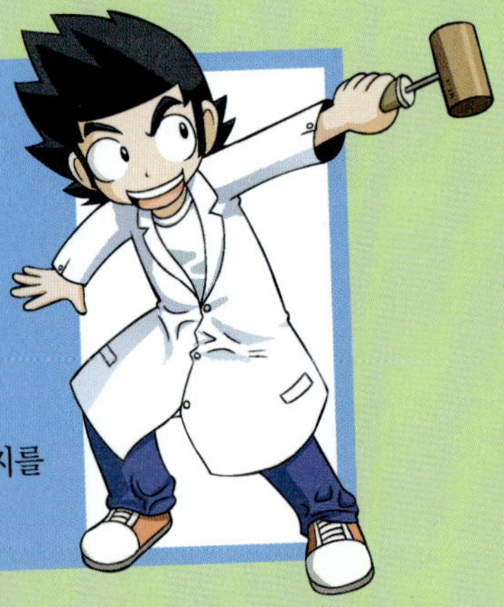

범우주

소속 새벽초등학교 실험반.

관찰 내용

- 애매하고 복잡한 대결 주제를 단순하게 해석하는 재주가 있다.
- 탁월한 기억력으로 마지막 예선전에서 결정적인 역할을 한다.
- 사랑과 우정 사이에서 갈피를 잡지 못하고 혼란스러워 한다.

관찰 결과 여전히 과학 이론에는 약하지만, 결정적인 순간에 기지를 발휘하며 실전에 강한 면을 보인다.

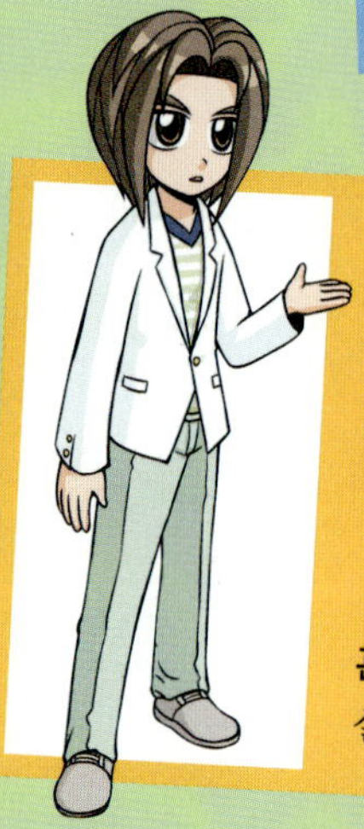

강원소

소속 새벽초등학교 실험반.

관찰 내용

- 한정된 시간임에도 팀원들을 위해 최선을 다해 원리를 설명한다.
- 새벽초 실험반 내에서 자신의 역할을 명확히 알고 있다.
- 결과 발표를 앞두고 술렁이는 관중석 반응에 초조해한다.

관찰 결과 표현은 서툴지만 자기 중심적인 사고에서 벗어나 새벽초 실험반의 한 구성원으로 서서히 스며들어 가고 있다.

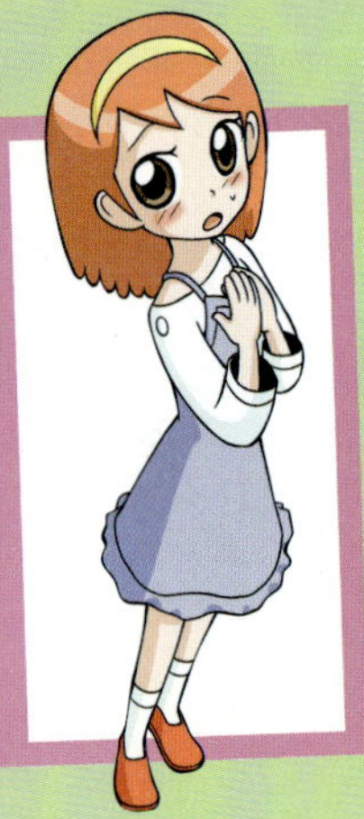

나란이

소속 새벽초등학교 실험반.

관찰 내용

- 오랫동안 손발을 맞추어 온 것처럼 원소와 환상 호흡을 자랑한다.
- 본선 진출 전 다양한 프로그램에 참가할 생각으로 한껏 들떠 있다.
- 초롱이가 우주에게 고백했다는 것을 알고 놀란다.

관찰 결과 원소를 좋아하는 자신의 기분에 빠져 친구들을 돌아보지 못했지만, 서서히 다른 아이들의 감정에 관심을 갖게 된다.

하지만

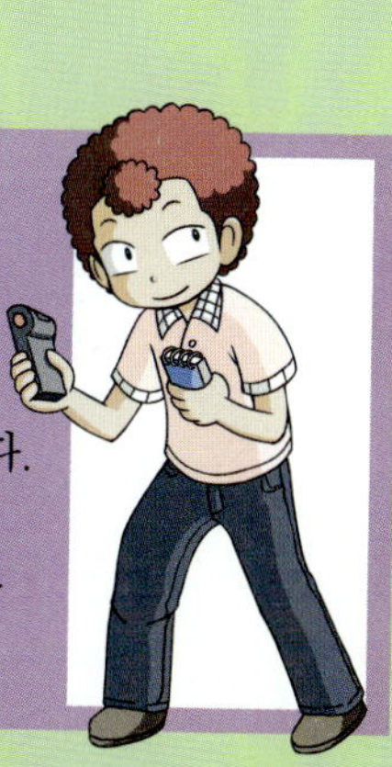

소속 새벽초등학교 실험반.

관찰 내용

• 메모의 달인답게 까다로운 실험 과정을 정리하며 흐름을 잡아 나간다.

• 우주의 불안한 심리 상태를 가장 먼저 눈치챈다.

관찰 결과 자신이 좋아하는 초롱이의 마음을 헤아리지 못하는 우주가 원망스럽지만, 친구의 고민 앞에서는 진심으로 상담해 준다.

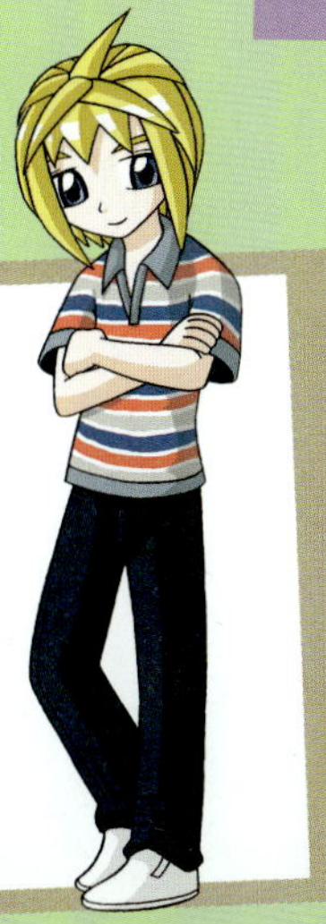

에릭

소속 한별초등학교 실험반.

관찰 내용

• 새벽초와 구만초의 대결에서 우연히 알게 된 천재원이 강력한 라이벌임을 직감적으로 느낀다.

• 정보통 배우리를 이용해 천재원의 뒤를 캔다.

관찰 결과 신사다운 이미지와 달리 자신의 목적을 이루기 위해서는 라이벌의 뒷조사도 마다하지 않는다.

김초롱

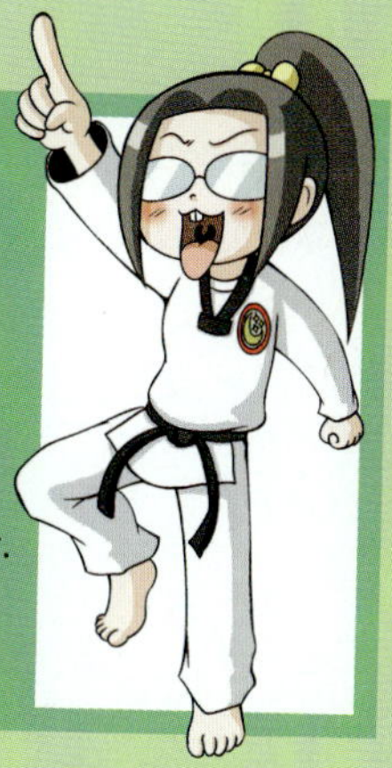

소속 새벽초등학교 태권도반.

관찰 내용

• 더 멋진 여자가 되면 우주가 자신을 좋아해 줄 거라는 생각으로 태권도 연습에 몰두한다.

• 여자의 고백은 그 결과가 좋지 않다는 태권도 주장의 말에 이성을 잃는다.

관찰 결과 자신을 위해 손수 실험을 준비해 온 우주에게 감동한 나머지, 우주의 의도와 상관없이 일편단심을 맹세한다.

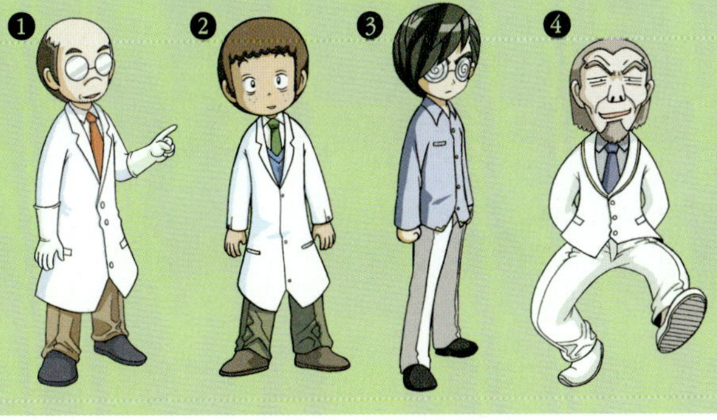

❶
❷
❸
❹

기타 등장인물

❶ 새벽초 실험반의 든든한 멘토 **가설 선생님.**

❷ 우주를 상대로 멋진 대결을 펼치는 **유진.**

❸ 어떤 상황에서도 초롱이를 최우선으로 생각하는 **천재원.**

❹ 새벽초 실험반의 성장이 못마땅한 **태양초 교장.**

제1화

불길한 예감

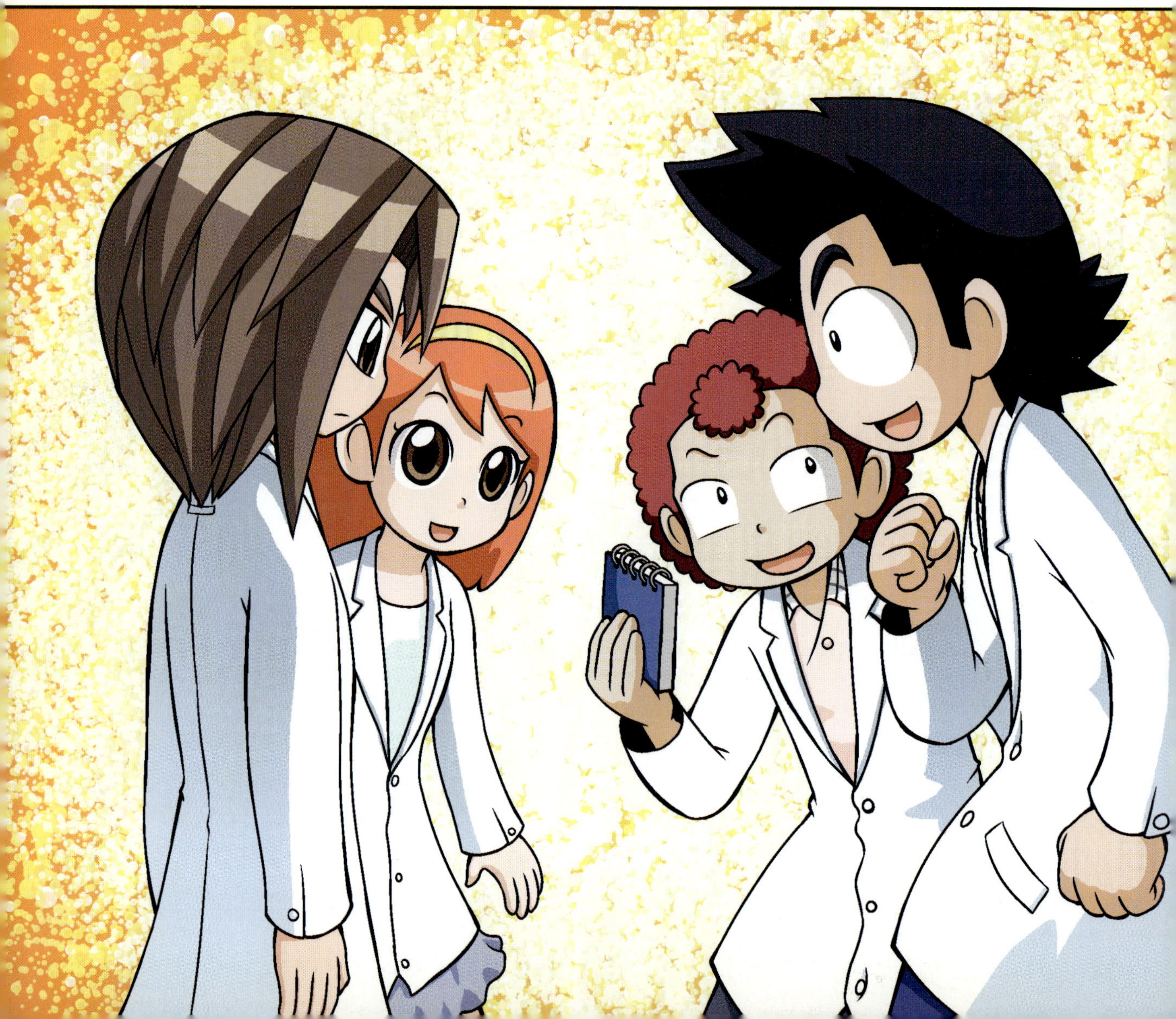

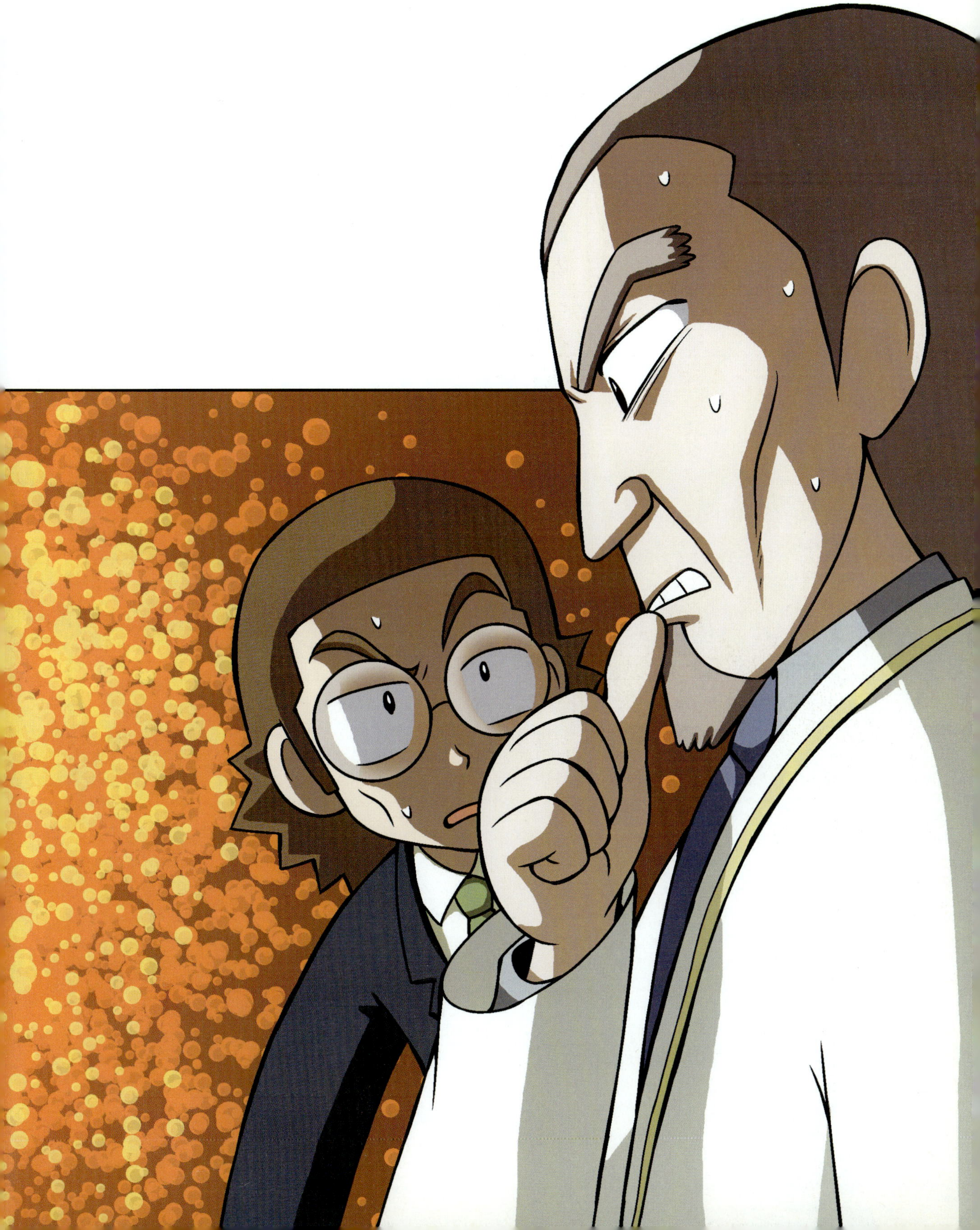

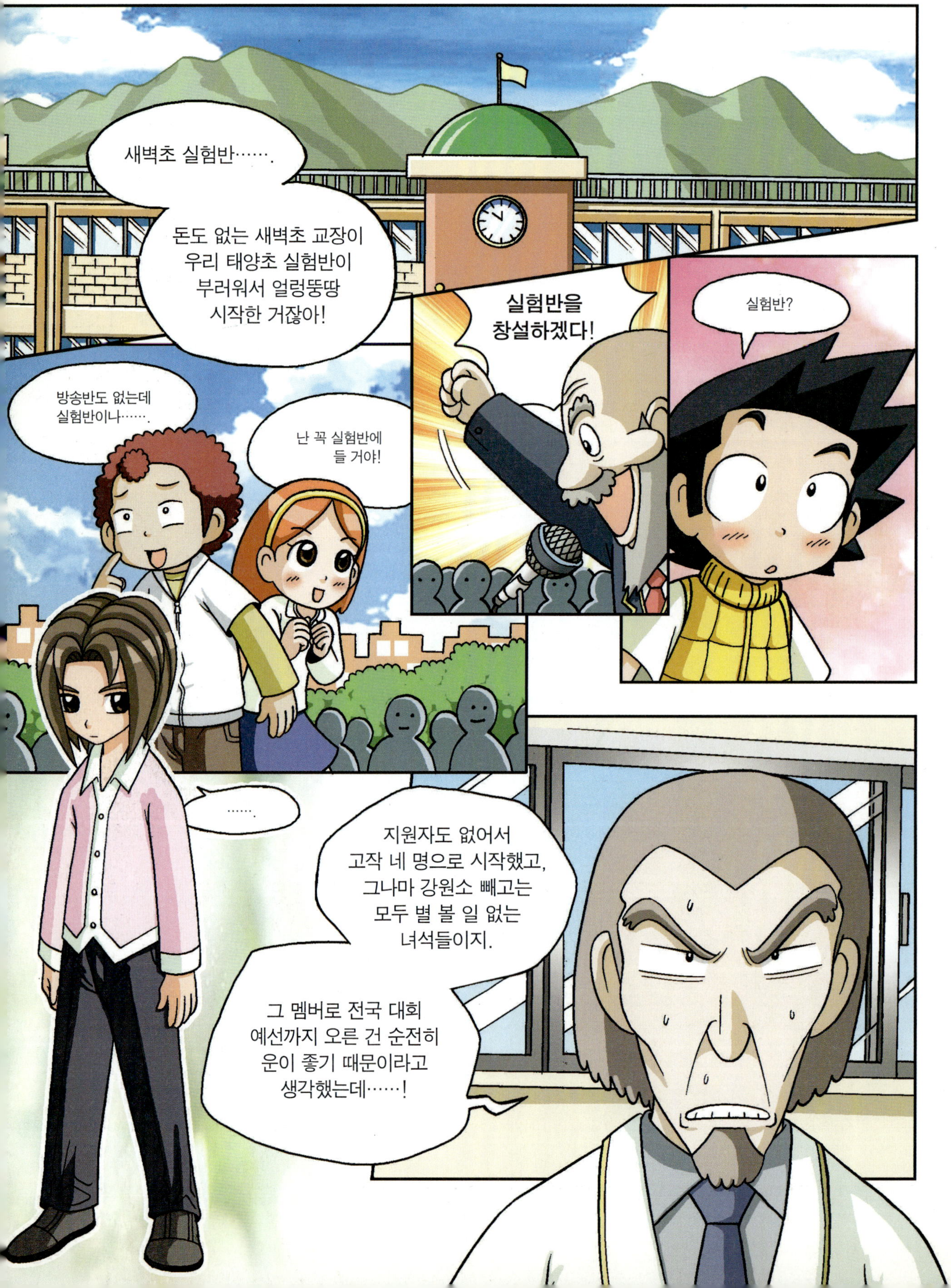
새벽초 실험반…….
돈도 없는 새벽초 교장이 우리 태양초 실험반이 부러워서 얼렁뚱땅 시작한 거잖아!
실험반을 창설하겠다!
실험반?
방송반도 없는데 실험반이나…….
난 꼭 실험반에 들 거야!
…….
지원자도 없어서 고작 네 명으로 시작했고, 그나마 강원소 빼고는 모두 별 볼 일 없는 녀석들이지.
그 멤버로 전국 대회 예선까지 오른 건 순전히 운이 좋기 때문이라고 생각했는데……!

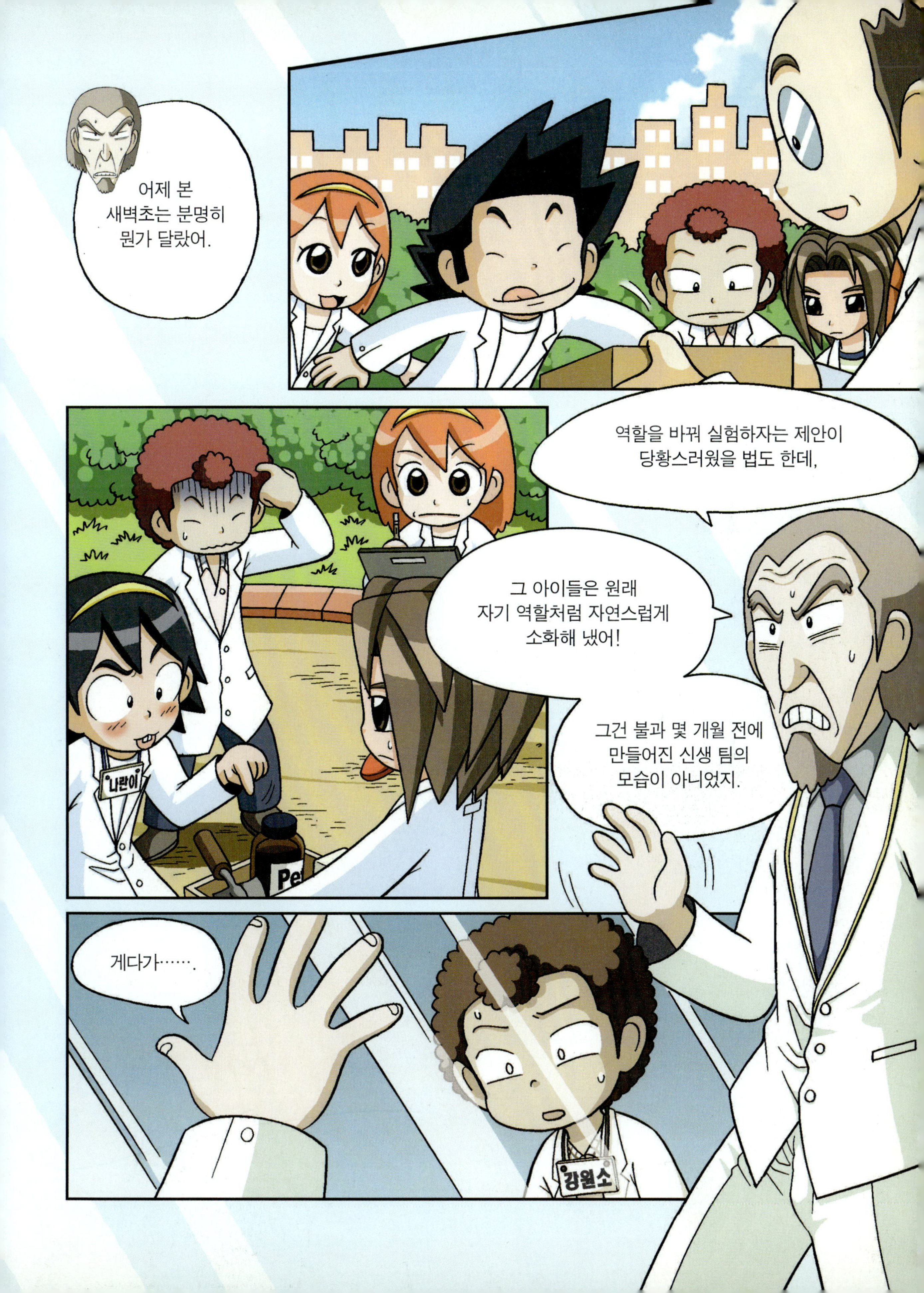
어제 본 새벽초는 분명히 뭔가 달랐어.
역할을 바꿔 실험하자는 제안이 당황스러웠을 법도 한데,
그 아이들은 원래 자기 역할처럼 자연스럽게 소화해 냈어!
그건 불과 몇 개월 전에 만들어진 신생 팀의 모습이 아니었지.
나란이
Pe
게다가…….
강원소

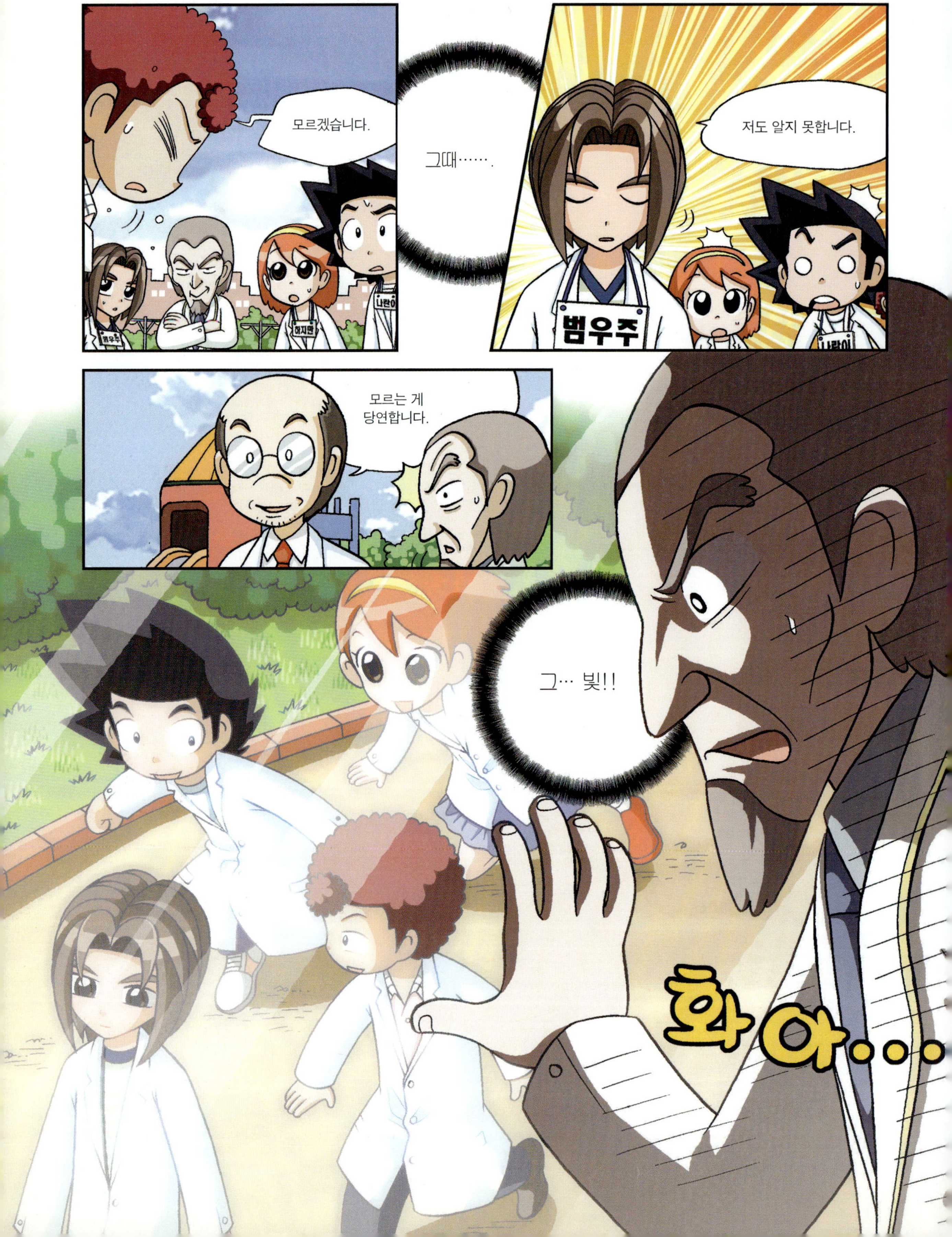
모르겠습니다.
그때…….
저도 알지 못합니다.
범우주
모르는 게
당연합니다.
그… 빛!!
화아…

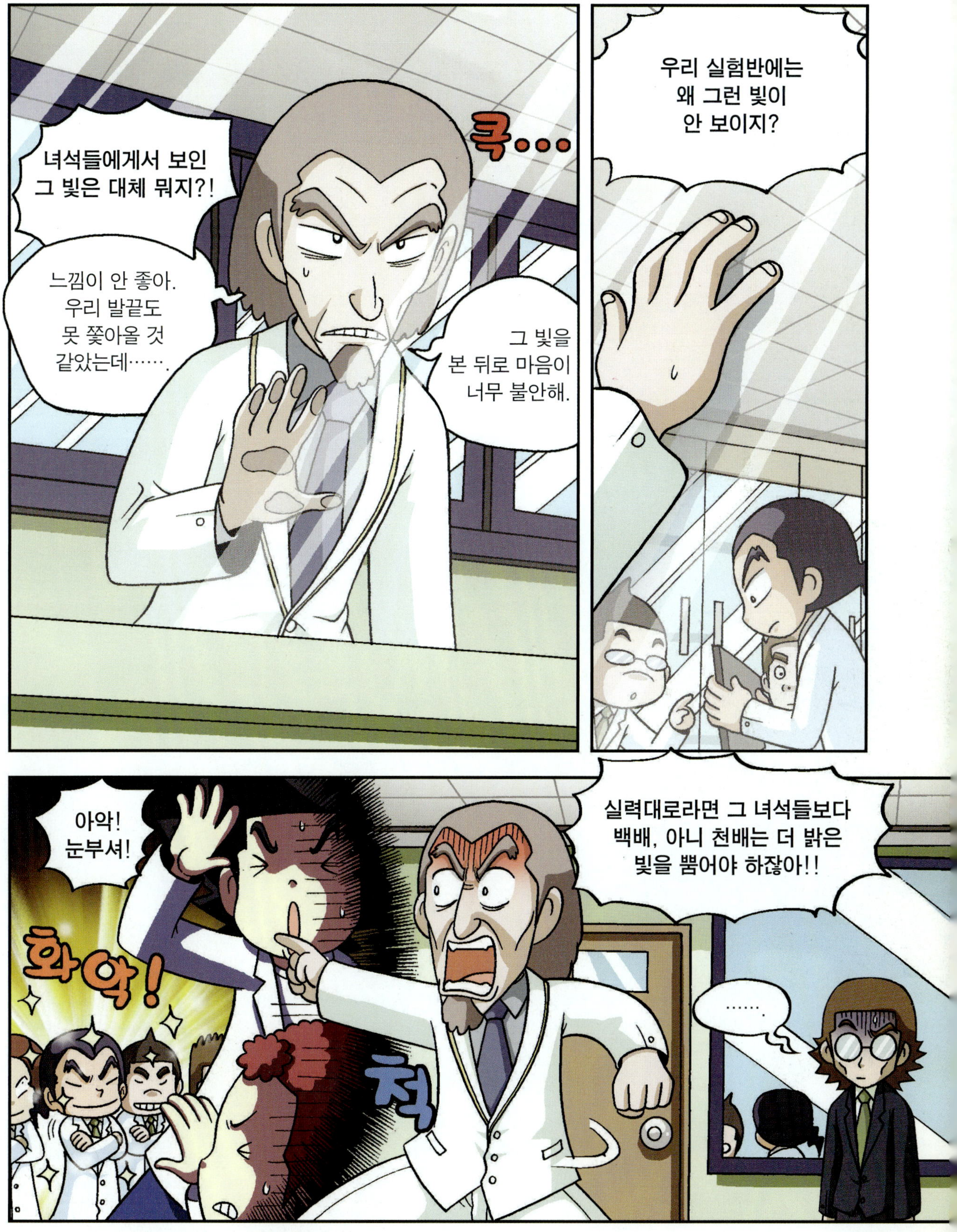
녀석들에게서 보인
그 빛은 대체 뭐지?!
쿡…
느낌이 안 좋아.
우리 발끝도
못 쫓아올 것
같았는데…….
그 빛을
본 뒤로 마음이
너무 불안해.
우리 실험반에는
왜 그런 빛이
안 보이지?
아악!
눈부셔!
화악!
실력대로라면 그 녀석들보다
백배, 아니 천배는 더 밝은
빛을 뿜어야 하잖아!!
척
…….

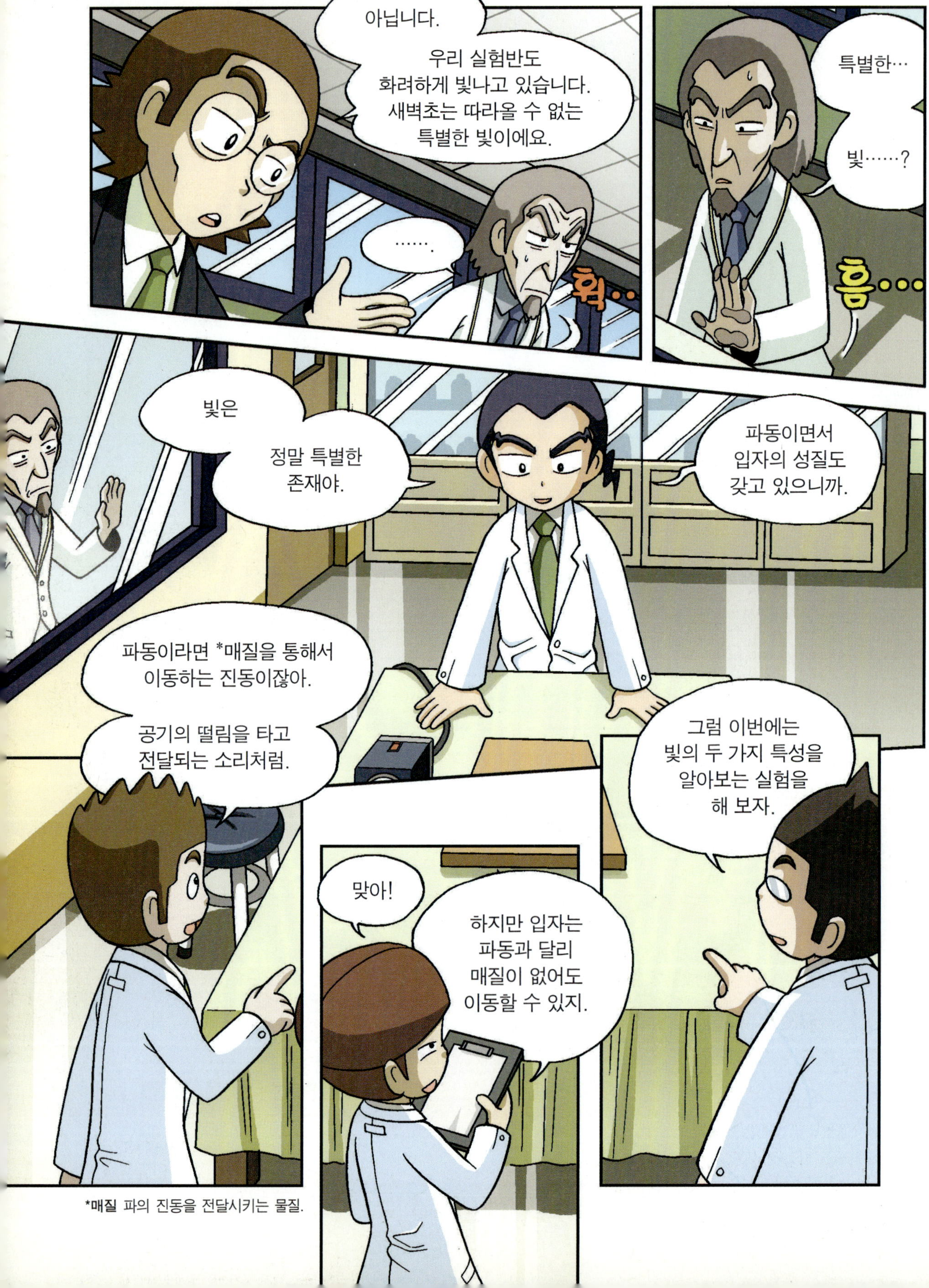
아닙니다.
우리 실험반도 화려하게 빛나고 있습니다. 새벽초는 따라올 수 없는 특별한 빛이에요.
…….
훽…
특별한…
빛……?
흠…
빛은
정말 특별한 존재야.
파동이면서 입자의 성질도 갖고 있으니까.
파동이라면 *매질을 통해서 이동하는 진동이잖아.
공기의 떨림을 타고 전달되는 소리처럼.
그럼 이번에는 빛의 두 가지 특성을 알아보는 실험을 해 보자.
맞아!
하지만 입자는 파동과 달리 매질이 없어도 이동할 수 있지.

***매질** 파의 진동을 전달시키는 물질.

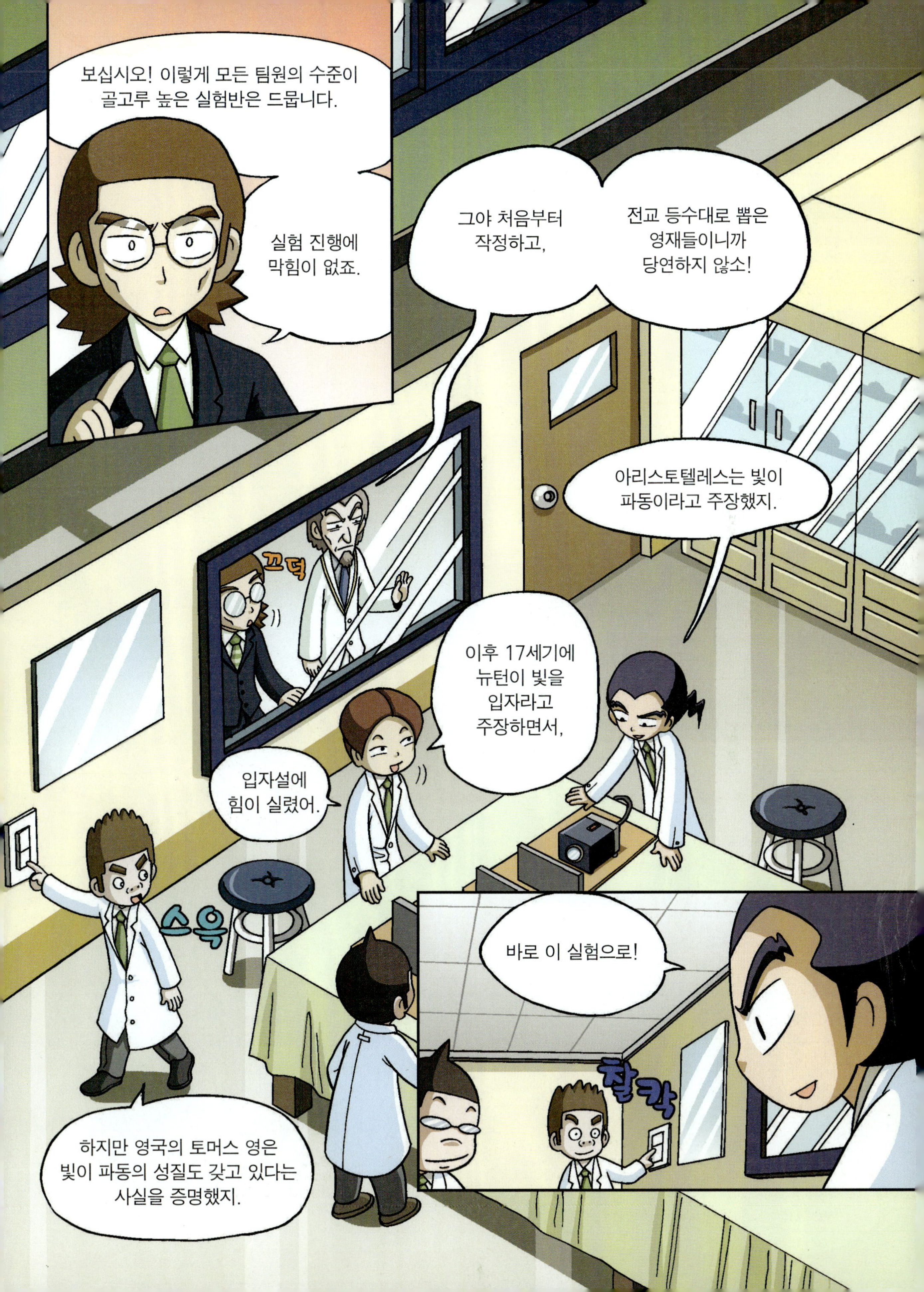
보십시오! 이렇게 모든 팀원의 수준이 골고루 높은 실험반은 드뭅니다.
실험 진행에 막힘이 없죠.
그야 처음부터 작정하고,
전교 등수대로 뽑은 영재들이니까 당연하지 않소!
끄덕
아리스토텔레스는 빛이 파동이라고 주장했지.
이후 17세기에 뉴턴이 빛을 입자라고 주장하면서,
입자설에 힘이 실렸어.
스윽
하지만 영국의 토머스 영은 빛이 파동의 성질도 갖고 있다는 사실을 증명했지.
바로 이 실험으로!
찰칵

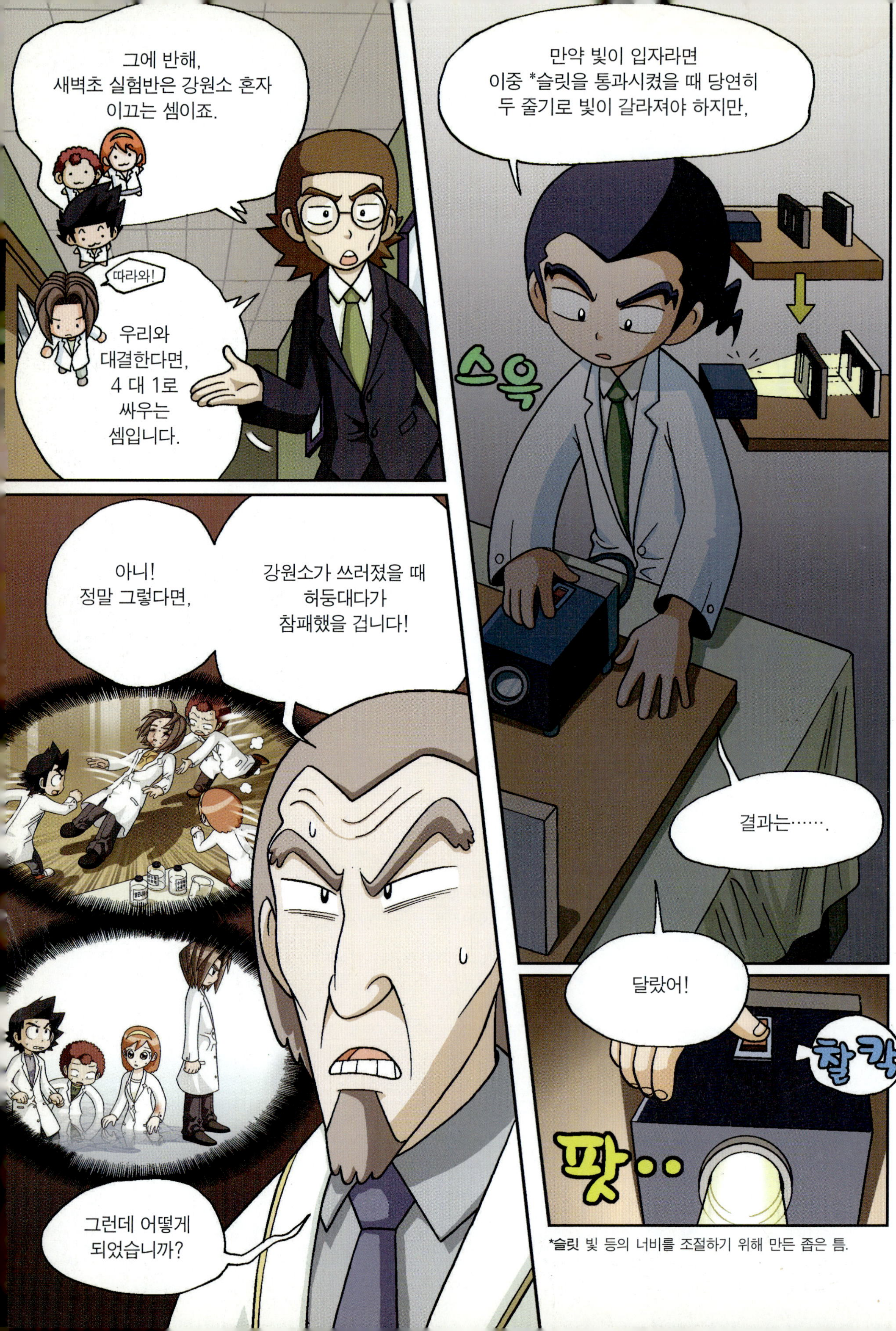
그에 반해,
새벽초 실험반은 강원소 혼자
이끄는 셈이죠.
따라와!
우리와
대결한다면,
4 대 1로
싸우는
셈입니다.
아니!
정말 그렇다면,
강원소가 쓰러졌을 때
허둥대다가
참패했을 겁니다!
그런데 어떻게
되었습니까?
만약 빛이 입자라면
이중 *슬릿을 통과시켰을 때 당연히
두 줄기로 빛이 갈라져야 하지만,
스윽
결과는…….
달랐어!
찰칵
팟..

*슬릿 빛 등의 너비를 조절하기 위해 만든 좁은 틈.

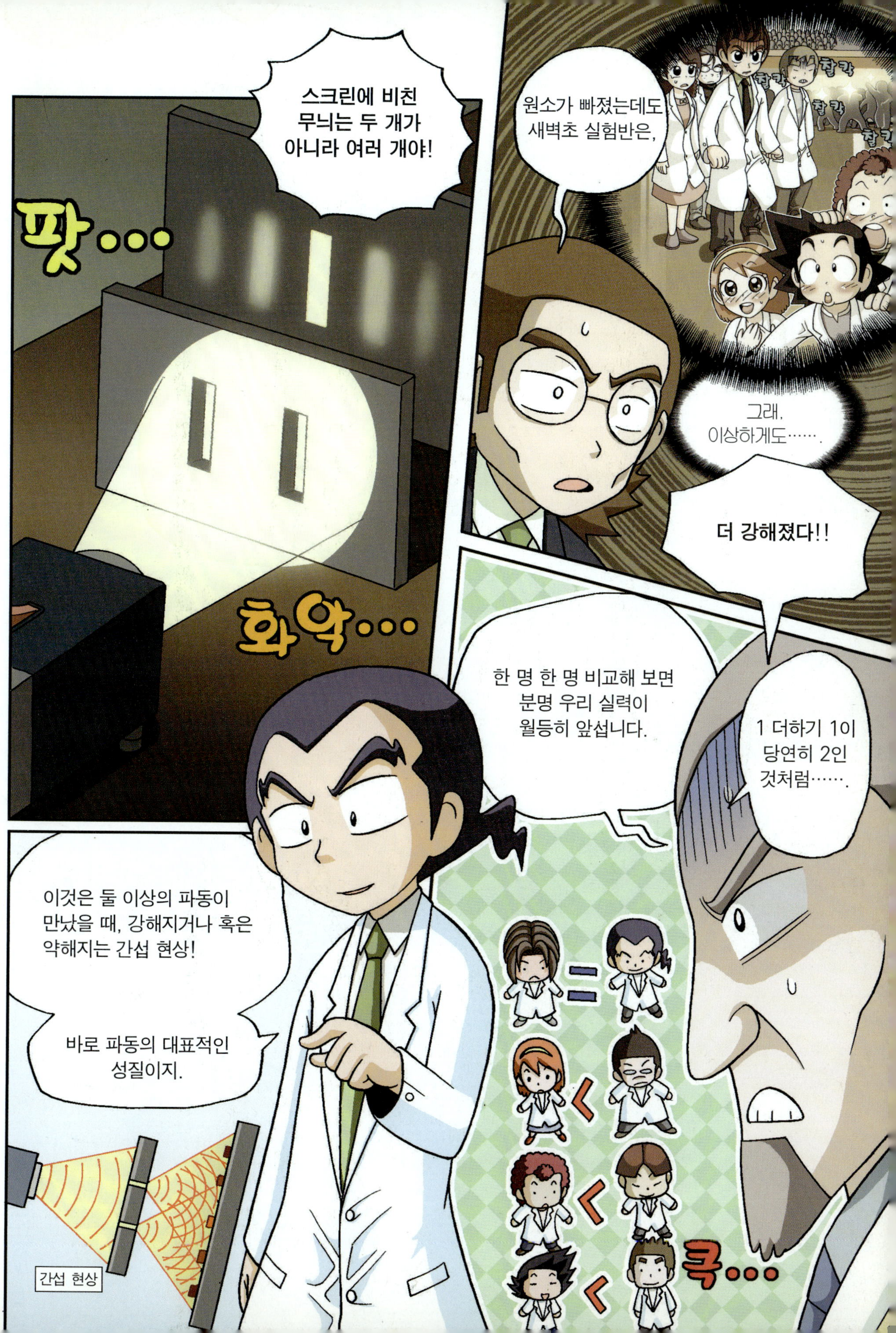
스크린에 비친 무늬는 두 개가 아니라 여러 개야!
팟…
화악…
원소가 빠졌는데도 새벽초 실험반은,
그래, 이상하게도…….
더 강해졌다!!
한 명 한 명 비교해 보면 분명 우리 실력이 월등히 앞섭니다.
1 더하기 1이 당연히 2인 것처럼…….
이것은 둘 이상의 파동이 만났을 때, 강해지거나 혹은 약해지는 간섭 현상!
바로 파동의 대표적인 성질이지.
간섭 현상
=
<
<
<
큭…

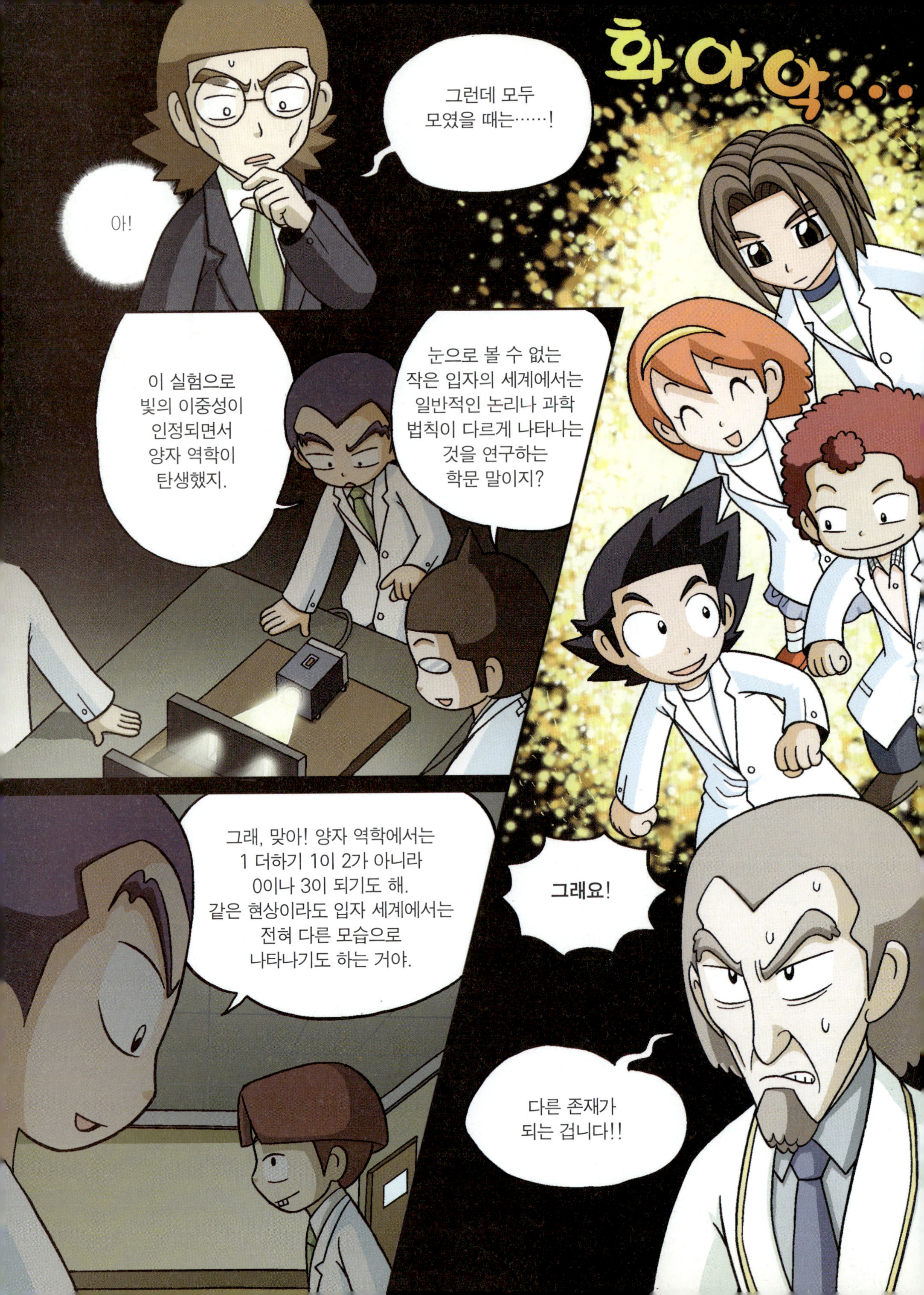

그런데 모두 모였을 때는……!
아!
화아악…
이 실험으로 빛의 이중성이 인정되면서 양자 역학이 탄생했지.
눈으로 볼 수 없는 작은 입자의 세계에서는 일반적인 논리나 과학 법칙이 다르게 나타나는 것을 연구하는 학문 말이지?
그래, 맞아! 양자 역학에서는 1 더하기 1이 2가 아니라 0이나 3이 되기도 해. 같은 현상이라도 입자 세계에서는 전혀 다른 모습으로 나타나기도 하는 거야.
그래요!
다른 존재가 되는 겁니다!!

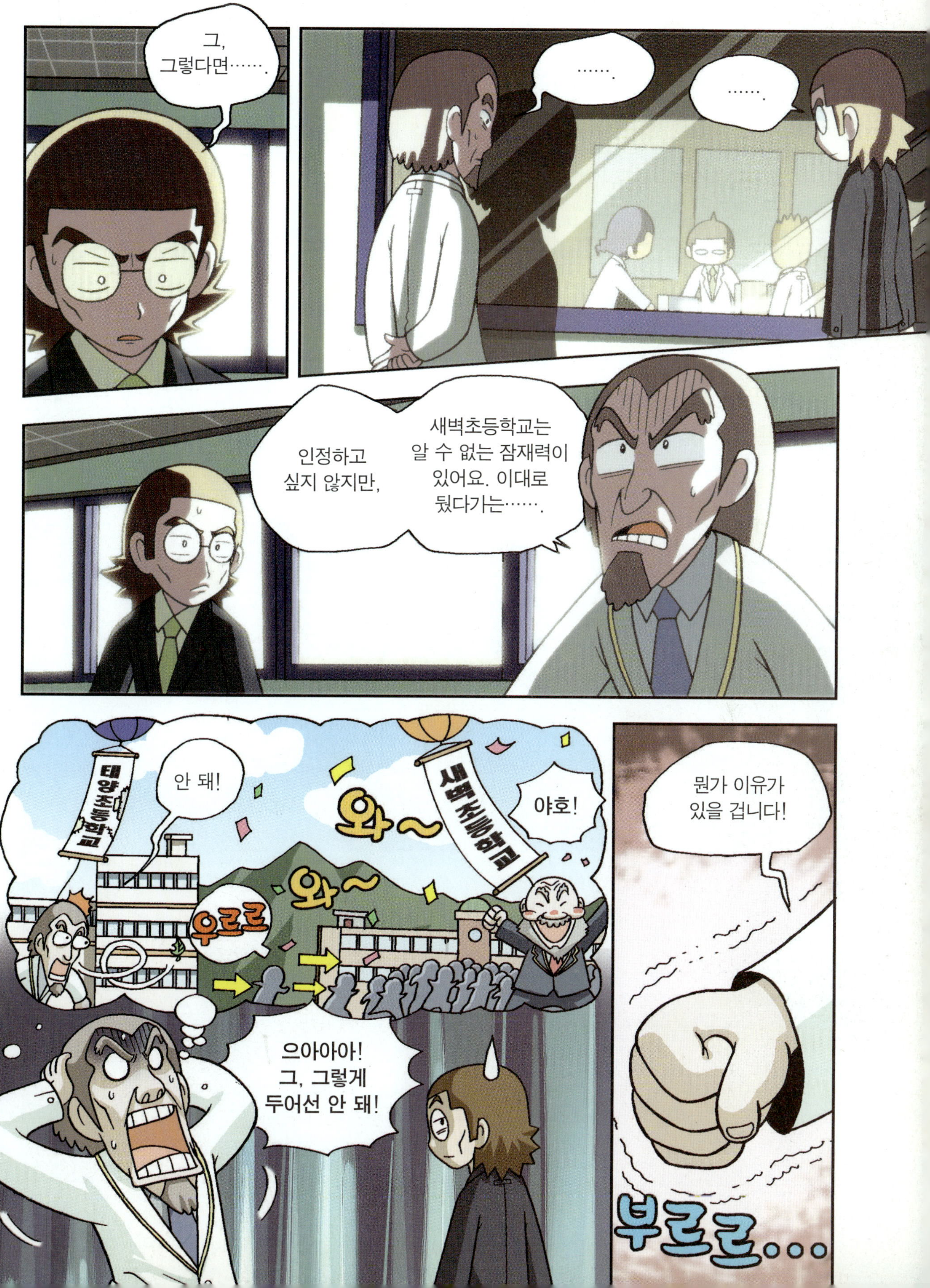
그,
그렇다면…….
…….
…….
인정하고
싫지 않지만,
새벽초등학교는
알 수 없는 잠재력이
있어요. 이대로
뒀다가는…….
태양초등학교
안 돼!
새벽초등학교
와~
야호!
와~
우르르
으아아아!
그, 그렇게
두어선 안 돼!
뭔가 이유가
있을 겁니다!
부르르...

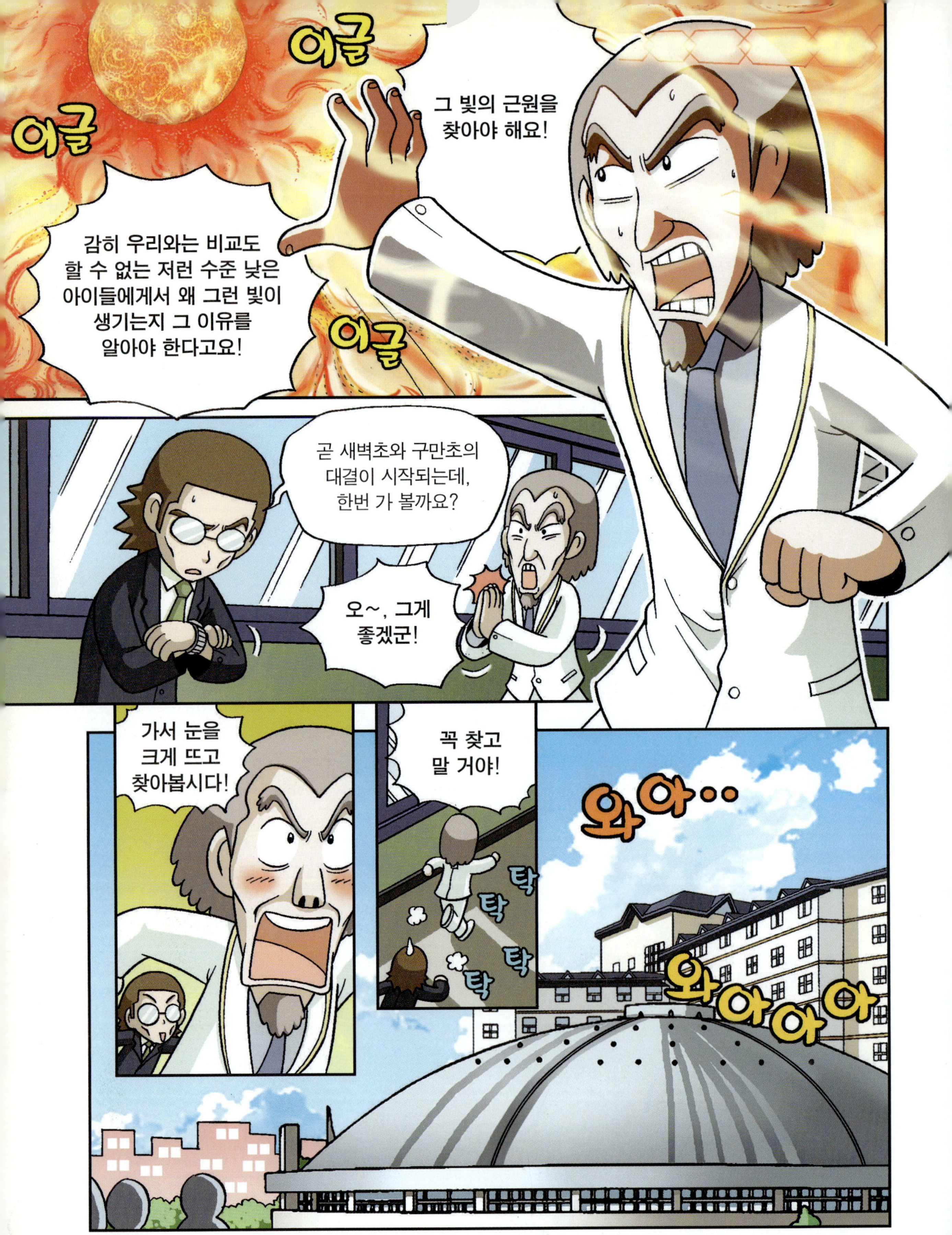
이글
그 빛의 근원을
찾아야 해요!
이글
감히 우리와는 비교도
할 수 없는 저런 수준 낮은
아이들에게서 왜 그런 빛이
생기는지 그 이유를
알아야 한다고요!
이글
곧 새벽초와 구만초의
대결이 시작되는데,
한번 가 볼까요?
오~, 그게
좋겠군!
가서 눈을
크게 뜨고
찾아봅시다!
꼭 찾고
말 거야!
탁
탁
탁
탁
와아..
와아아아

네! 지금까지 구만초등학교 실험반이었습니다.
꾸벅
이번엔 새벽초등학교를 만나 보겠습니다.
이에 맞서는 학교입니다.
척
아, 안녕하십니까?
저, 저는 새벽초등학교 실험반 대표 하지만입니다!
꾸벅

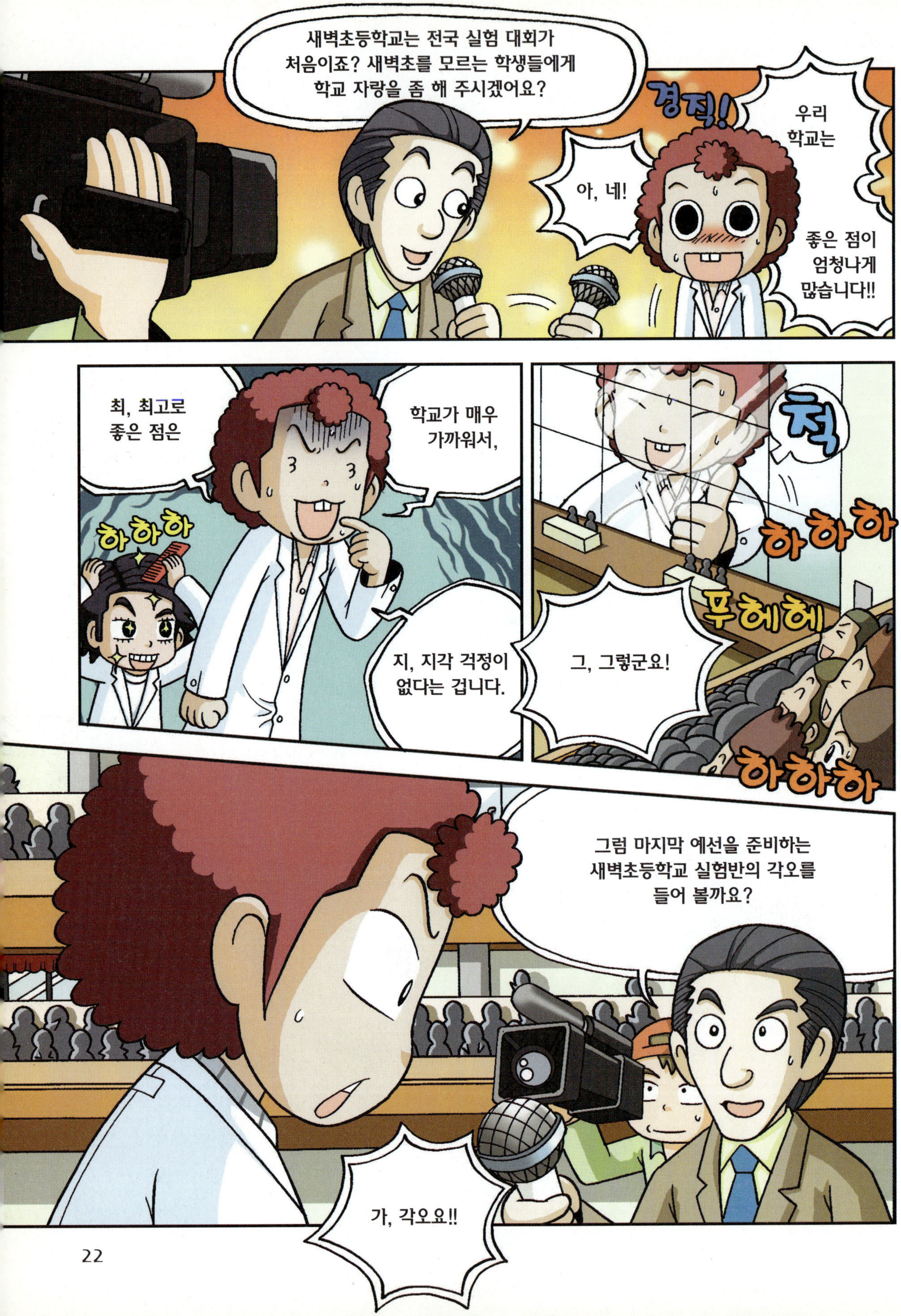
새벽초등학교는 전국 실험 대회가 처음이죠? 새벽초를 모르는 학생들에게 학교 자랑을 좀 해 주시겠어요?
경직!
아, 네!
우리 학교는
좋은 점이 엄청나게 많습니다!!
최, 최고로 좋은 점은
학교가 매우 가까워서,
하하하
지, 지각 걱정이 없다는 겁니다.
척
하하하
푸헤헤
그, 그렇군요!
하하하
그럼 마지막 예선을 준비하는 새벽초등학교 실험반의 각오를 들어 볼까요?
가, 각오요!!

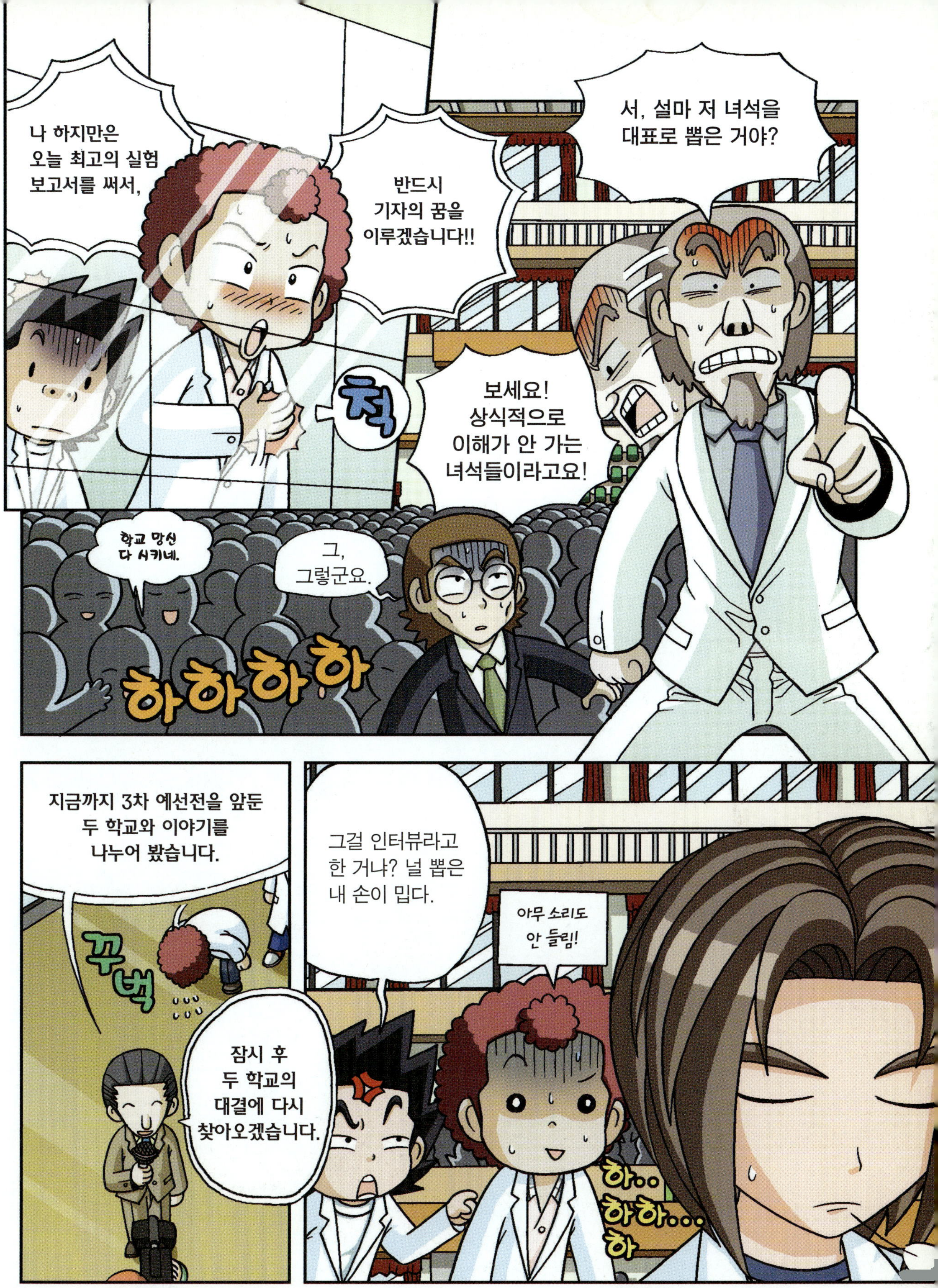
나 하지만은
오늘 최고의 실험
보고서를 써서,
반드시
기자의 꿈을
이루겠습니다!!
척
서, 설마 저 녀석을
대표로 뽑은 거야?
보세요!
상식적으로
이해가 안 가는
녀석들이라고요!
학교 망신
다 시키네.
그,
그렇군요.
하하하하
지금까지 3차 예선전을 앞둔
두 학교와 이야기를
나누어 봤습니다.
꾸벅
잠시 후
두 학교의
대결에 다시
찾아오겠습니다.
그걸 인터뷰라고
한 거냐? 널 뽑은
내 손이 밉다.
아무 소리도
안 들림!
하..
하하...
하

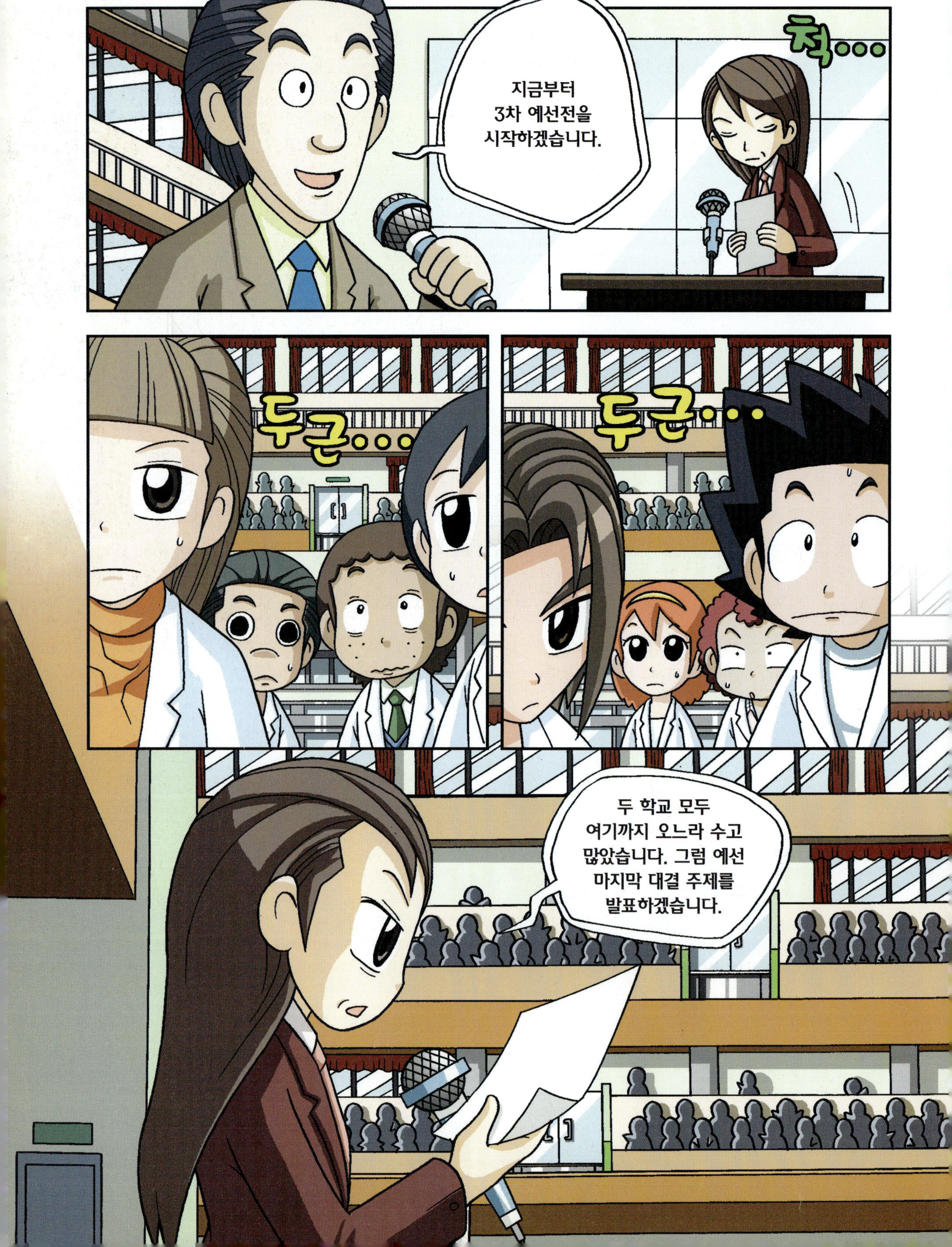
지금부터 3차 예선전을 시작하겠습니다.
척…
두근…
두근…
두 학교 모두 여기까지 오느라 수고 많았습니다. 그럼 예선 마지막 대결 주제를 발표하겠습니다.

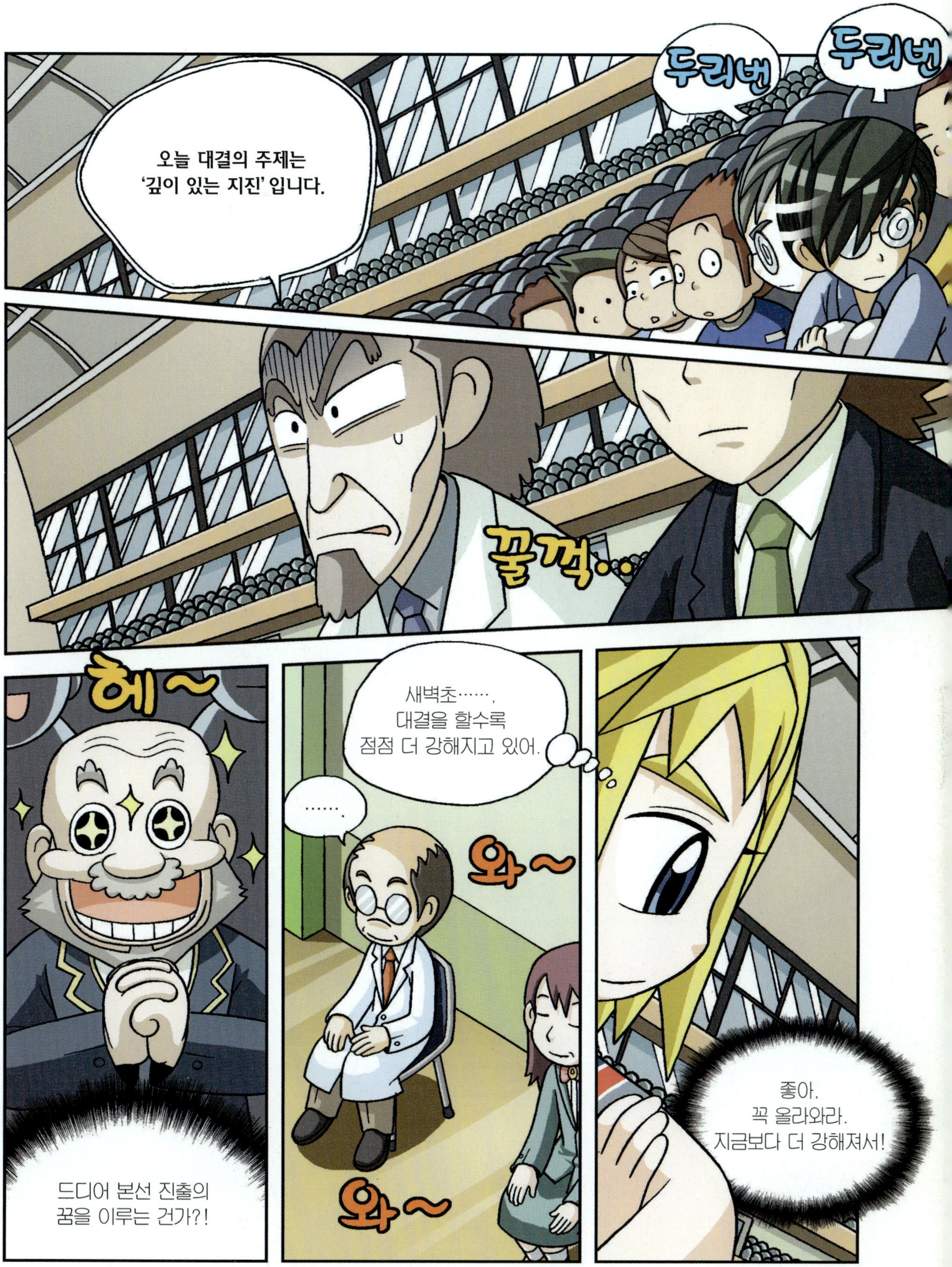
두리번
두리번
오늘 대결의 주제는 '깊이 있는 지진' 입니다.
꿀꺽…
헤~
드디어 본선 진출의 꿈을 이루는 건가?!
새벽초……, 대결을 할수록 점점 더 강해지고 있어.
…….
와~
와~
좋아. 꼭 올라와라. 지금보다 더 강해져서!

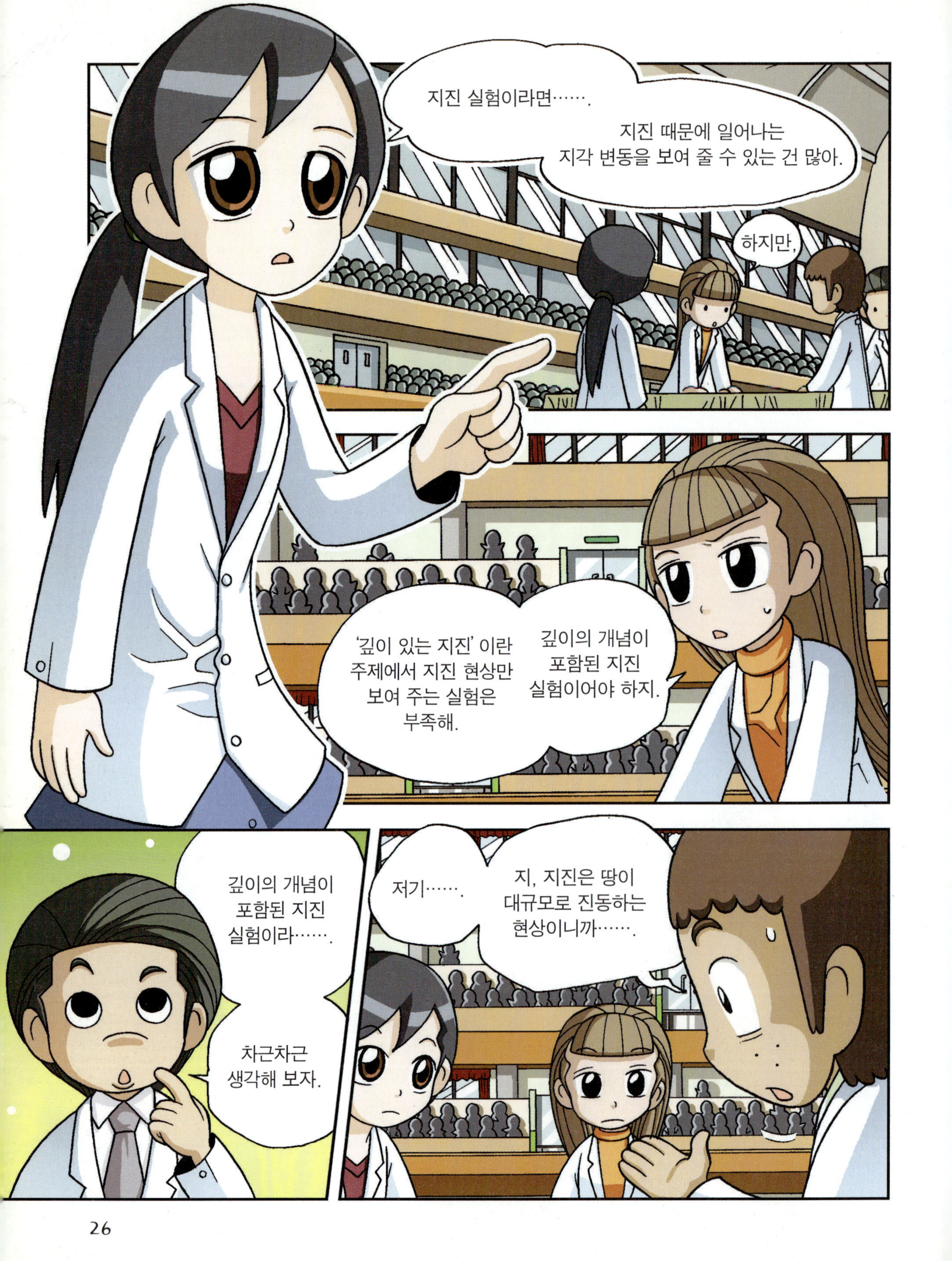
지진 실험이라면…….
지진 때문에 일어나는
지각 변동을 보여 줄 수 있는 건 많아.
하지만,
'깊이 있는 지진' 이란
주제에서 지진 현상만
보여 주는 실험은
부족해.
깊이의 개념이
포함된 지진
실험이어야 하지.
깊이의 개념이
포함된 지진
실험이라…….
차근차근
생각해 보자.
지, 지진은 땅이
대규모로 진동하는
현상이니까…….
저기…….

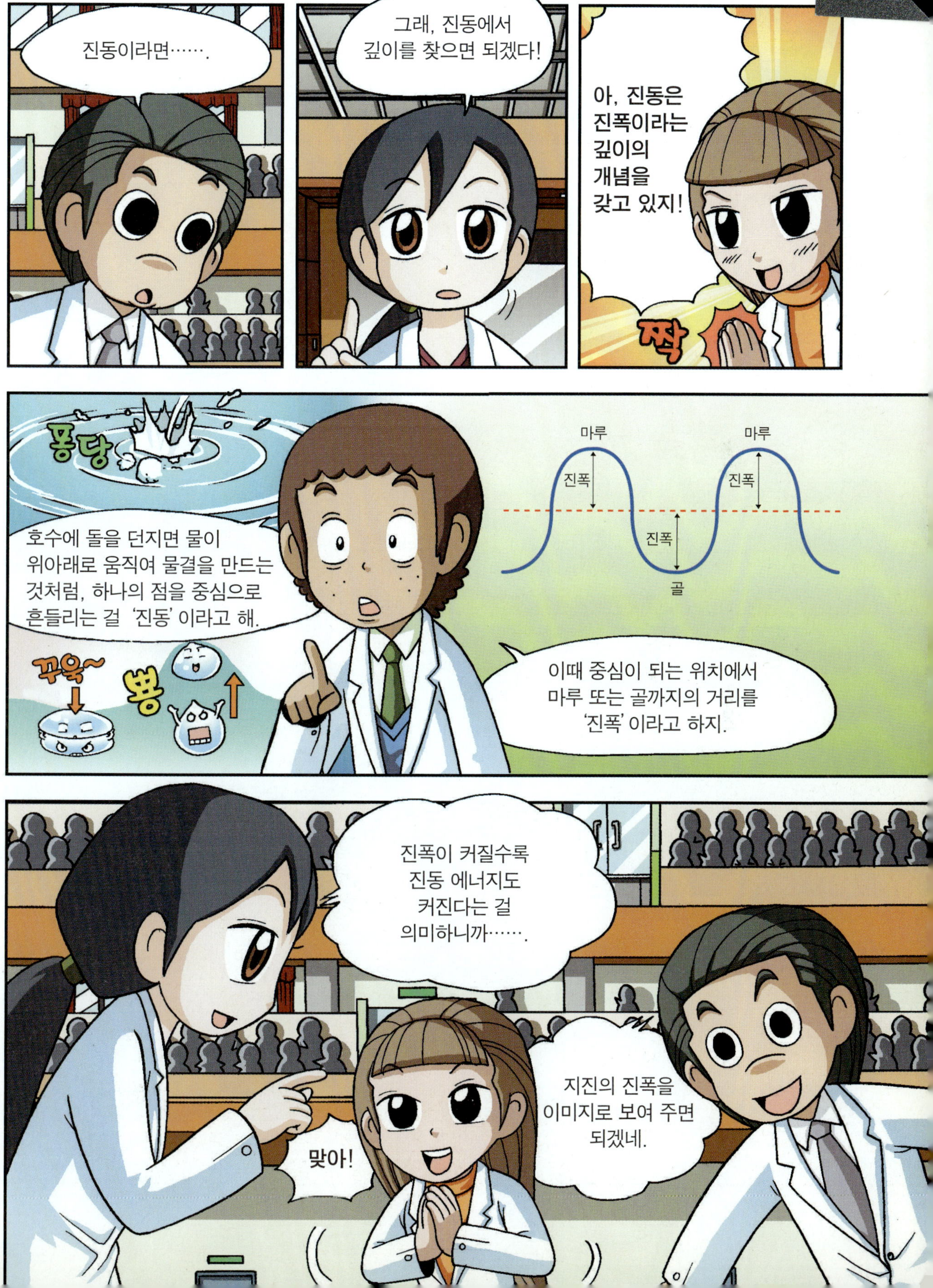

진동이라면…….
그래, 진동에서 깊이를 찾으면 되겠다!
아, 진동은 진폭이라는 깊이의 개념을 갖고 있지!
짝
퐁당
호수에 돌을 던지면 물이 위아래로 움직여 물결을 만드는 것처럼, 하나의 점을 중심으로 흔들리는 걸 '진동' 이라고 해.
꾸욱~
뽕
마루
마루
진폭
진폭
진폭
골
이때 중심이 되는 위치에서 마루 또는 골까지의 거리를 '진폭' 이라고 하지.
진폭이 커질수록 진동 에너지도 커진다는 걸 의미하니까…….
맞아!
지진의 진폭을 이미지로 보여 주면 되겠네.

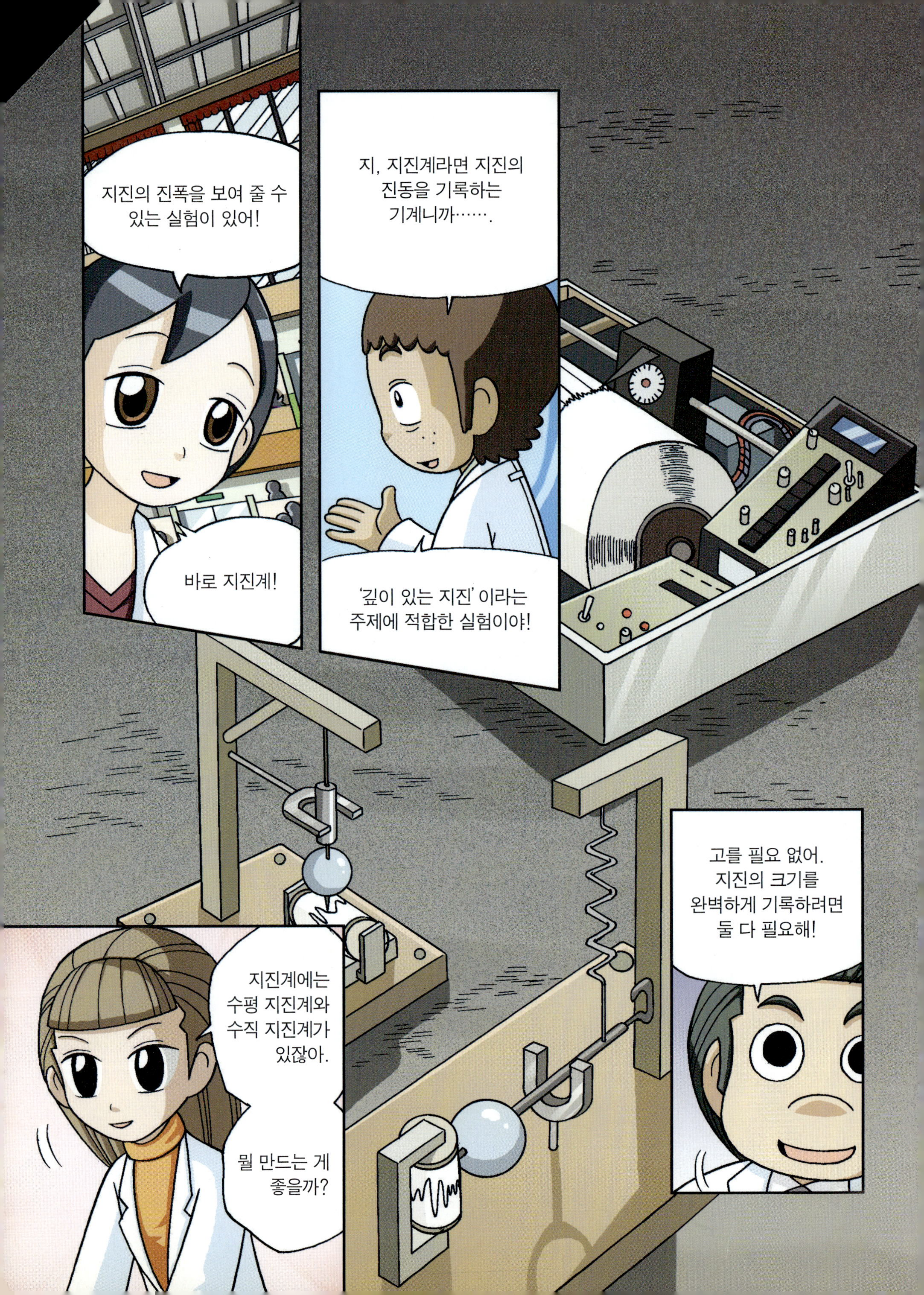
지진의 진폭을 보여 줄 수 있는 실험이 있어!
바로 지진계!
지, 지진계라면 지진의 진동을 기록하는 기계니까…….
'깊이 있는 지진' 이라는 주제에 적합한 실험이야!
지진계에는 수평 지진계와 수직 지진계가 있잖아.
뭘 만드는 게 좋을까?
고를 필요 없어. 지진의 크기를 완벽하게 기록하려면 둘 다 필요해!

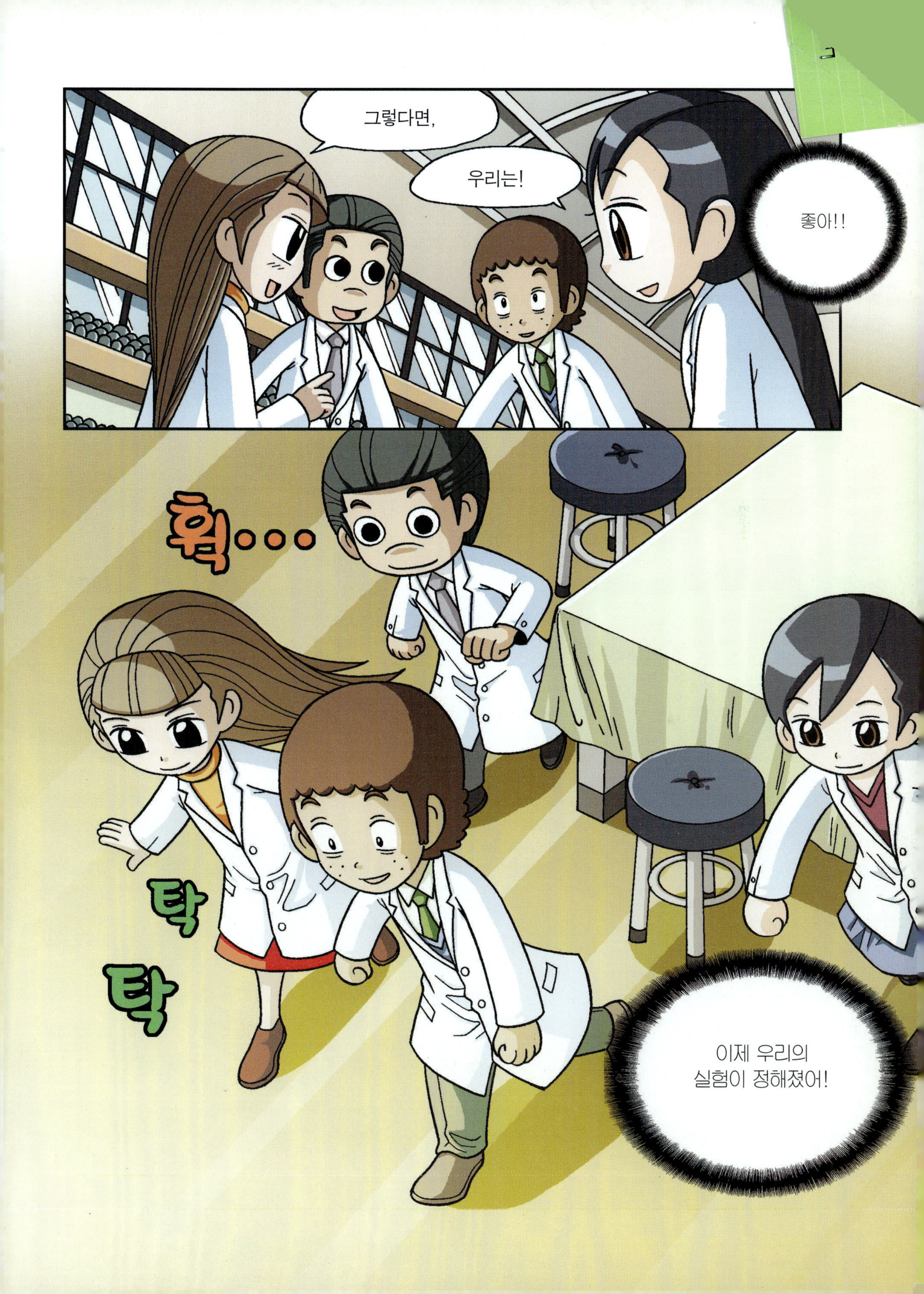

그렇다면,
우리는!
좋아!!
휙…
탁
탁
이제 우리의
실험이 정해졌어!

실험 1 물결파 만들기

파동은 한 지점에 생긴 물리적 변화가 주변으로 퍼져 나가는 현상입니다. 이러한 파동은 물의 움직임인 물결이나 지면이 흔들리는 지진처럼 눈에 보이는 것도 있지만, 우리는 일상생활에서 휴대 전화, 방송·통신 등에 사용되는 전파처럼 눈에 보이지 않는 파동을 이용하고 있습니다. 파동의 여러 가지 특징 중 하나를 간단한 실험으로 알아봅시다.

준비물 코르크 마개, 대야, 물컵, 빨대

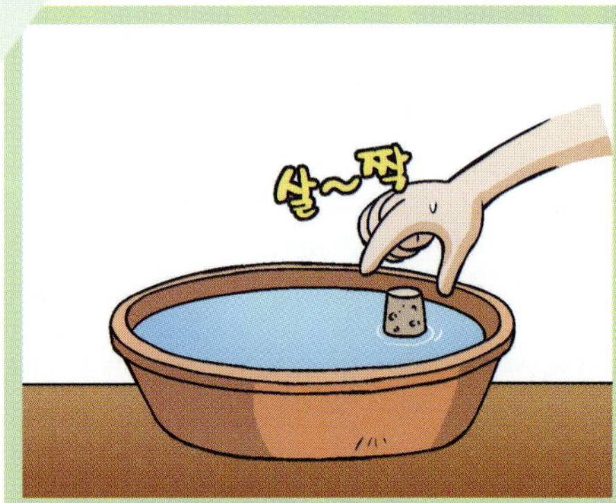
살~짝

❶ 대야에 물을 채운 후 코르크 마개를 띄웁니다.

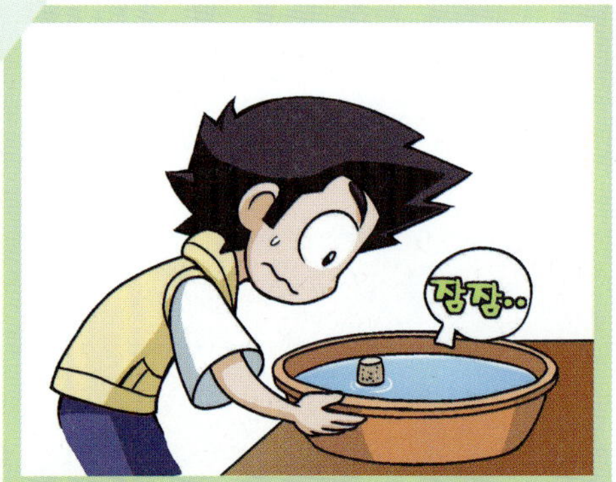
잠잠…

❷ 물이 잠잠해질 때까지 기다립니다.

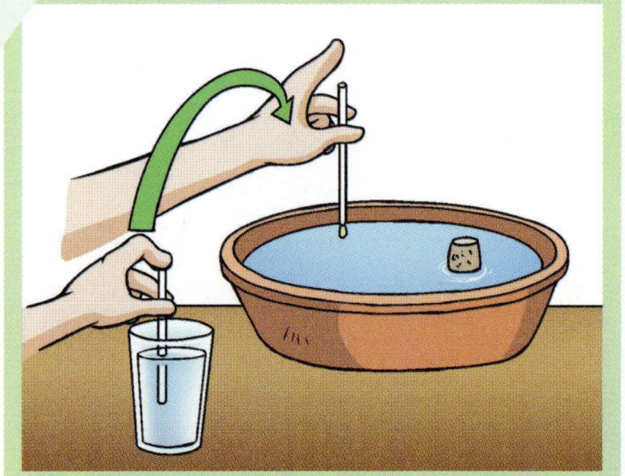

❸ 물컵에 빨대를 넣었다가 손가락으로 한쪽 끝을 막고 꺼내어, 코르크 마개로부터 적당히 떨어진 지점에 물을 한 방울 떨어뜨립니다.

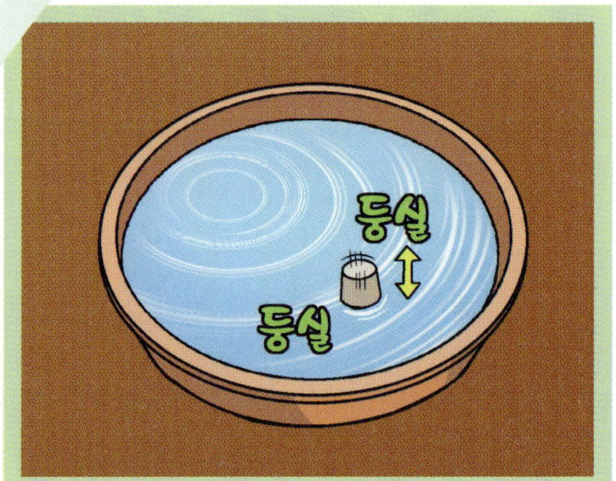
둥실
둥실

❹ 물이 떨어진 지점부터 물결이 퍼지지만, 코르크 마개는 옆으로 이동하지 않고 제자리에서 위아래로 움직입니다.

왜 그럴까요?

파동은 진동으로 에너지를 전달할 뿐 물질을 직접 이동시키지 않는 특징을 가지고 있습니다. 물결은 대표적인 파동의 하나로, 물결과 함께 파동 에너지는 퍼져 나가지만 물은 이동하지 않고 제자리에서 진동할 뿐입니다. 그래서 물 위의 코르크 마개도 수면이 진동함에 따라 위아래로 흔들리기만 할 뿐 이동하지 않는 것입니다.

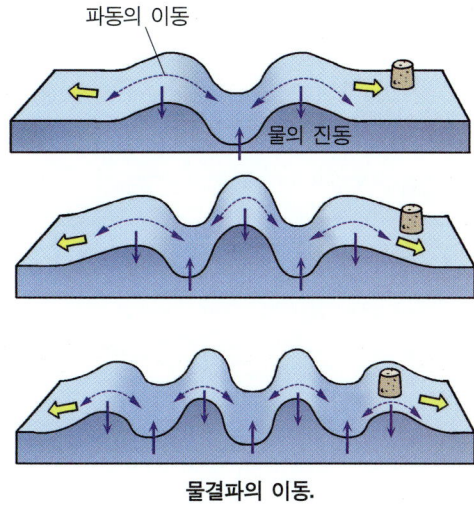

파동의 이동

물의 진동

물결파의 이동.

실험 2 종이컵 전화기

친구와 전화할 때 내 목소리는 상대방에게 어떻게 전달될까요? 우리 목소리의 울림 역시 일정한 진동수를 가진 파동입니다. 전화기는 이 파동을 전류의 형태로 바꾸어 전송했다가, 다시 상대의 수화기에서 일정 진동수를 가진 파동으로 변화시켜 전달하는 것입니다. 이 원리를 재미있는 실험으로 확인할 수 있습니다.

준비물 종이컵 4개 , 송곳 , 실 , 나무젓가락 , 칼

조심 조심!

영차!

❶ 송곳으로 종이컵 바닥 중앙에 구멍을 내고, 구멍으로 실을 통과시켜 넣습니다.

❷ 나무젓가락을 3~4cm 정도 크기로 잘라서, 컵 위쪽의 실에 묶습니다.

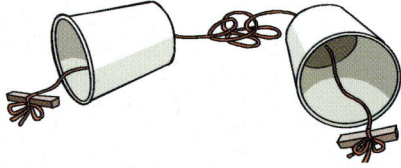

❸ 나머지 종이컵도 같은 방법으로 구멍을 뚫고 남은 아래쪽 실을 통과시킨 후 나무젓가락을 묶습니다.

란이한테서 떨어지란 말이야!

❹ 실이 팽팽해질 정도로 거리를 유지한 채 종이컵으로 대화를 해 봅니다. 먼 거리에서 작은 소리로 속삭여도 정확하게 전달됩니다.

❺ 종이컵 전화기를 하나 더 만들어 실을 꼬아 팽팽하게 당긴 후, 네 명이 함께 대화해 봅니다. 한 사람의 소리가 다른 세 사람 모두에게 똑같이 전달됩니다.

왜 그럴까요?

소리는 매질이 진동하여 전달되는데, 이 실험에서의 매질은 바로 종이컵을 연결하는 실입니다. 한쪽에서 종이컵에 입을 대고 속삭이면 공기의 울림이 매질을 진동시키며 퍼져 나가 맞은편 종이컵 속의 공기를 진동시켜 소리를 전달하는 것입니다. 이때 실을 팽팽하게 잡아당기는 것은 매질의 상태를 좋게 하기 위한 것입니다.
소리뿐 아니라 파동의 전달은 매질의 상태에 영향을 받기 때문에, 매질이 느슨하거나 끊어져 있으면 진동이 제대로 전달되지 않습니다.

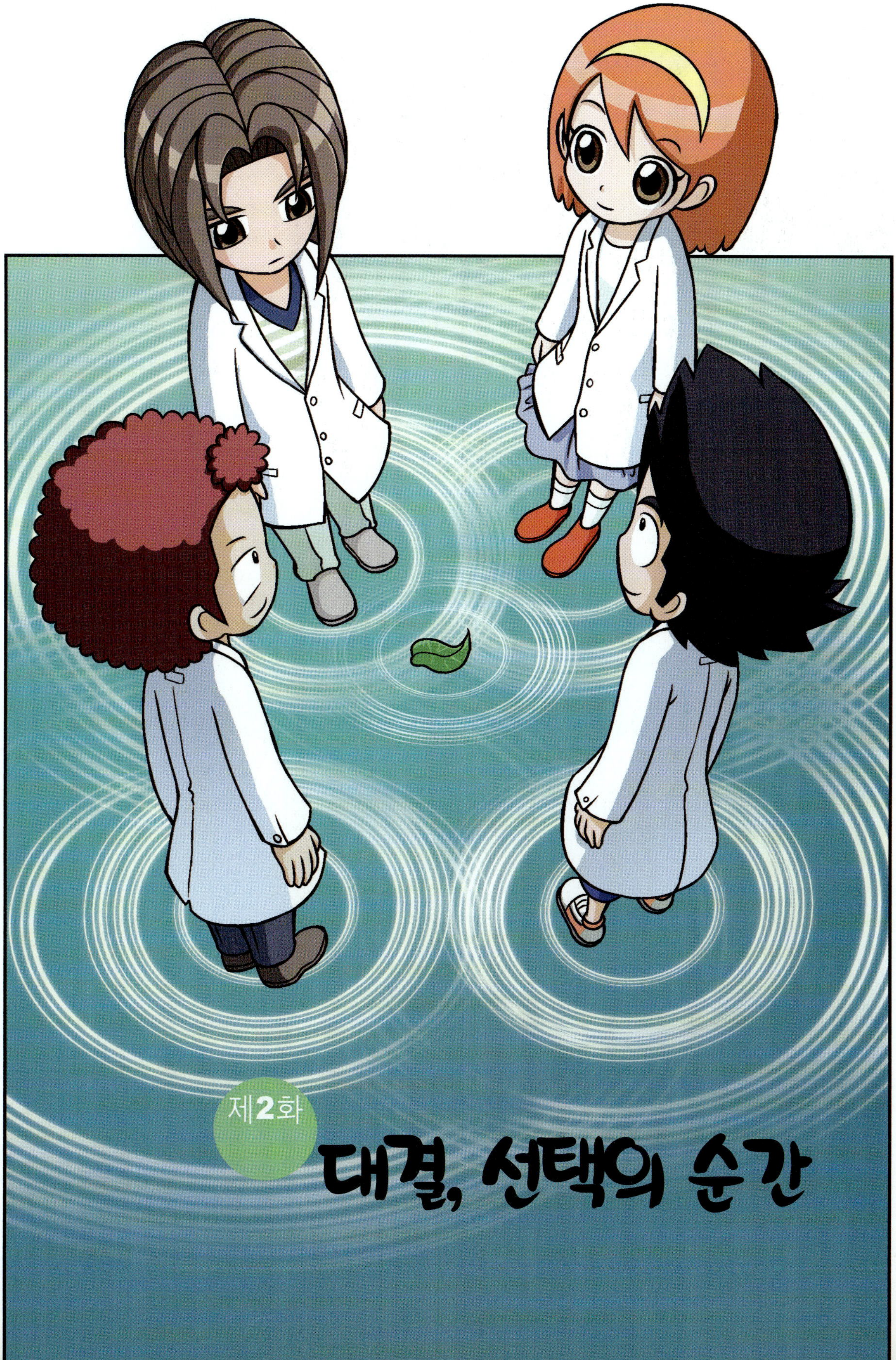

제2화 대결, 선택의 순간

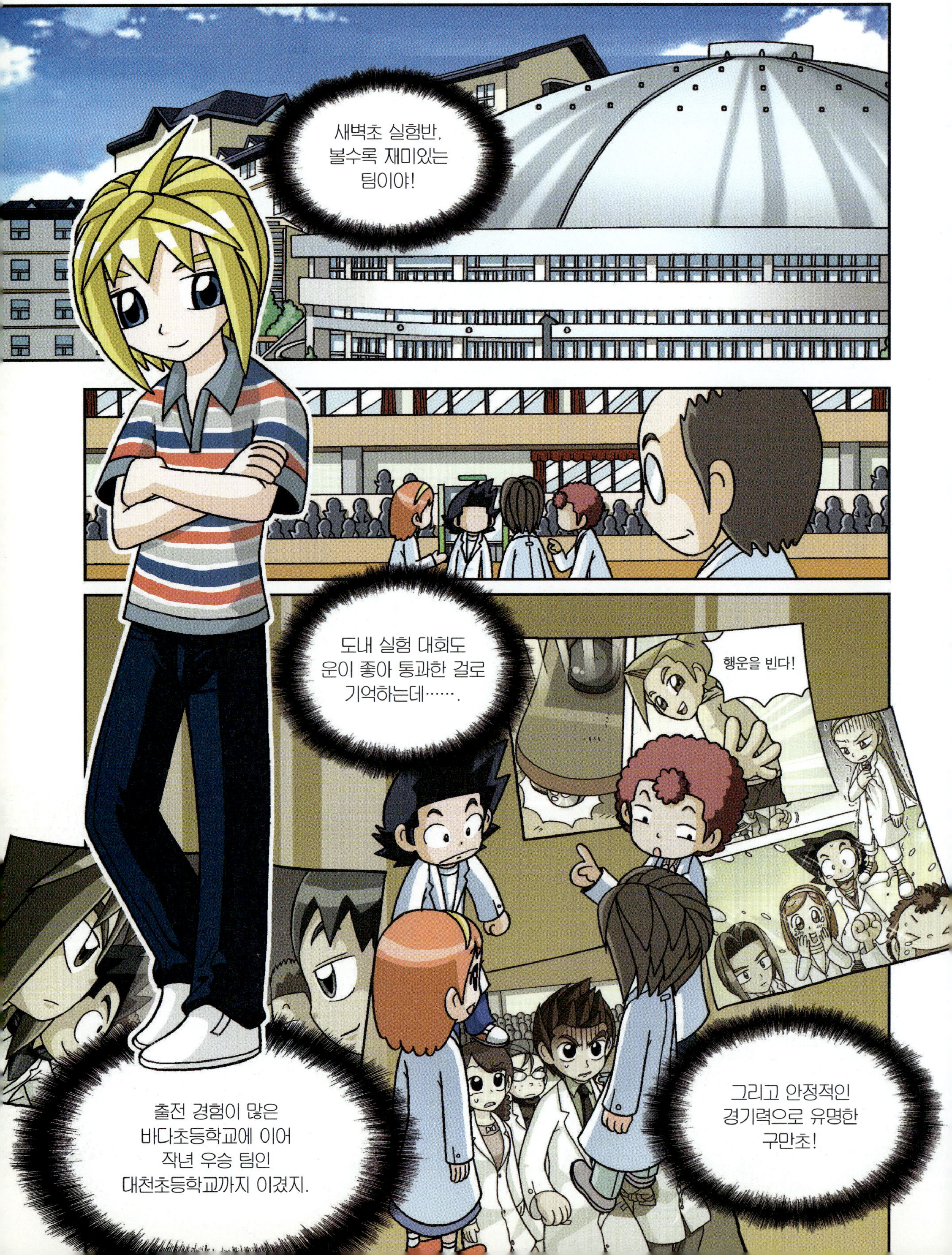

새벽초 실험반,
볼수록 재미있는
팀이야!
도내 실험 대회도
운이 좋아 통과한 걸로
기억하는데…….
행운을 빈다!
출전 경험이 많은
바다초등학교에 이어
작년 우승 팀인
대천초등학교까지 이겼지.
그리고 안정적인
경기력으로 유명한
구만초!

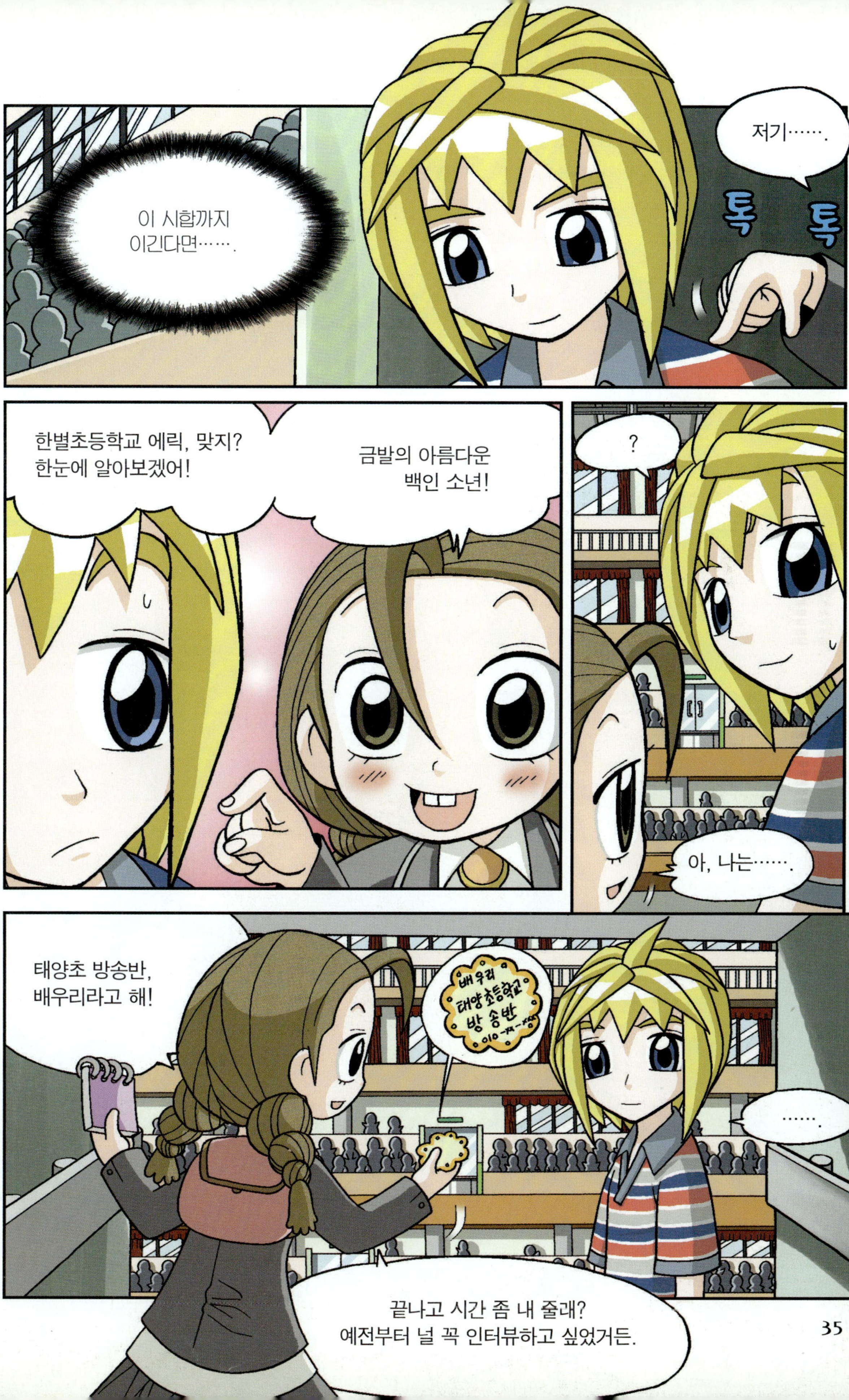

이 시합까지
이긴다면…….
저기…….
톡 톡
한별초등학교 에릭, 맞지?
한눈에 알아보겠어!
금발의 아름다운
백인 소년!
?
아, 나는…….
태양초 방송반,
배우리라고 해!
배우리
태양초등학교
방송반
…….
끝나고 시간 좀 내 줄래?
예전부터 널 꼭 인터뷰하고 싶었거든.

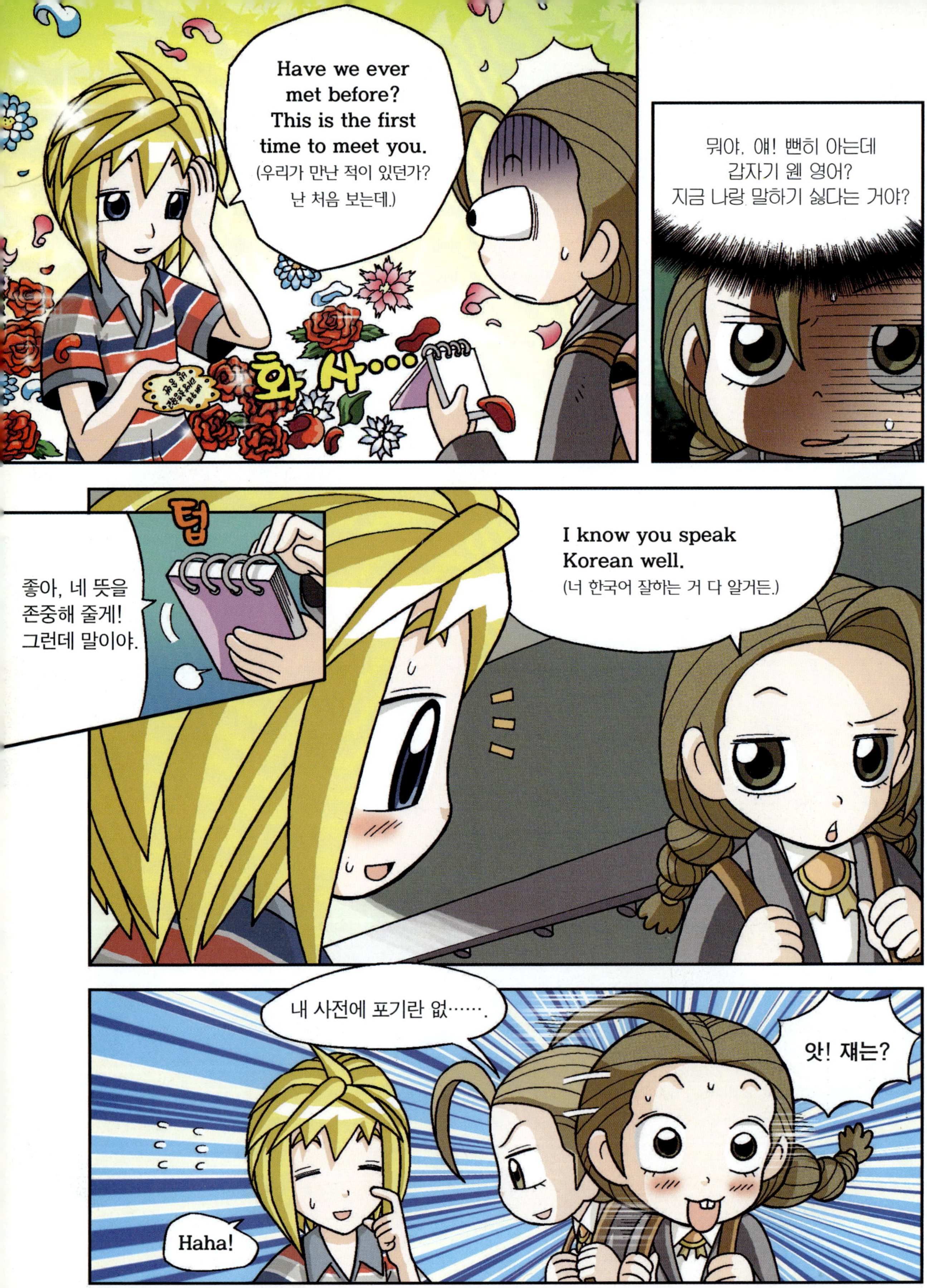
Have we ever met before? This is the first time to meet you.
(우리가 만난 적이 있던가? 난 처음 보는데.)
화사…
뭐야, 얘! 뻔히 아는데 갑자기 웬 영어? 지금 나랑 말하기 싫다는 거야?
좋아, 네 뜻을 존중해 줄게! 그런데 말이야.
텁
I know you speak Korean well.
(너 한국어 잘하는 거 다 알거든.)
내 사전에 포기란 없…….
앗! 쟤는?
Haha!

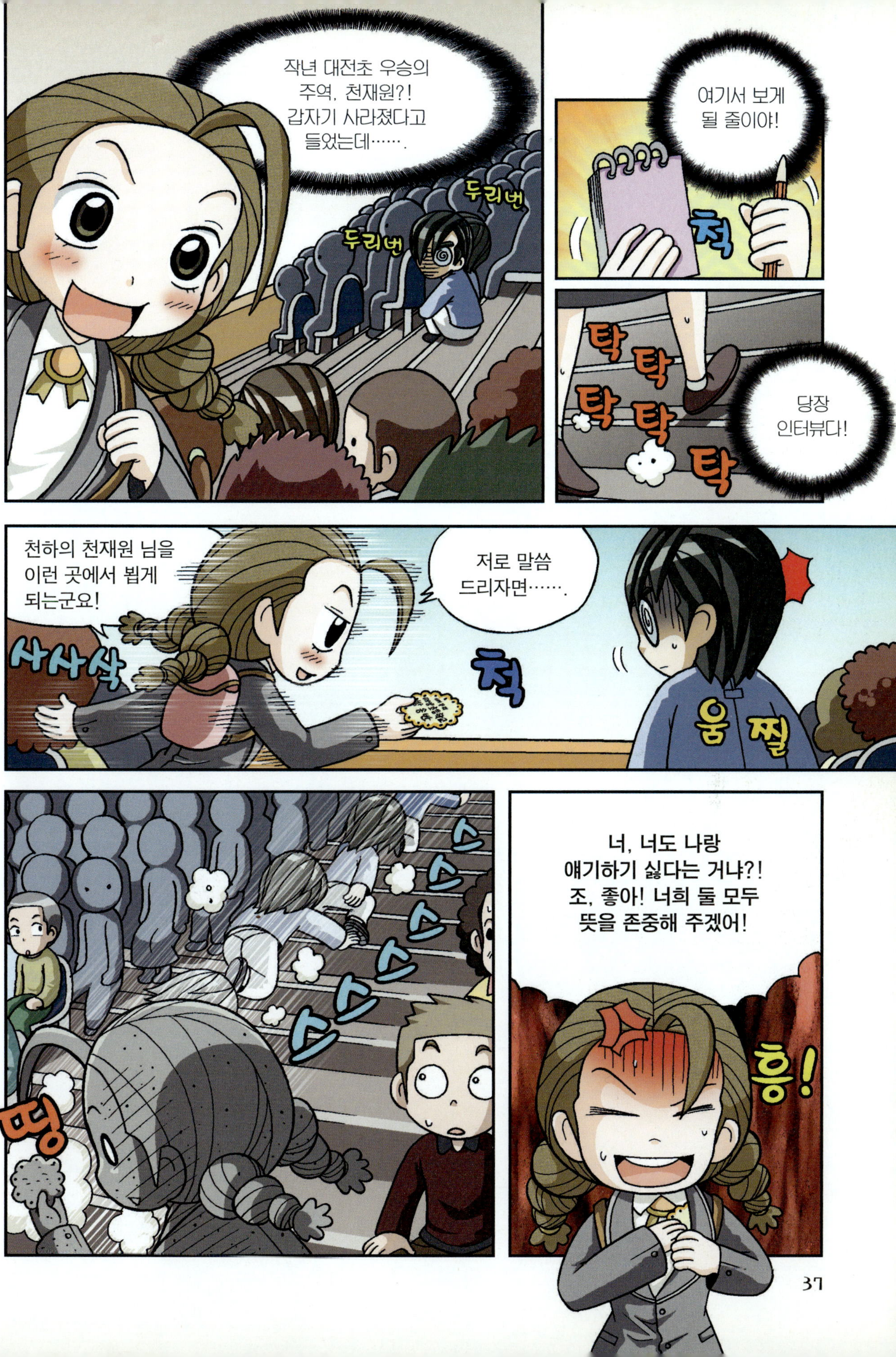
작년 대전초 우승의
주역, 천재원?!
갑자기 사라졌다고
들었는데…….
두리번
두리번
여기서 보게
될 줄이야!
척
탁 탁
탁 탁
탁
당장
인터뷰다!
천하의 천재원 님을
이런 곳에서 뵙게
되는군요!
사사삭
저로 말씀
드리자면…….
척
움찔
스
스
스
스
스
스
띵
너, 너도 나랑
얘기하기 싫다는 거냐?!
조, 좋아! 너희 둘 모두
뜻을 존중해 주겠어!
흥!

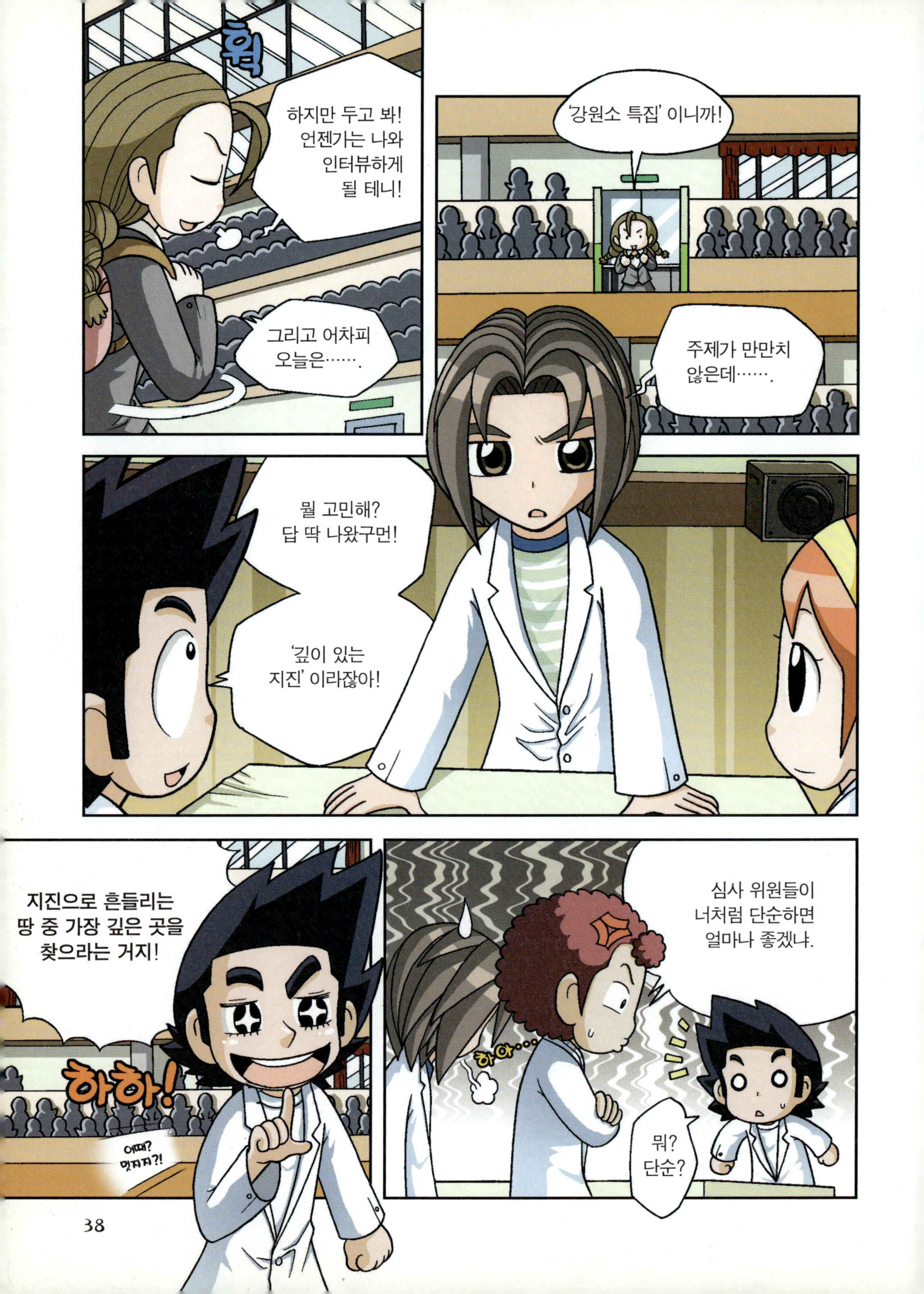
휙
하지만 두고 봐! 언젠가는 나와 인터뷰하게 될 테니!
그리고 어차피 오늘은…….
'강원소 특집' 이니까!
주제가 만만치 않은데…….
뭘 고민해? 답 딱 나왔구먼!
'깊이 있는 지진' 이라잖아!
지진으로 흔들리는 땅 중 가장 깊은 곳을 찾으라는 거지!
하하!
어때? 멋지지?!
심사 위원들이 너처럼 단순하면 얼마나 좋겠냐.
하아…
뭐? 단순?

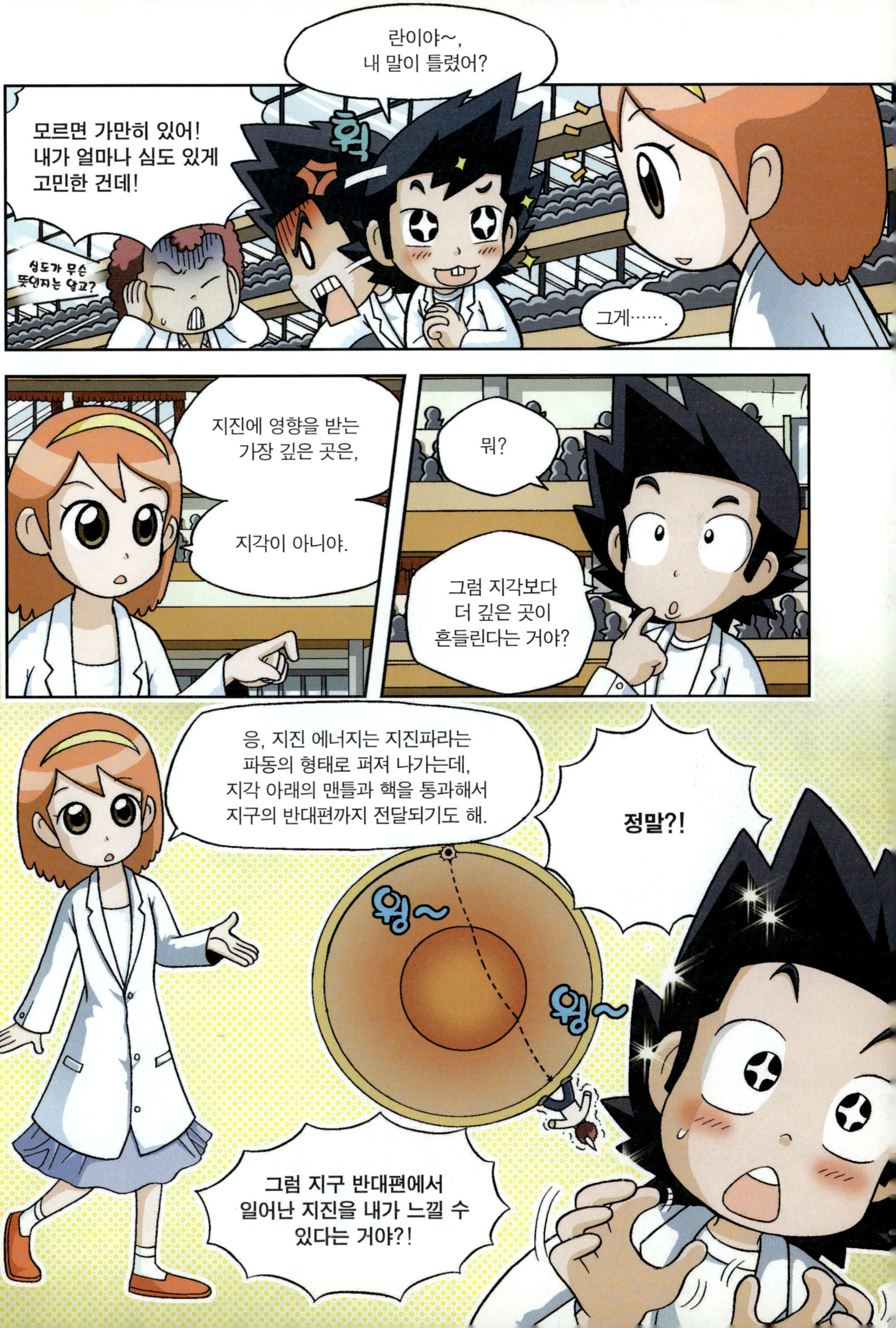
모르면 가만히 있어! 내가 얼마나 심도 있게 고민한 건데!
심도가 무슨 뜻인지는 알고?
훽
란이야~, 내 말이 틀렸어?
그게…….
지진에 영향을 받는 가장 깊은 곳은,
지각이 아니야.
뭐?
그럼 지각보다 더 깊은 곳이 흔들린다는 거야?
응, 지진 에너지는 지진파라는 파동의 형태로 퍼져 나가는데, 지각 아래의 맨틀과 핵을 통과해서 지구의 반대편까지 전달되기도 해.
정말?!
윙~
윙~
그럼 지구 반대편에서 일어난 지진을 내가 느낄 수 있다는 거야?!

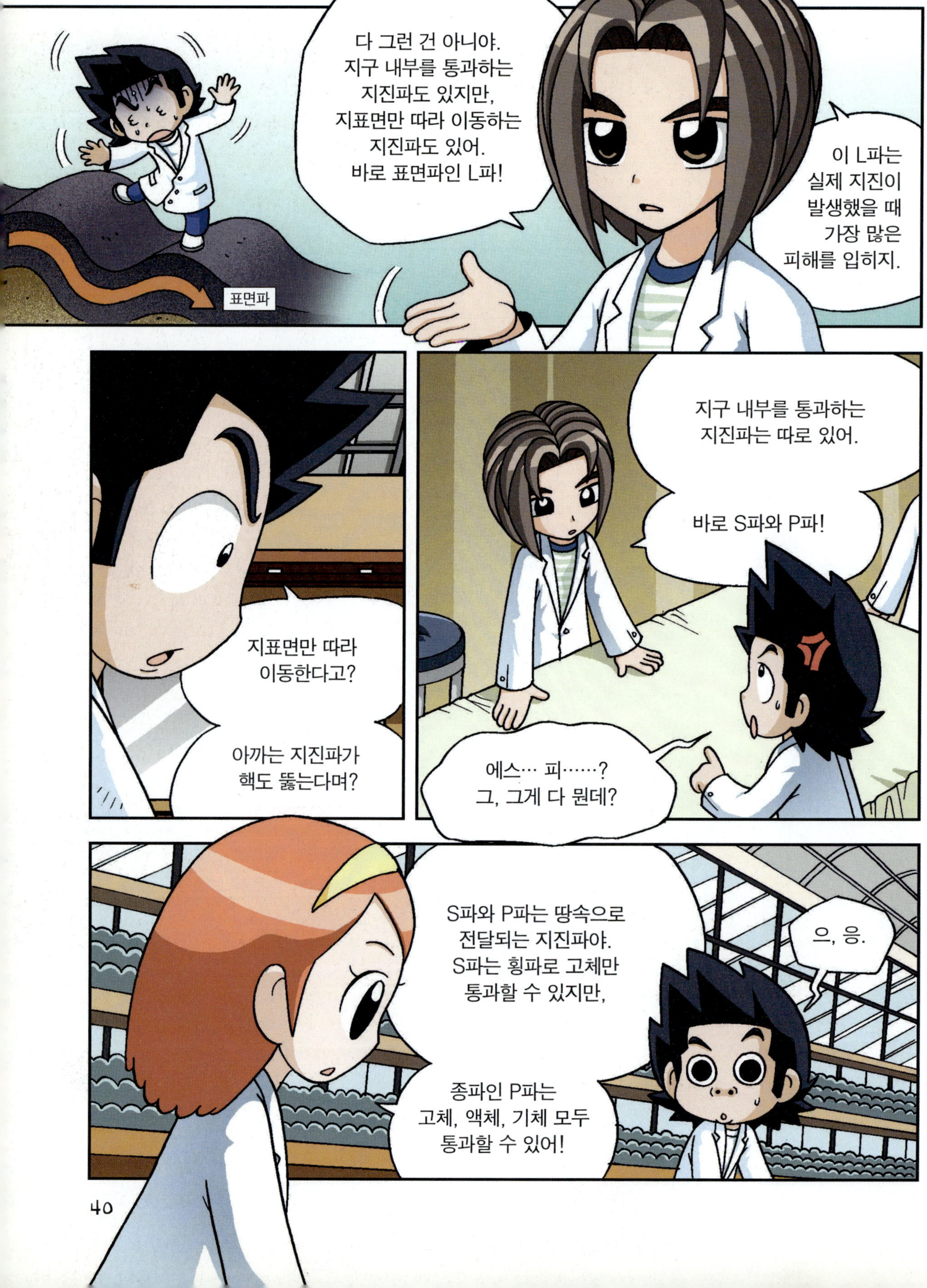

표면파
다 그런 건 아니야. 지구 내부를 통과하는 지진파도 있지만, 지표면만 따라 이동하는 지진파도 있어. 바로 표면파인 L파!
이 L파는 실제 지진이 발생했을 때 가장 많은 피해를 입히지.
지표면만 따라 이동한다고?
아까는 지진파가 핵도 뚫는다며?
지구 내부를 통과하는 지진파는 따로 있어.
바로 S파와 P파!
에스… 피……? 그, 그게 다 뭔데?
S파와 P파는 땅속으로 전달되는 지진파야. S파는 횡파로 고체만 통과할 수 있지만,
종파인 P파는 고체, 액체, 기체 모두 통과할 수 있어!
으, 응.

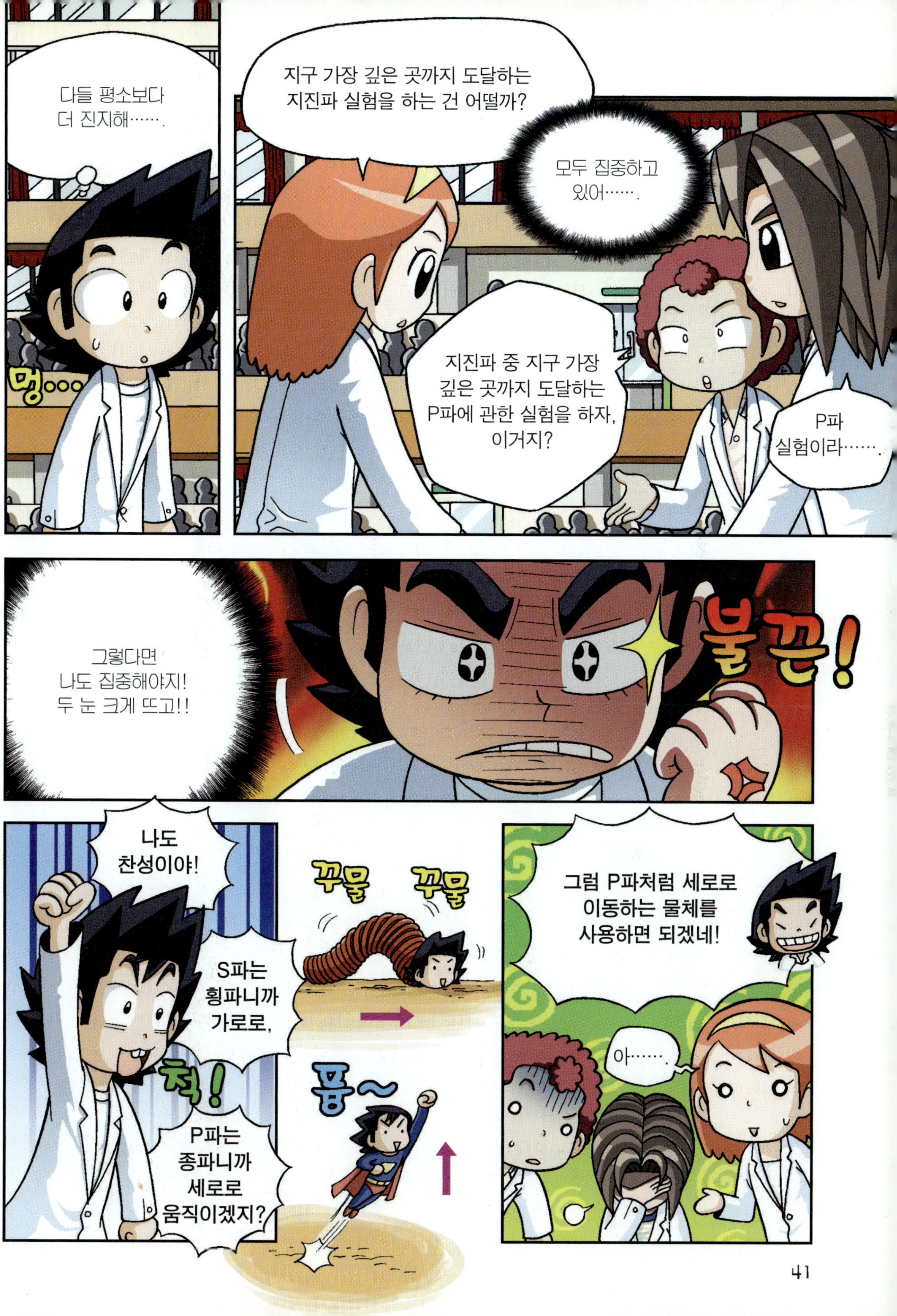

다들 평소보다 더 진지해…….
멍…
지구 가장 깊은 곳까지 도달하는 지진파 실험을 하는 건 어떨까?
모두 집중하고 있어…….
지진파 중 지구 가장 깊은 곳까지 도달하는 P파에 관한 실험을 하자, 이거지?
P파 실험이라…….
그렇다면 나도 집중해야지! 두 눈 크게 뜨고!!
불끈!
나도 찬성이야!
척!
S파는 횡파니까 가로로,
꾸물 꾸물
P파는 종파니까 세로로 움직이겠지?
퓽~
그럼 P파처럼 세로로 이동하는 물체를 사용하면 되겠네!
아…….

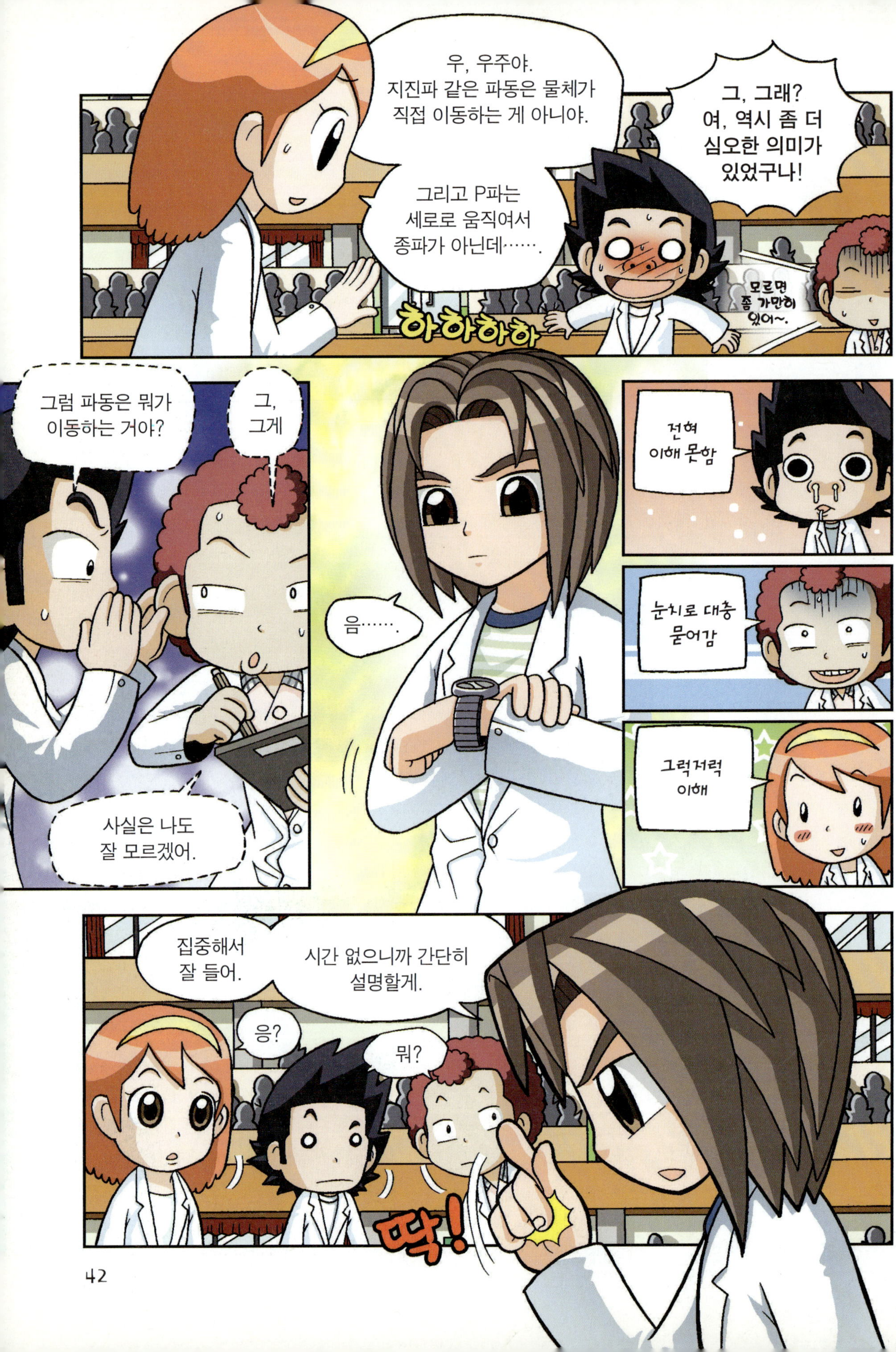
우, 우주야.
지진파 같은 파동은 물체가 직접 이동하는 게 아니야.
그, 그래? 여, 역시 좀 더 심오한 의미가 있었구나!
그리고 P파는 세로로 움직여서 종파가 아닌데…….
하하하하
모르면 좀 가만히 있어~.
그럼 파동은 뭐가 이동하는 거야?
그, 그게
사실은 나도 잘 모르겠어.
음…….
전혀 이해 못함
눈치로 대충 묻어감
그럭저럭 이해
집중해서 잘 들어.
시간 없으니까 간단히 설명할게.
응?
뭐?
딱!

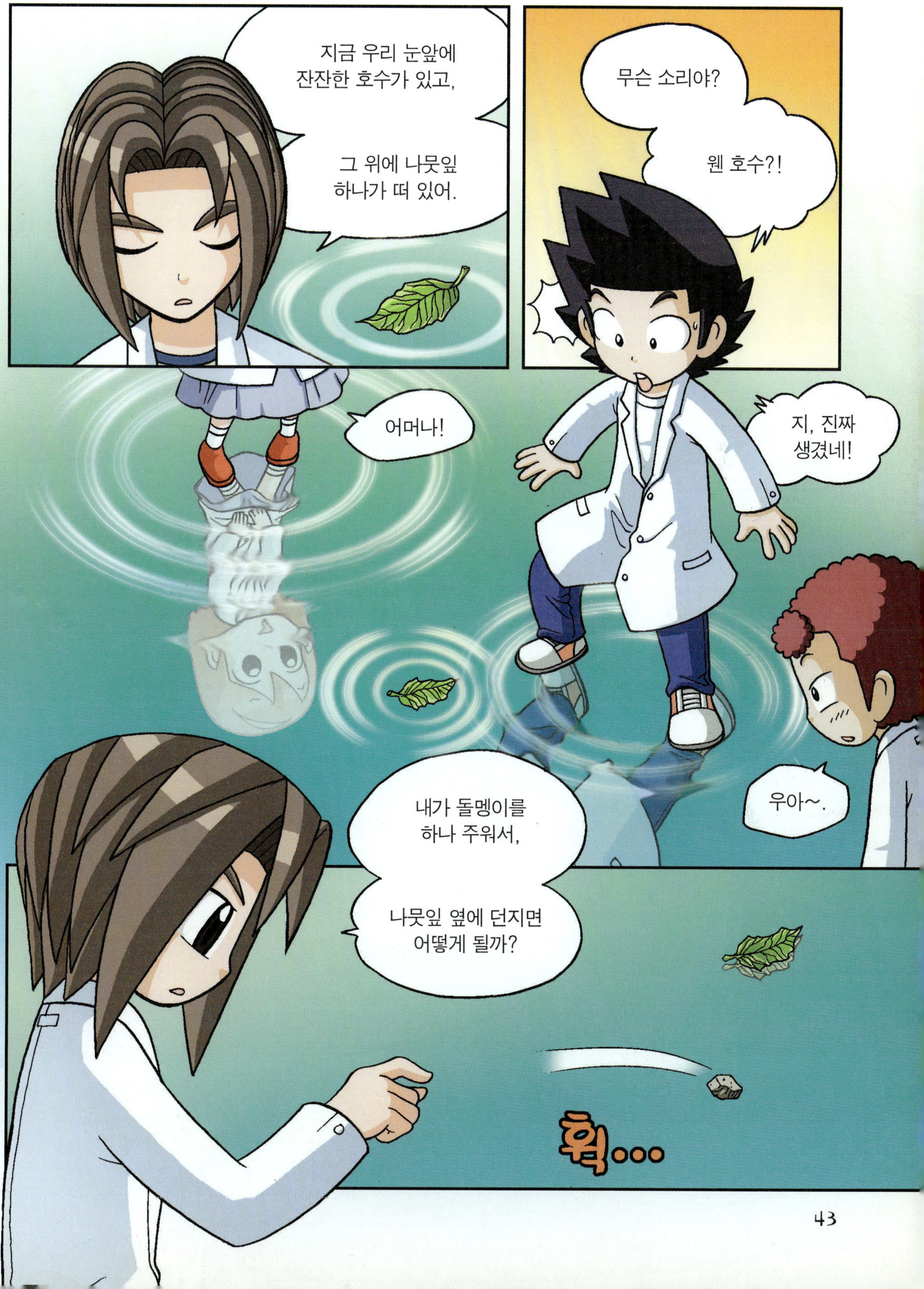
지금 우리 눈앞에 잔잔한 호수가 있고,
그 위에 나뭇잎 하나가 떠 있어.
무슨 소리야?
웬 호수?!
어머나!
지, 진짜 생겼네!
우아~.
내가 돌멩이를 하나 주워서,
나뭇잎 옆에 던지면 어떻게 될까?
휙…

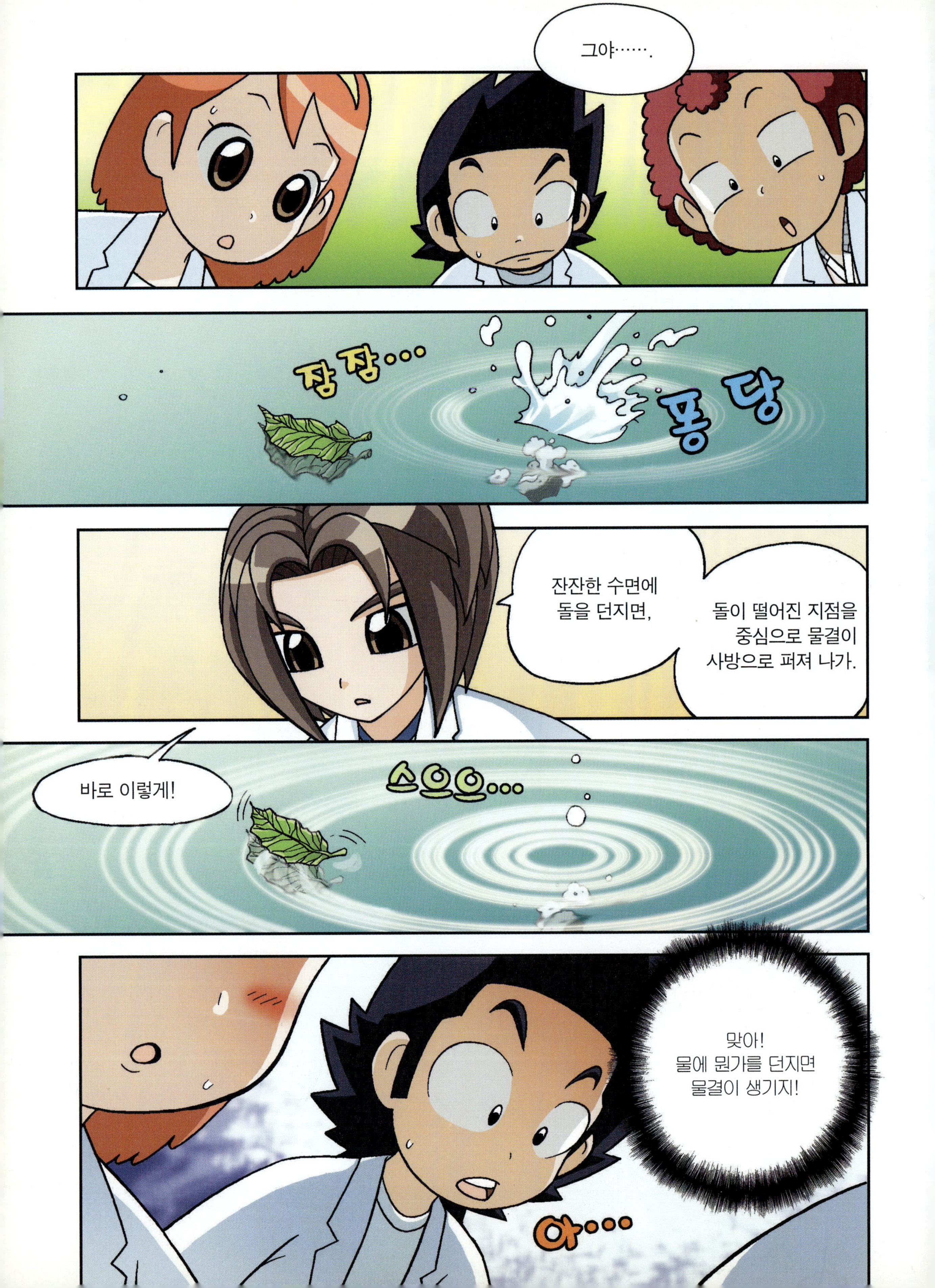
그야…….
장 장…
퐁 당
잔잔한 수면에 돌을 던지면,
돌이 떨어진 지점을 중심으로 물결이 사방으로 퍼져 나가.
바로 이렇게!
스으으…
맞아! 물에 뭔가를 던지면 물결이 생기지!
아…

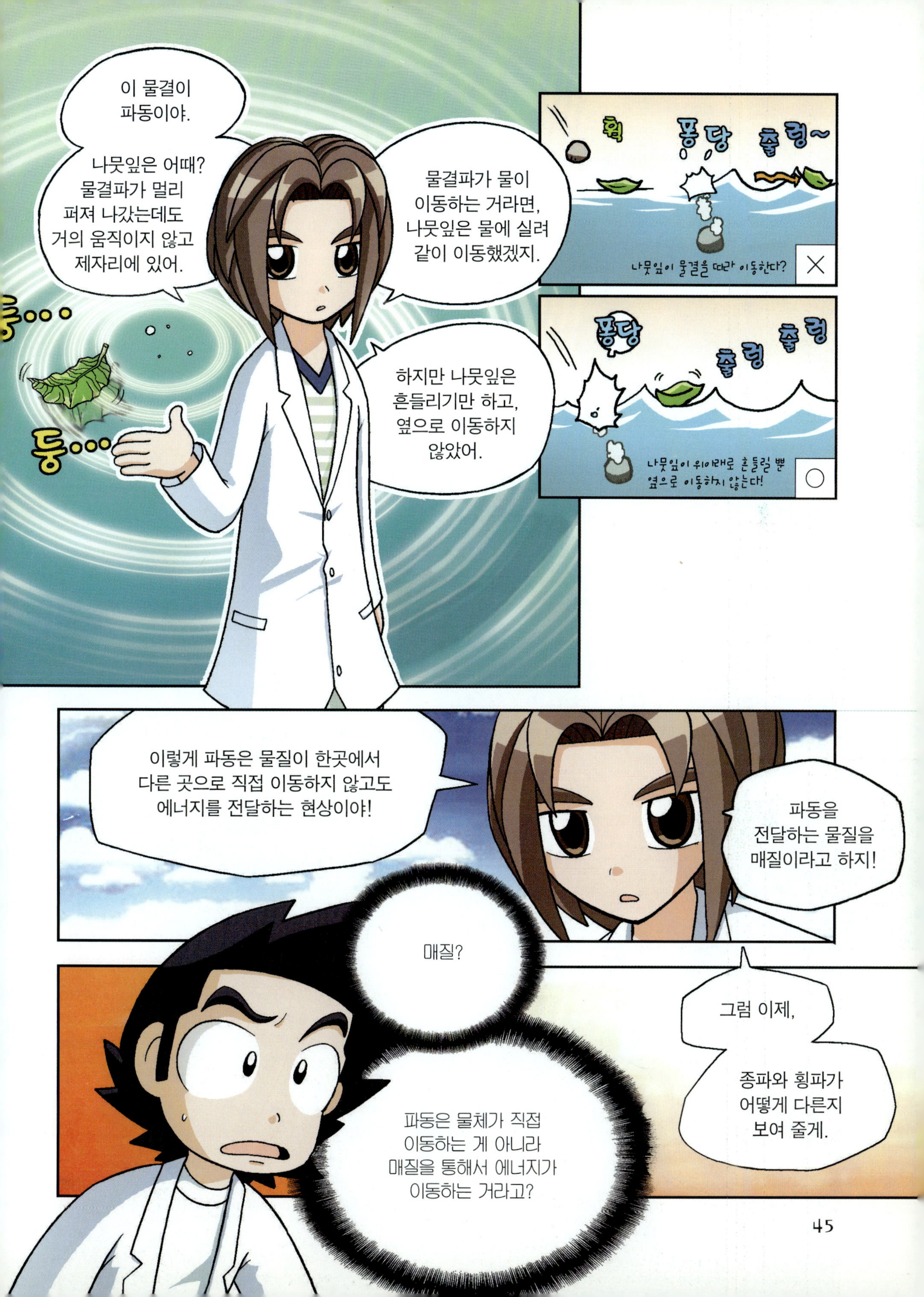

이 물결이 파동이야.
나뭇잎은 어때? 물결파가 멀리 퍼져 나갔는데도 거의 움직이지 않고 제자리에 있어.
둥…
둥…
물결파가 물이 이동하는 거라면, 나뭇잎은 물에 실려 같이 이동했겠지.
휙
퐁당
출렁~
나뭇잎이 물결을 따라 이동한다?
×
하지만 나뭇잎은 흔들리기만 하고, 옆으로 이동하지 않았어.
퐁당
출렁
출렁
나뭇잎이 위아래로 흔들릴 뿐 옆으로 이동하지 않는다!
○
이렇게 파동은 물질이 한곳에서 다른 곳으로 직접 이동하지 않고도 에너지를 전달하는 현상이야!
파동을 전달하는 물질을 매질이라고 하지!
매질?
파동은 물체가 직접 이동하는 게 아니라 매질을 통해서 에너지가 이동하는 거라고?
그럼 이제,
종파와 횡파가 어떻게 다른지 보여 줄게.

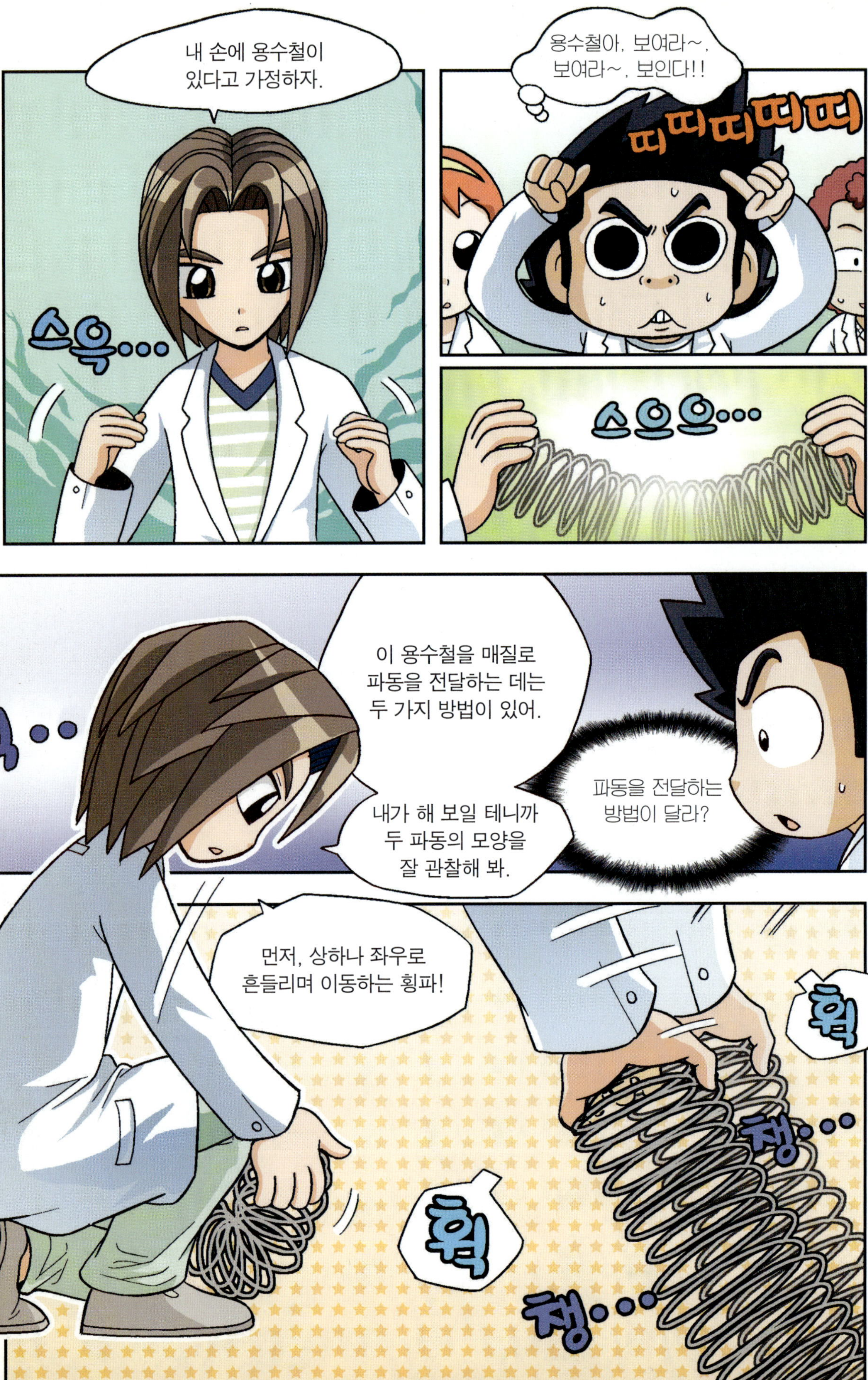

내 손에 용수철이 있다고 가정하자.
스윽…
용수철아, 보여라~, 보여라~, 보인다!!
띠띠띠띠띠
스으으…
척…
이 용수철을 매질로 파동을 전달하는 데는 두 가지 방법이 있어.
파동을 전달하는 방법이 달라?
내가 해 보일 테니까 두 파동의 모양을 잘 관찰해 봐.
먼저, 상하나 좌우로 흔들리며 이동하는 횡파!
휙
챙…
휙
챙…

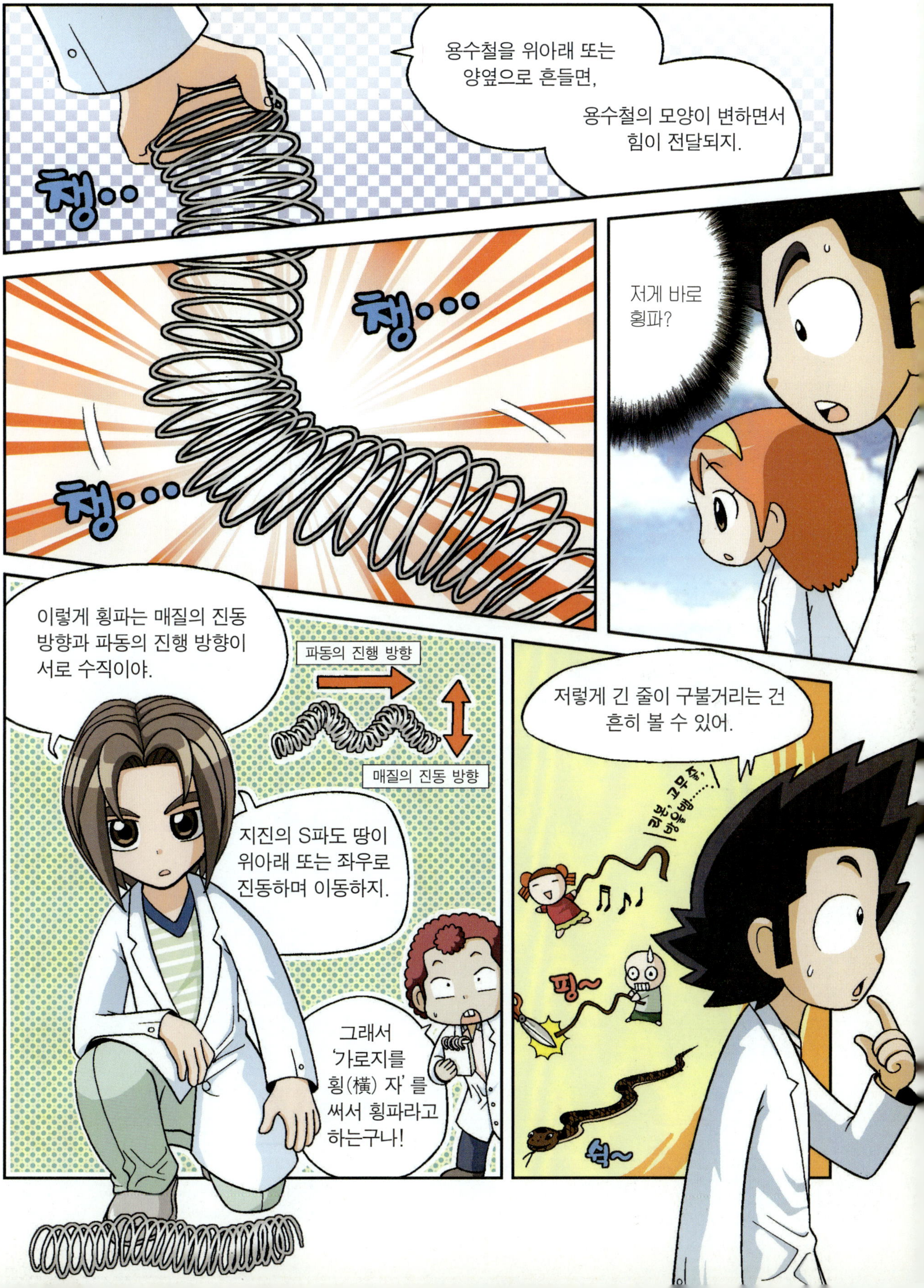
용수철을 위아래 또는 양옆으로 흔들면,
용수철의 모양이 변하면서 힘이 전달되지.
챙..
챙…
챙…
저게 바로 횡파?
이렇게 횡파는 매질의 진동 방향과 파동의 진행 방향이 서로 수직이야.
파동의 진행 방향
매질의 진동 방향
지진의 S파도 땅이 위아래 또는 좌우로 진동하며 이동하지.
그래서 '가로지를 횡(橫) 자'를 써서 횡파라고 하는구나!
저렇게 긴 줄이 구불거리는 건 흔히 볼 수 있어.
리본, 고무줄, 방울뱀……!
핑~
쉭~

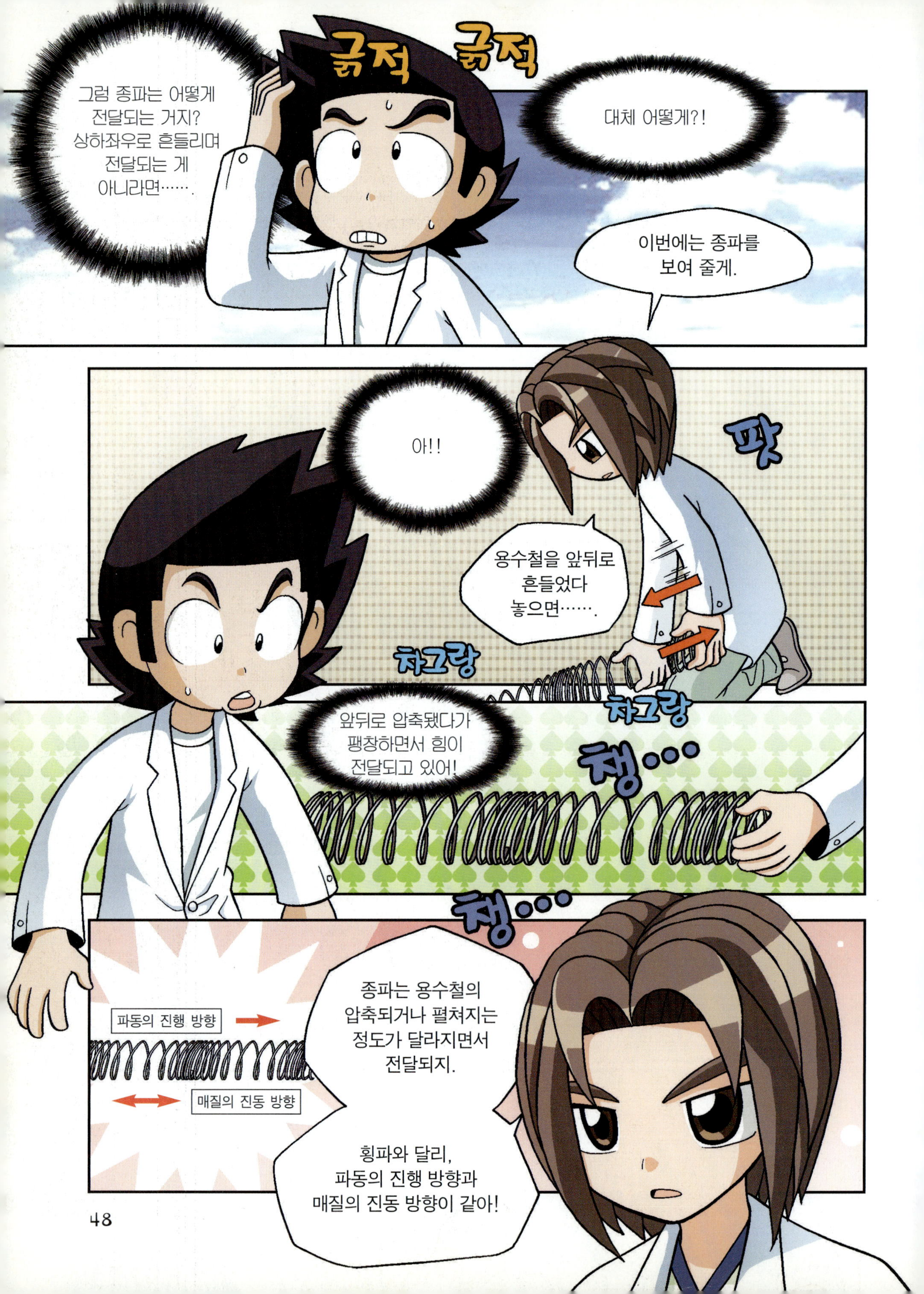
긁적 긁적
그럼 종파는 어떻게 전달되는 거지? 상하좌우로 흔들리며 전달되는 게 아니라면…….
대체 어떻게?!
이번에는 종파를 보여 줄게.
아!!
팟
용수철을 앞뒤로 흔들었다 놓으면…….
차그랑
차그랑
앞뒤로 압축됐다가 팽창하면서 힘이 전달되고 있어!
챙…
챙…
파동의 진행 방향
매질의 진동 방향
종파는 용수철의 압축되거나 펼쳐지는 정도가 달라지면서 전달되지.
횡파와 달리, 파동의 진행 방향과 매질의 진동 방향이 같아!

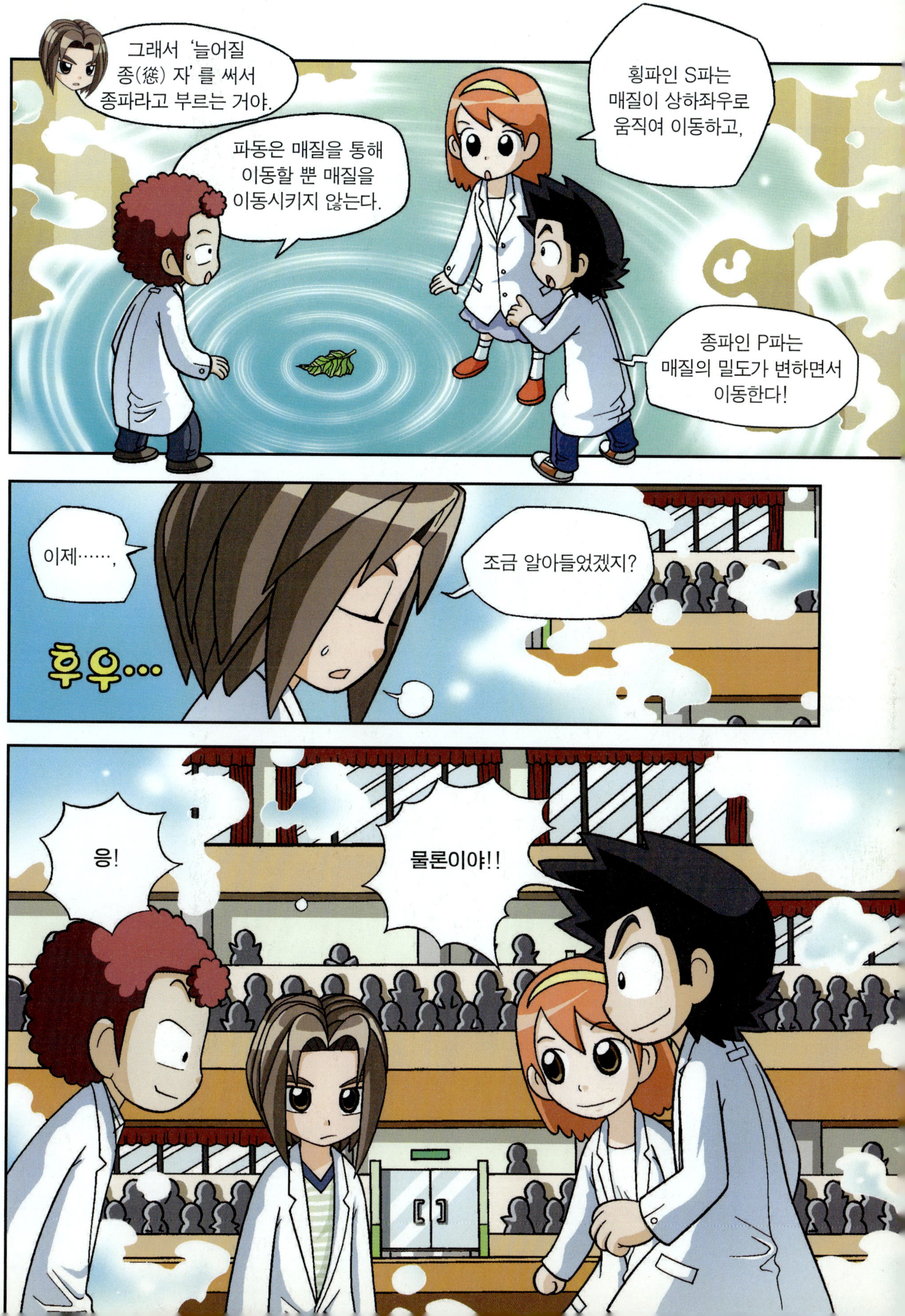
그래서 '늘어질 종(縱) 자'를 써서 종파라고 부르는 거야.
횡파인 S파는 매질이 상하좌우로 움직여 이동하고,
파동은 매질을 통해 이동할 뿐 매질을 이동시키지 않는다.
종파인 P파는 매질의 밀도가 변하면서 이동한다!
이제……,
조금 알아들었겠지?
후우…
응!
물론이야!!

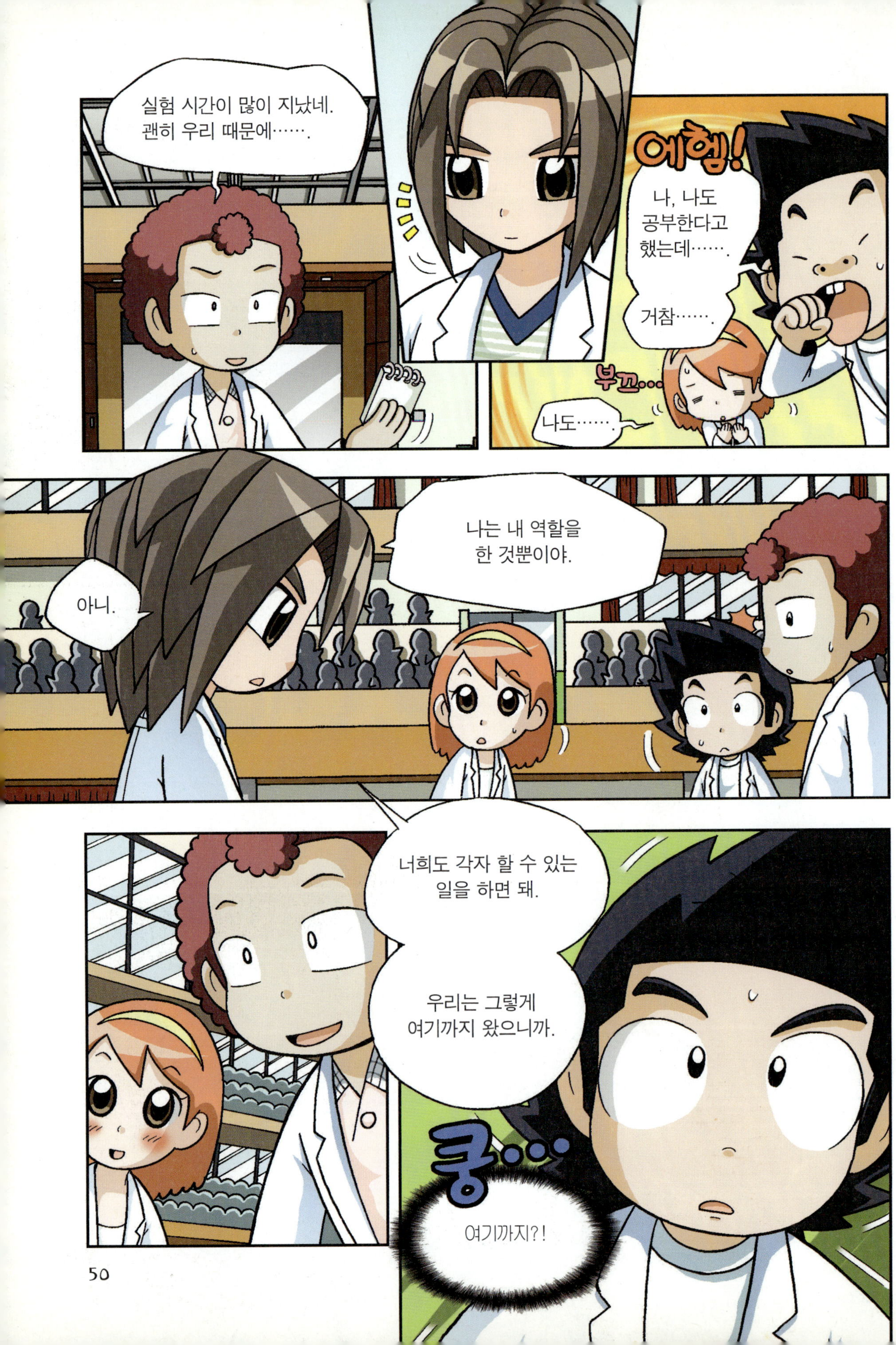
실험 시간이 많이 지났네.
괜히 우리 때문에…….
에헴!
나, 나도 공부한다고 했는데…….
거참…….
부끄…
나도…….
아니.
나는 내 역할을 한 것뿐이야.
너희도 각자 할 수 있는 일을 하면 돼.
우리는 그렇게 여기까지 왔으니까.
쿵…
여기까지?!

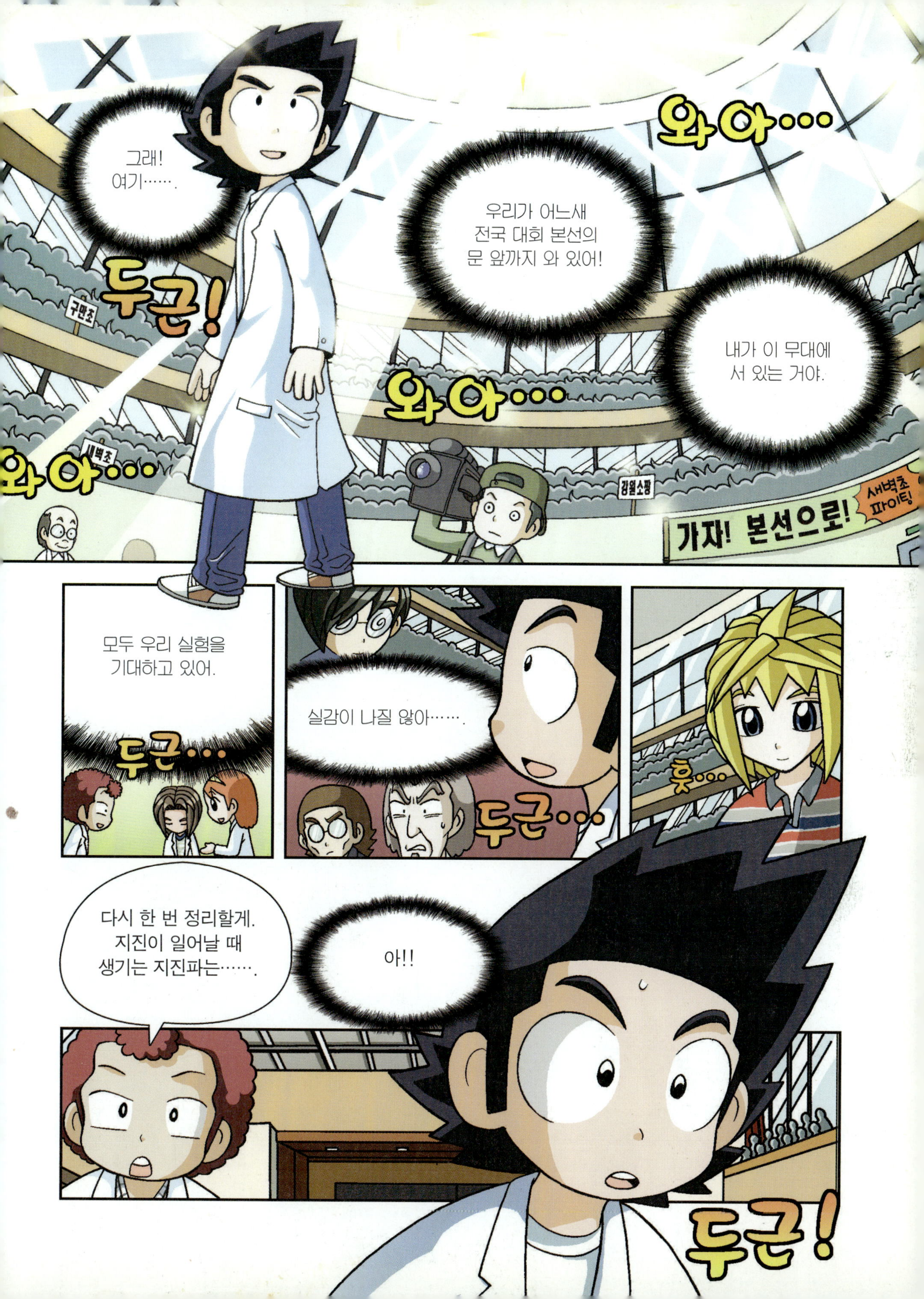

그래!
여기……
와아…
우리가 어느새
전국 대회 본선의
문 앞까지 와 있어!
두근!
구만초
내가 이 무대에
서 있는 거야.
와아…
와아…
새벽초
강월소망
가자! 본선으로!
새벽초 파이팅
모두 우리 실험을
기대하고 있어.
두근…
실감이 나질 않아……
두근…
훗…
다시 한 번 정리할게.
지진이 일어날 때
생기는 지진파는……
아!!
두근!

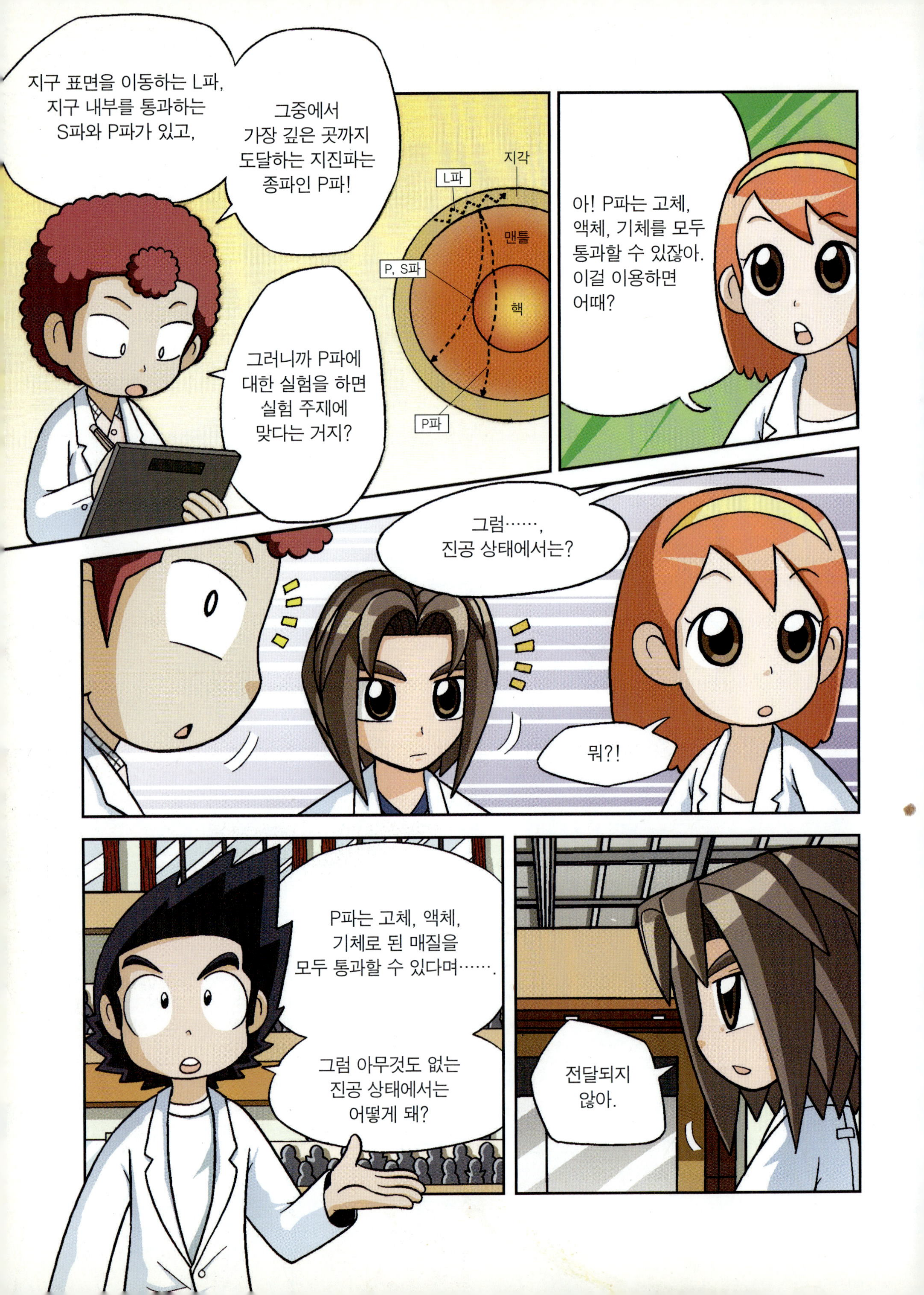

지구 표면을 이동하는 L파, 지구 내부를 통과하는 S파와 P파가 있고,
그중에서 가장 깊은 곳까지 도달하는 지진파는 종파인 P파!
지각
L파
맨틀
P, S파
핵
P파
그러니까 P파에 대한 실험을 하면 실험 주제에 맞다는 거지?
아! P파는 고체, 액체, 기체를 모두 통과할 수 있잖아. 이걸 이용하면 어때?
그럼……, 진공 상태에서는?
뭐?!
P파는 고체, 액체, 기체로 된 매질을 모두 통과할 수 있다며…….
그럼 아무것도 없는 진공 상태에서는 어떻게 돼?
전달되지 않아.

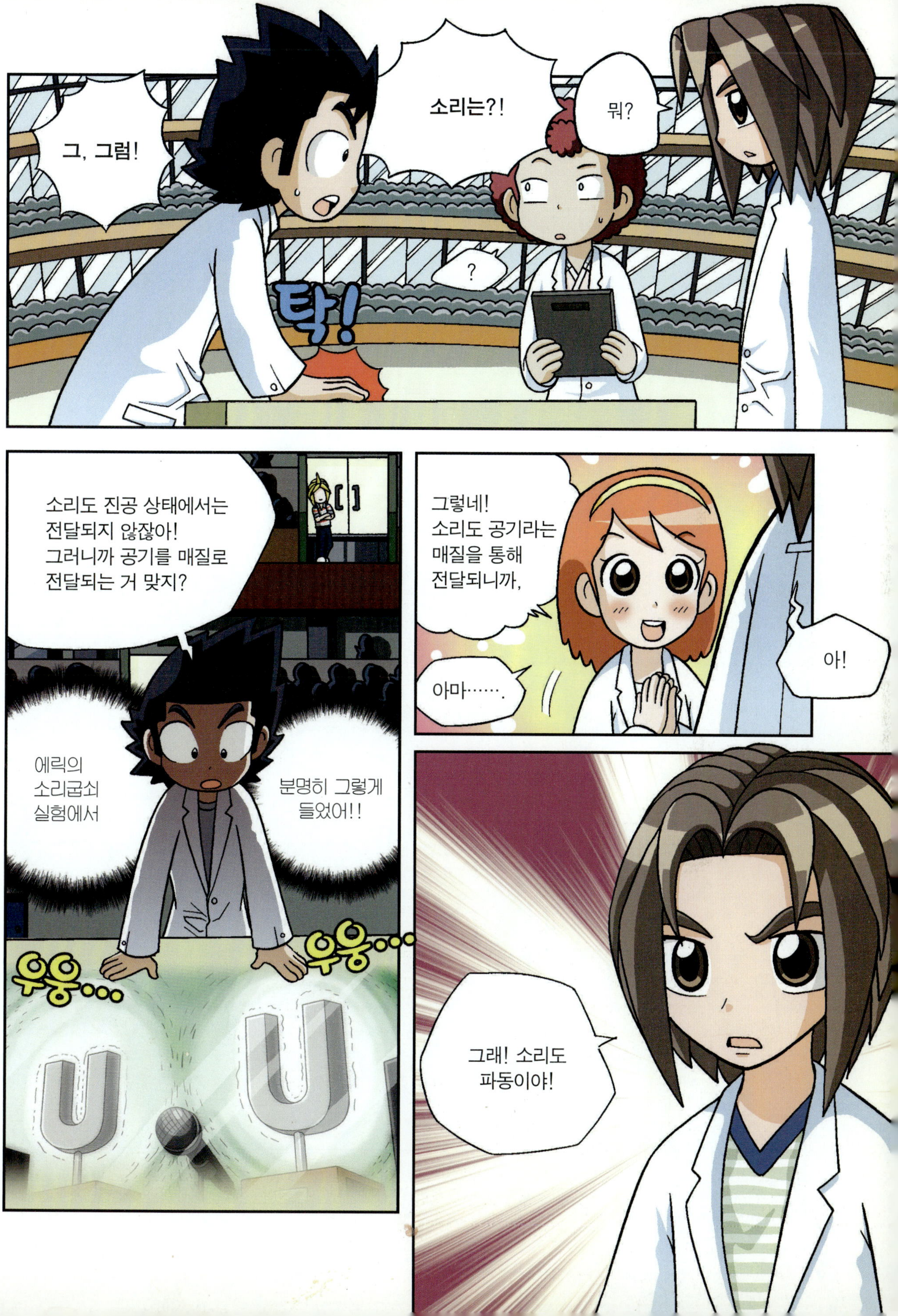
그, 그럼!
소리는?!
뭐?
?
탁!
소리도 진공 상태에서는 전달되지 않잖아! 그러니까 공기를 매질로 전달되는 거 맞지?
에릭의 소리굽쇠 실험에서
분명히 그렇게 들었어!!
우웅…
우웅…
그렇네! 소리도 공기라는 매질을 통해 전달되니까,
아마…….
아!
그래! 소리도 파동이야!

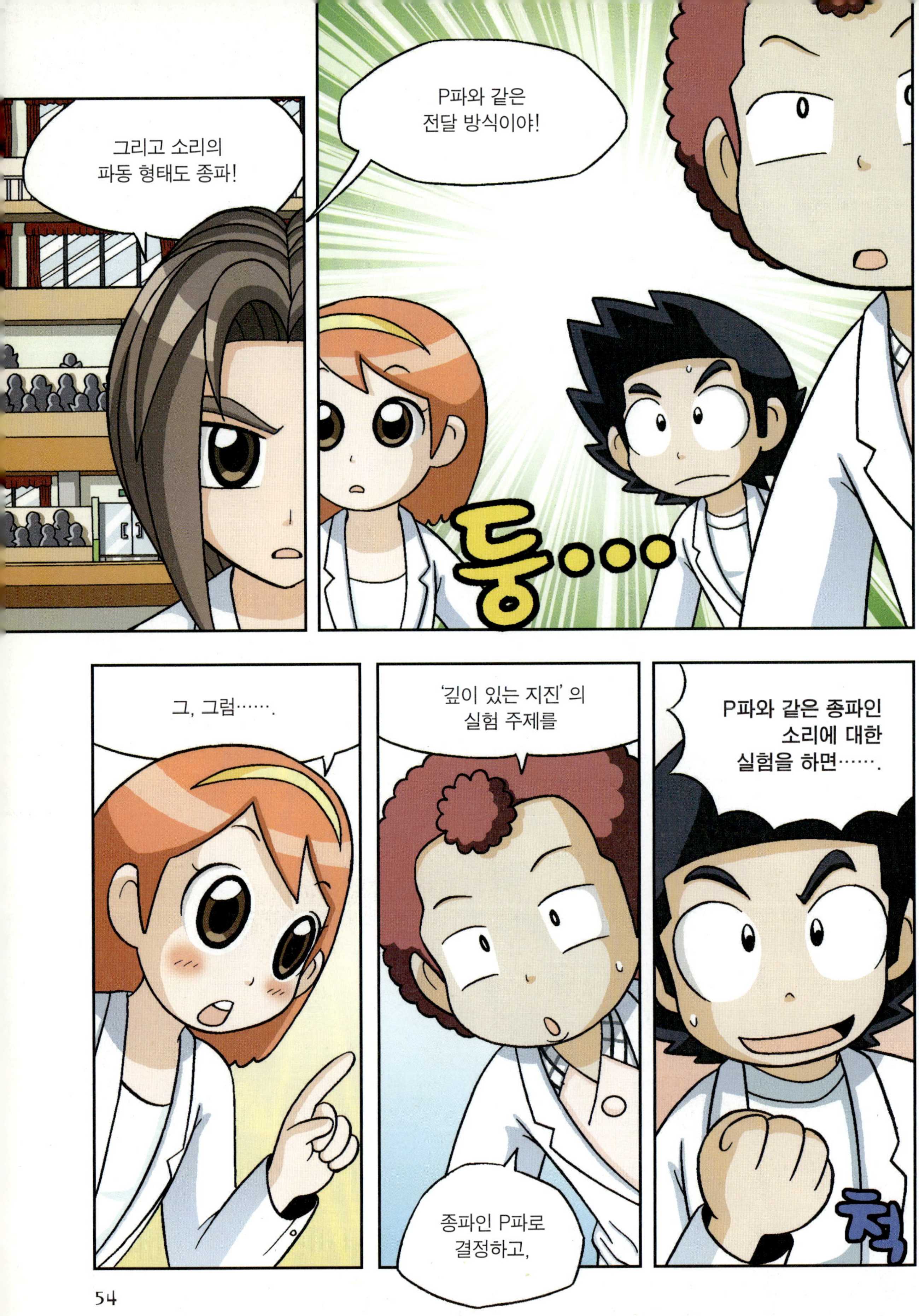

그리고 소리의
파동 형태도 종파!
P파와 같은
전달 방식이야!
둥…
그, 그럼…….
'깊이 있는 지진'의
실험 주제를
종파인 P파로
결정하고,
P파와 같은 종파인
소리에 대한
실험을 하면…….
척

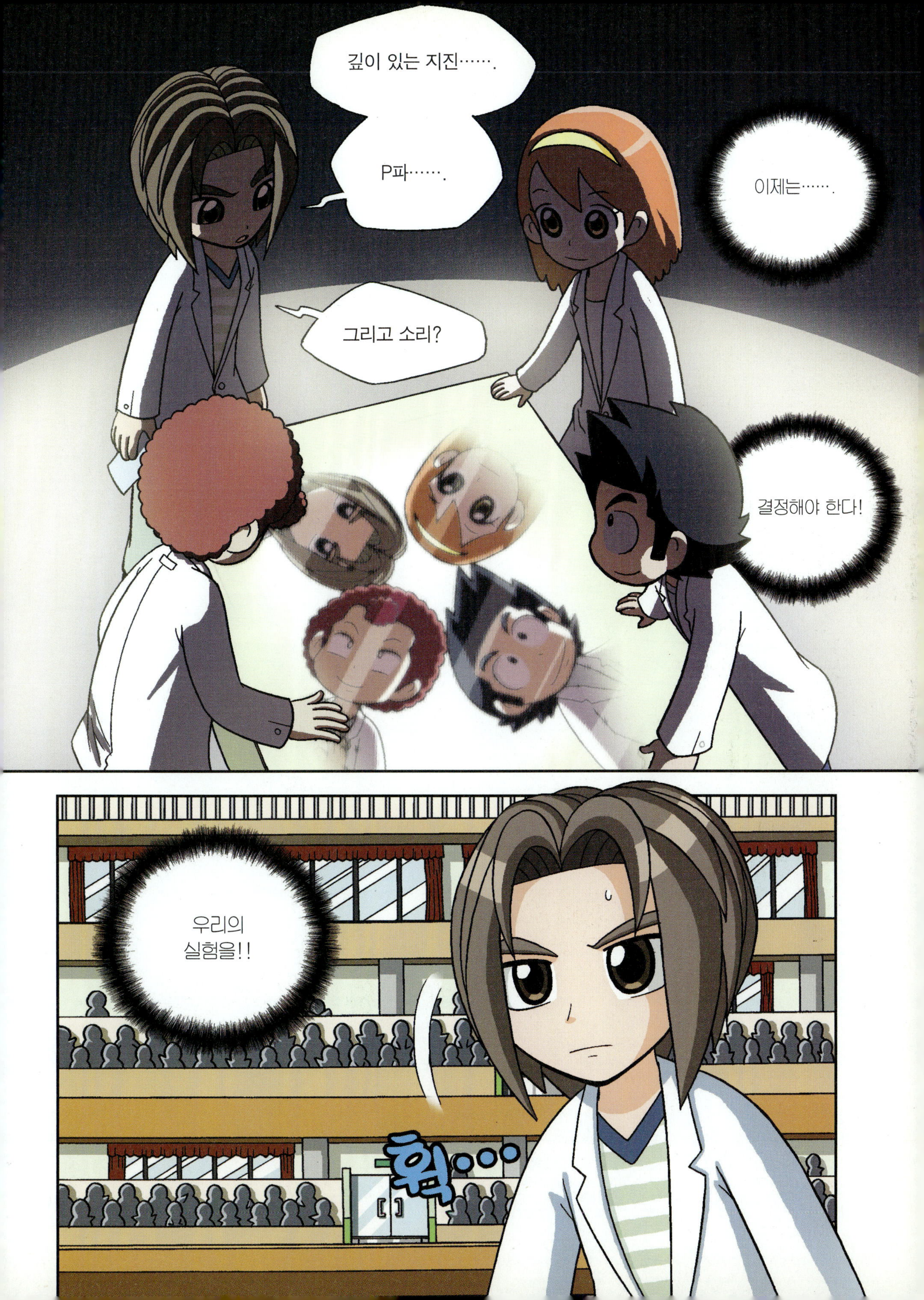
깊이 있는 지진…….
P파…….
이제는…….
그리고 소리?
결정해야 한다!
우리의
실험을!!
휙…

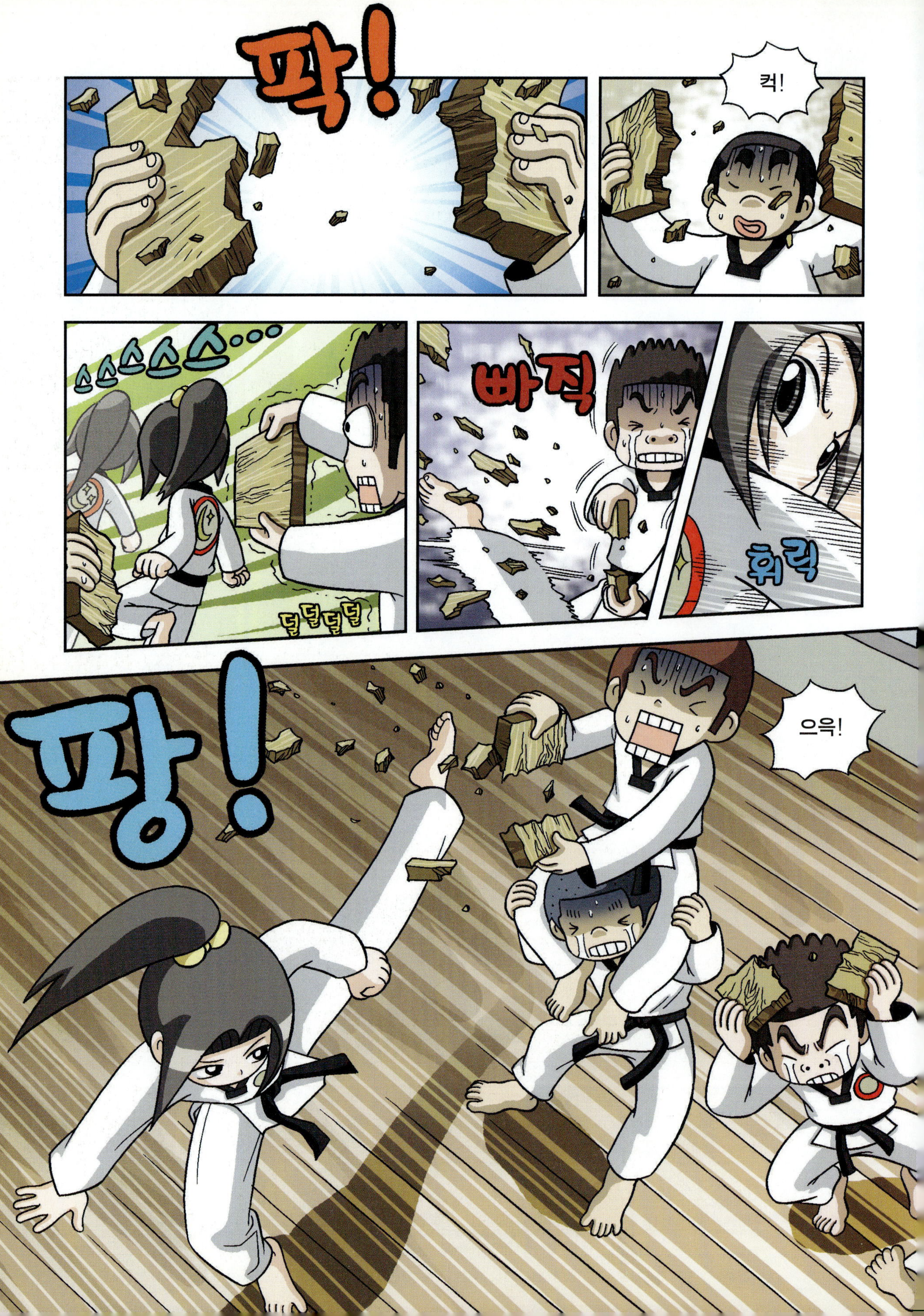
팍!
컥!
스스스스스…
덜덜덜덜
빠직
휘릭
팡!
으윽!

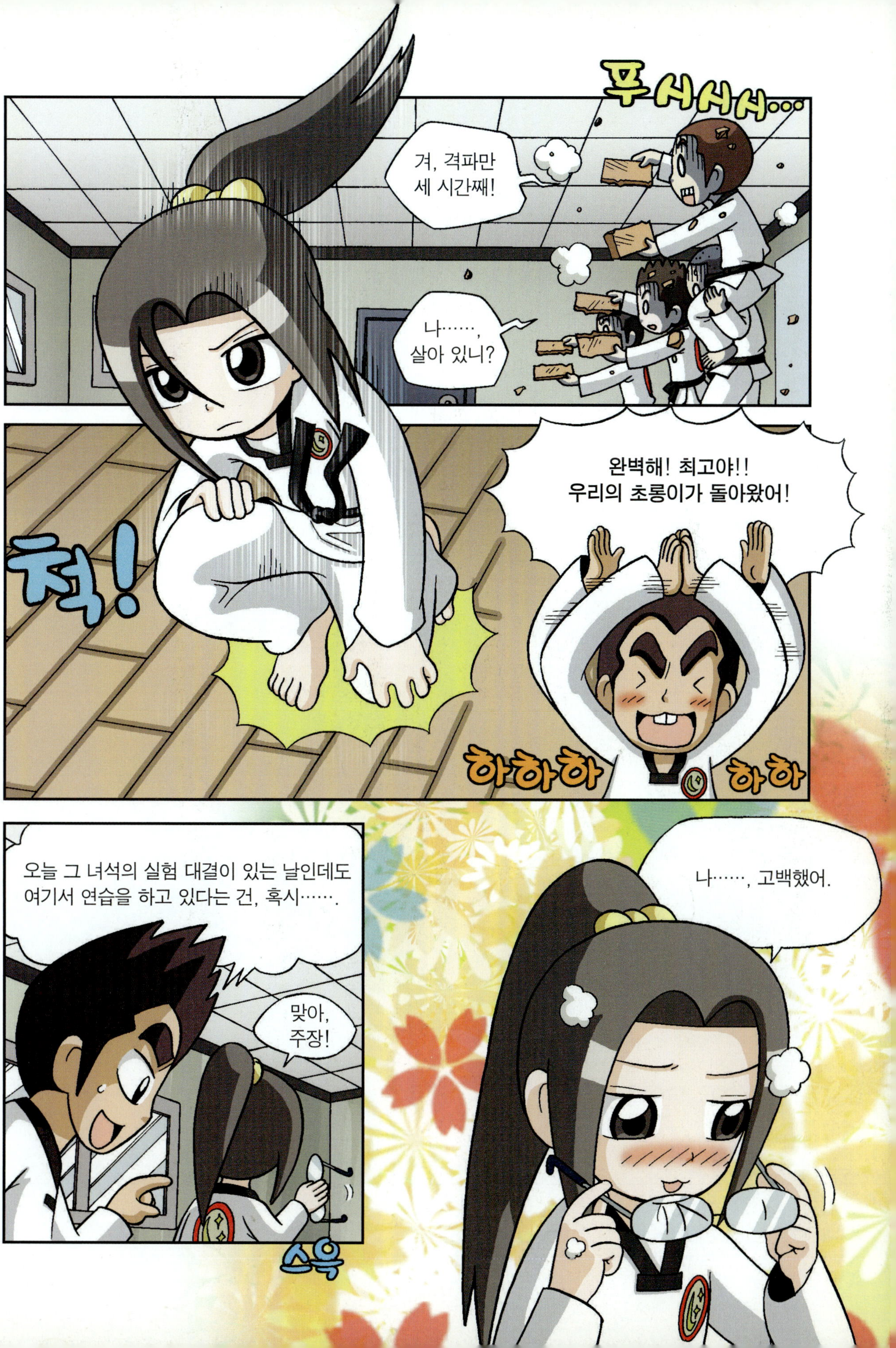
푸시시시…
겨, 격파만
세 시간째!
나……,
살아 있니?
척!
완벽해! 최고야!!
우리의 초롱이가 돌아왔어!
하하하 하하
오늘 그 녀석의 실험 대결이 있는 날인데도
여기서 연습을 하고 있다는 건, 혹시…….
맞아,
주장!
스윽
나……, 고백했어.

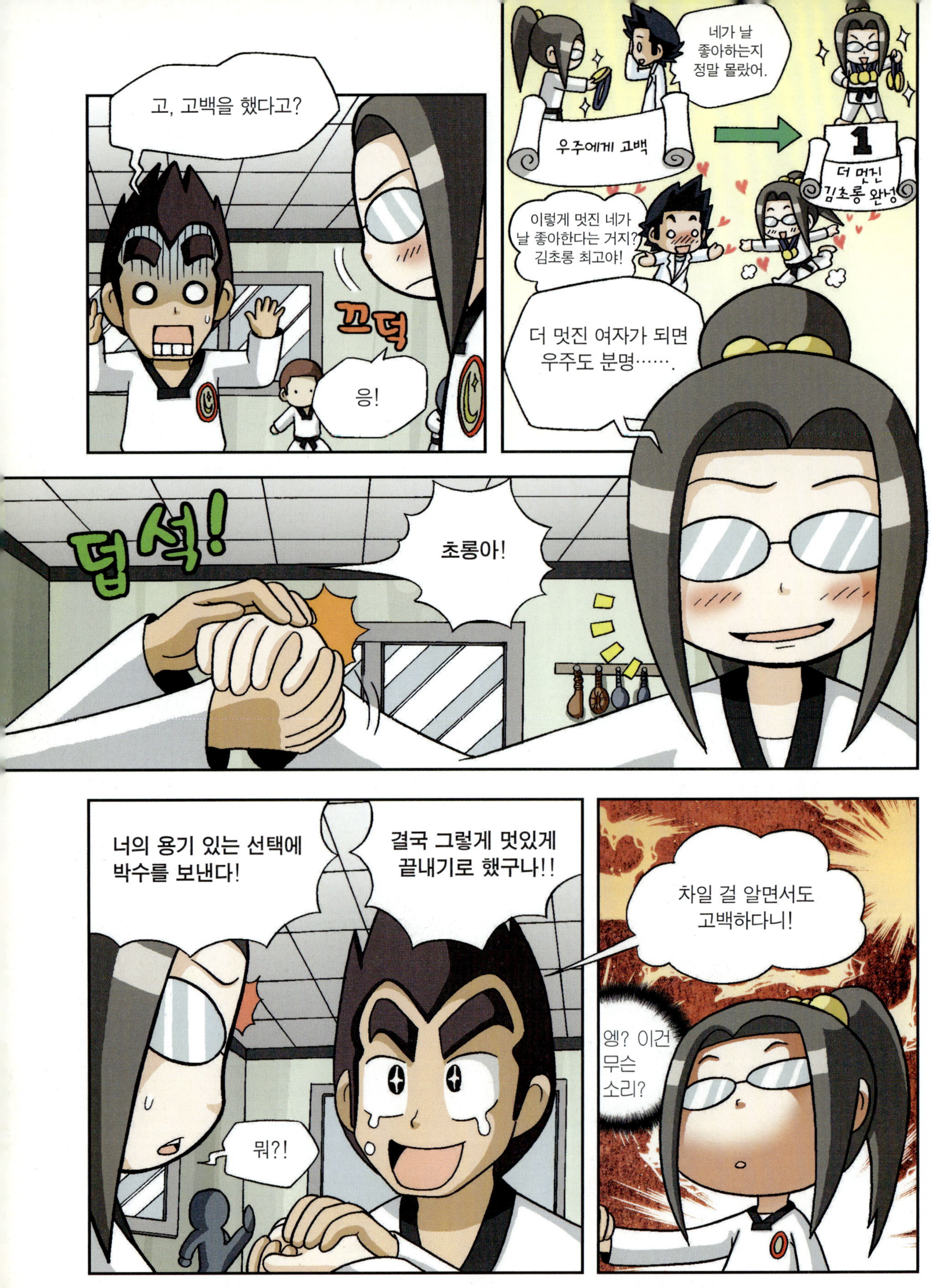
고, 고백을 했다고?
끄덕
응!
네가 날
좋아하는지
정말 몰랐어.
우주에게 고백
1
더 멋진
김초롱 완성
이렇게 멋진 네가
날 좋아한다는 거지?
김초롱 최고야!
더 멋진 여자가 되면
우주도 분명…….
덥석!
초롱아!
너의 용기 있는 선택에
박수를 보낸다!
결국 그렇게 멋있게
끝내기로 했구나!!
뭐?!
차일 걸 알면서도
고백하다니!
엥? 이건
무슨
소리?

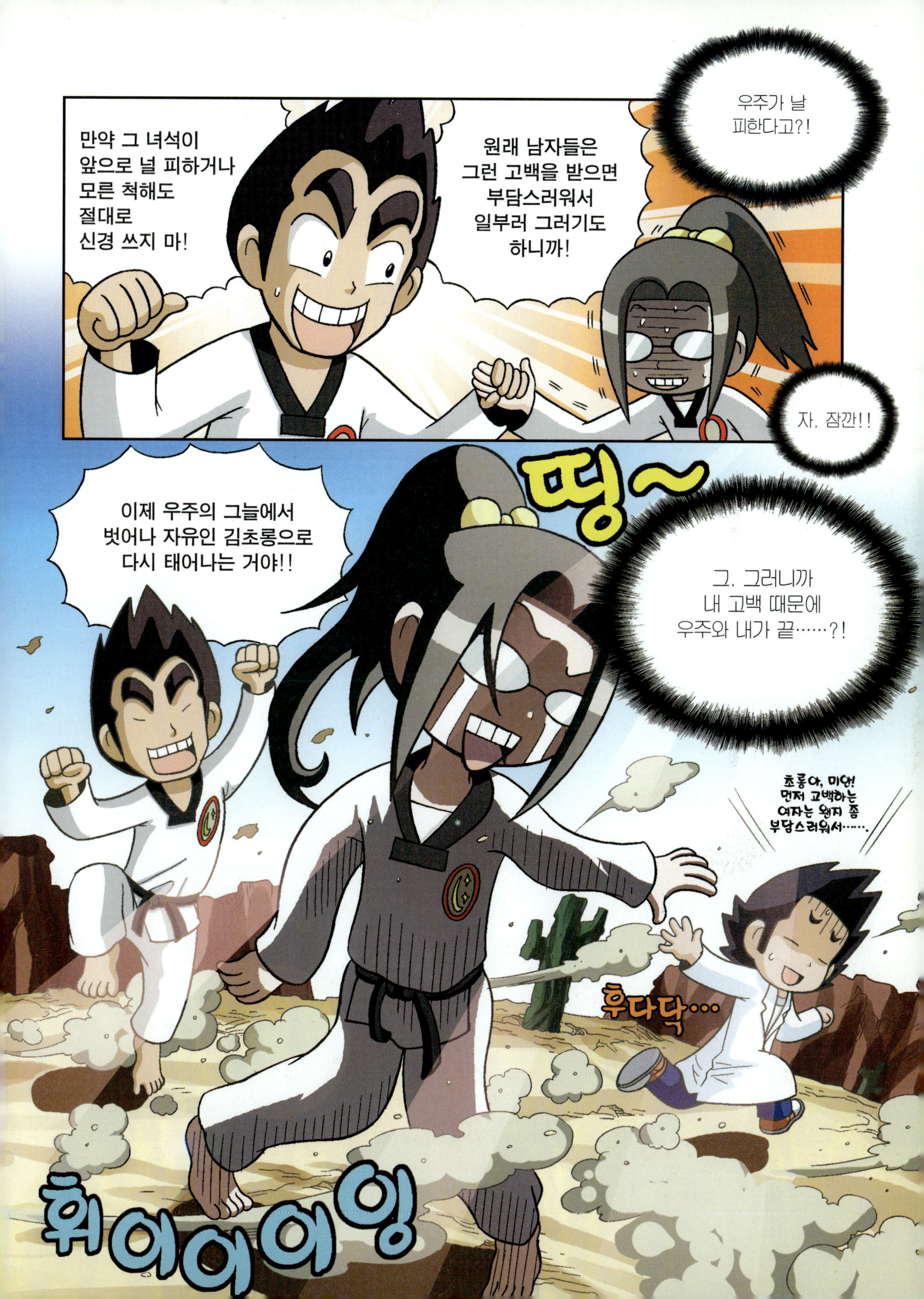
만약 그 녀석이 앞으로 널 피하거나 모른 척해도 절대로 신경 쓰지 마!
원래 남자들은 그런 고백을 받으면 부담스러워서 일부러 그러기도 하니까!
우주가 날 피한다고?!
자, 잠깐!!
이제 우주의 그늘에서 벗어나 자유인 김초롱으로 다시 태어나는 거야!!
띵~
그, 그러니까 내 고백 때문에 우주와 내가 끝……?!
초롱아, 미안! 먼저 고백하는 여자는 왠지 좀 부담스러워서…….
후다닥…
휘이이이잉

루이 드브로이(Louis Victor de Broglie)

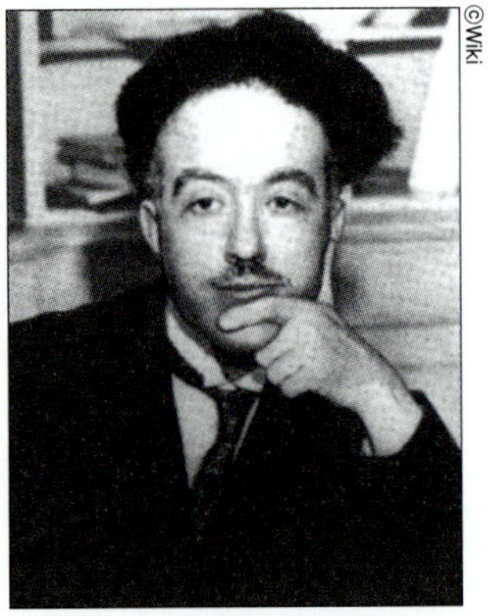
©Wiki

루이 드브로이(1892-1987)
보이지 않는 원자의 운동량에 대한 이론인 양자 역학의 토대를 마련한 프랑스의 물리학자.

루이 드브로이는 프랑스의 물리학자로, 물질이 입자뿐 아니라 파동의 성질을 가진다는 물질파 이론을 통해 양자 역학의 기초를 마련하였습니다.

17세기에는 빛은 눈에 보이지 않는 작은 입자의 흐름이라는 뉴턴의 주장에 힘입어 오랫동안 빛의 입자설이 정설처럼 받아들여졌습니다. 하지만 영국의 물리학자인 로버트 훅의 파동설을 시작으로 빛이 파동으로 진행되는 원리를 밝힌 하위헌스, 빛이 파동의 성질을 갖는다는 결정적인 실험을 보여 준 토머스 영 등 많은 과학자들이 빛의 파동설을 주장하며 빛의 본질에 대한 논란이 활발해졌지요. 그리고 이 논란은 결국 아인슈타인에 이르러 빛이 파동성뿐 아니라 입자성도 갖고 있다는 사실이 밝혀졌고, 이것으로 빛의 이중성이 인정되면서 막을 내렸습니다.

하지만 드브로이는 한발 더 나아가 빛뿐만 아니라 원자로 이루어진 모든 물질이 입자와 파동의 성질을 동시에 가지고 있다는 물질파 이론을 발표하였습니다.

드브로이의 물질파 이론에 따르면 사람이나 자동차 같은 물체들도 달리는 동안에는 파동의 성질을 가지고 있지만, 이때의 파동은 미세한 입자에서 생기는 파동에 비해 매우 작은 수준이기 때문에 파동의 성질을 느끼지 못할 뿐이라는 것입니다. 전혀 달라 보이는 입자와 파동의 성질을 한 물질이 동시에 갖는다는 이 주장은 당시 고전 역학으로 설명할 수 없었던 전자나 양성자와 같은 작은 입자들의 운동에 대한 해답을 알려 주었습니다.

1924년에 이 물질파 이론을 소개한 드브로이의 논문 〈양자에 대한 연구〉가 출판되자, 아인슈타인은 이것을 열광적으로 반기며 '그가 우주의 비밀을 밝혀냈다'는 말로 드브로이의 업적을 강조했다고 합니다. 또한 드브로이는 이 물질파 이론으로 1929년 노벨 물리학상을 수상하였습니다.

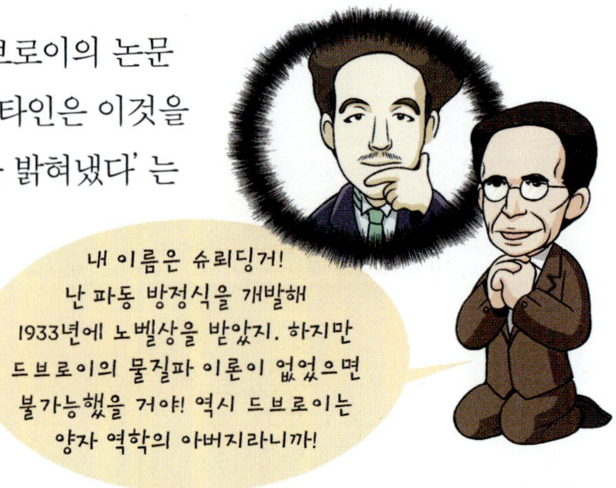
내 이름은 슈뢰딩거! 난 파동 방정식을 개발해 1933년에 노벨상을 받았지. 하지만 드브로이의 물질파 이론이 없었으면 불가능했을 거야! 역시 드브로이는 양자 역학의 아버지라니까!

G박사의 실험실 1

빛의 속도

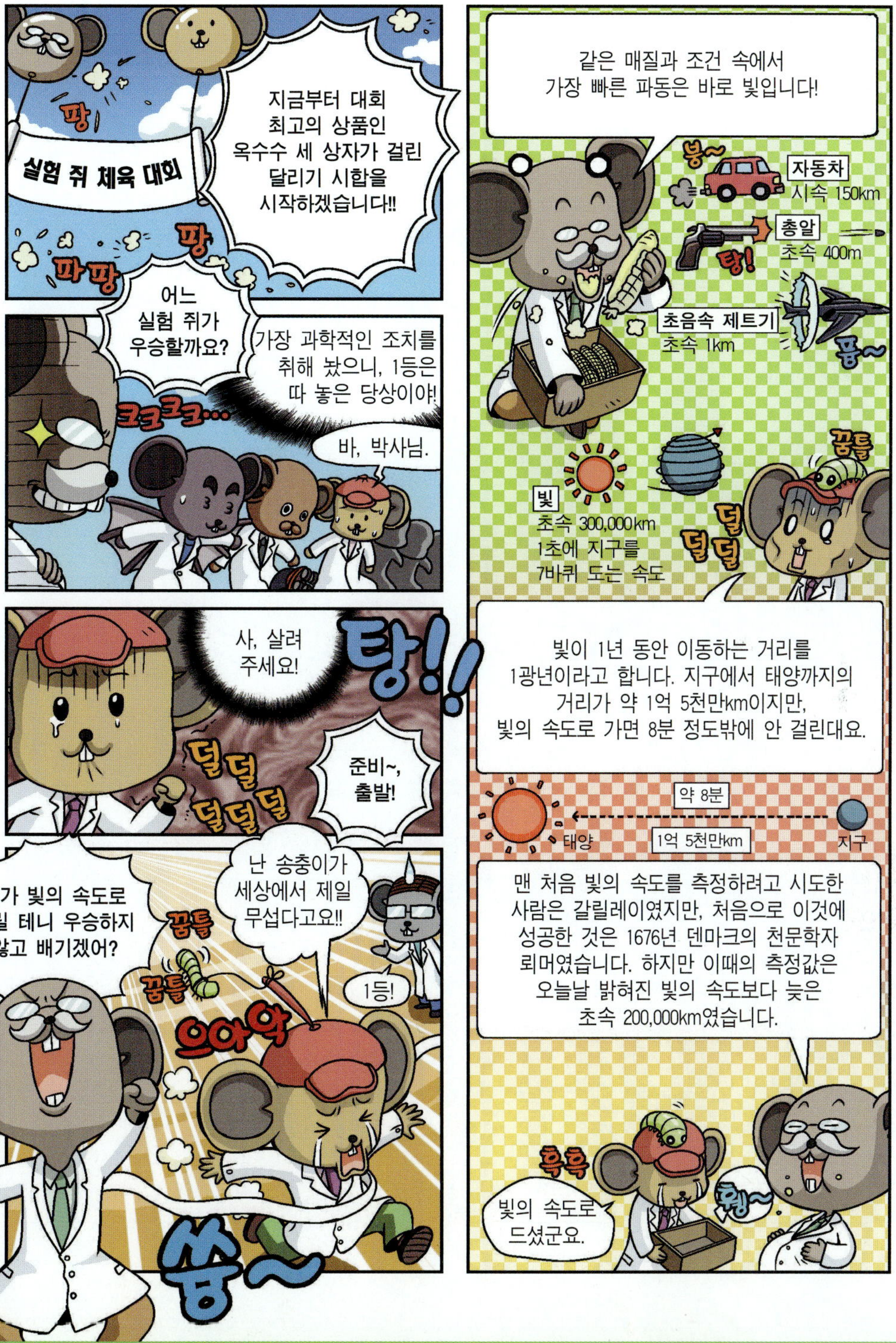

팡
실험 쥐 체육 대회
팡
파팡
지금부터 대회 최고의 상품인 옥수수 세 상자가 걸린 달리기 시합을 시작하겠습니다!!
어느 실험 쥐가 우승할까요?
가장 과학적인 조치를 취해 놨으니, 1등은 따 놓은 당상이야!
크크크크…
바, 박사님.
사, 살려 주세요!
탕!!
덜덜
덜덜덜
준비~, 출발!
네가 빛의 속도로 달릴 테니 우승하지 않고 배기겠어?
난 송충이가 세상에서 제일 무섭다고요!!
꿈틀
꿈틀
1등!
으아악
슝~
같은 매질과 조건 속에서 가장 빠른 파동은 바로 빛입니다!
붕~
자동차
시속 150km
총알
초속 400m
탕!
초음속 제트기
초속 1km
퓽~
꿈틀
빛
초속 300,000km
1초에 지구를
7바퀴 도는 속도
덜덜
덜덜
빛이 1년 동안 이동하는 거리를 1광년이라고 합니다. 지구에서 태양까지의 거리가 약 1억 5천만km이지만, 빛의 속도로 가면 8분 정도밖에 안 걸린대요.
약 8분
태양
1억 5천만km
지구
맨 처음 빛의 속도를 측정하려고 시도한 사람은 갈릴레이였지만, 처음으로 이것에 성공한 것은 1676년 덴마크의 천문학자 뢰머였습니다. 하지만 이때의 측정값은 오늘날 밝혀진 빛의 속도보다 늦은 초속 200,000km였습니다.
흐흑
빛의 속도로 드셨군요.
쩝~

제3화

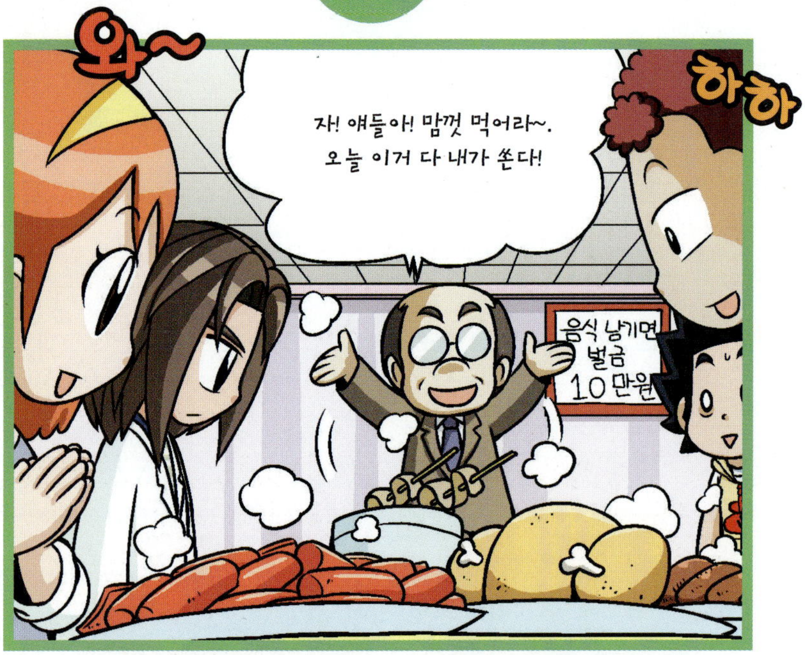
와~
하하
자! 얘들아! 맘껏 먹어라~.
오늘 이거 다 내가 쏜다!
음식 남기면
벌금
10만원

술렁이는 관중석

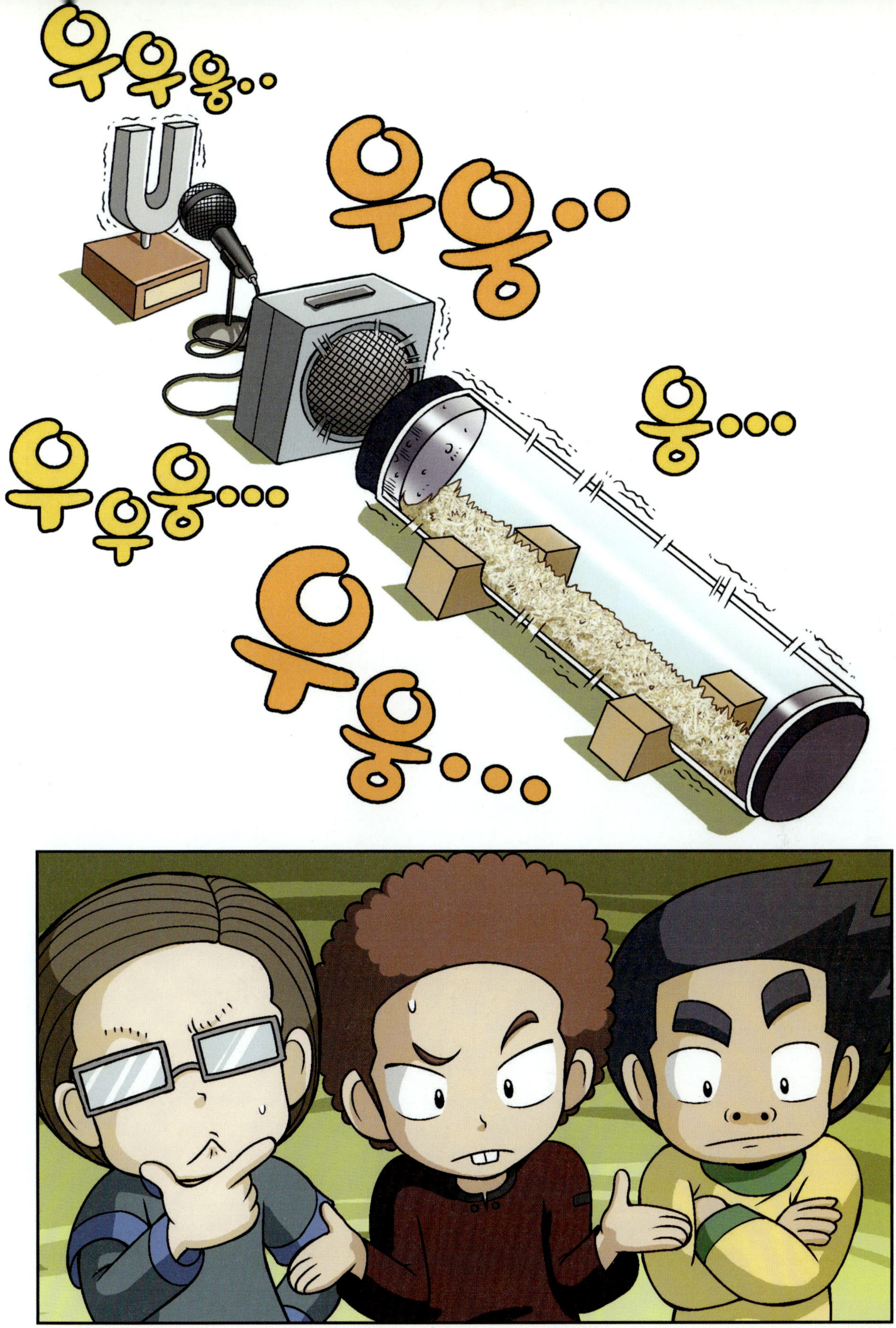
우우웅..
우웅..
웅...
우우웅...
우웅...

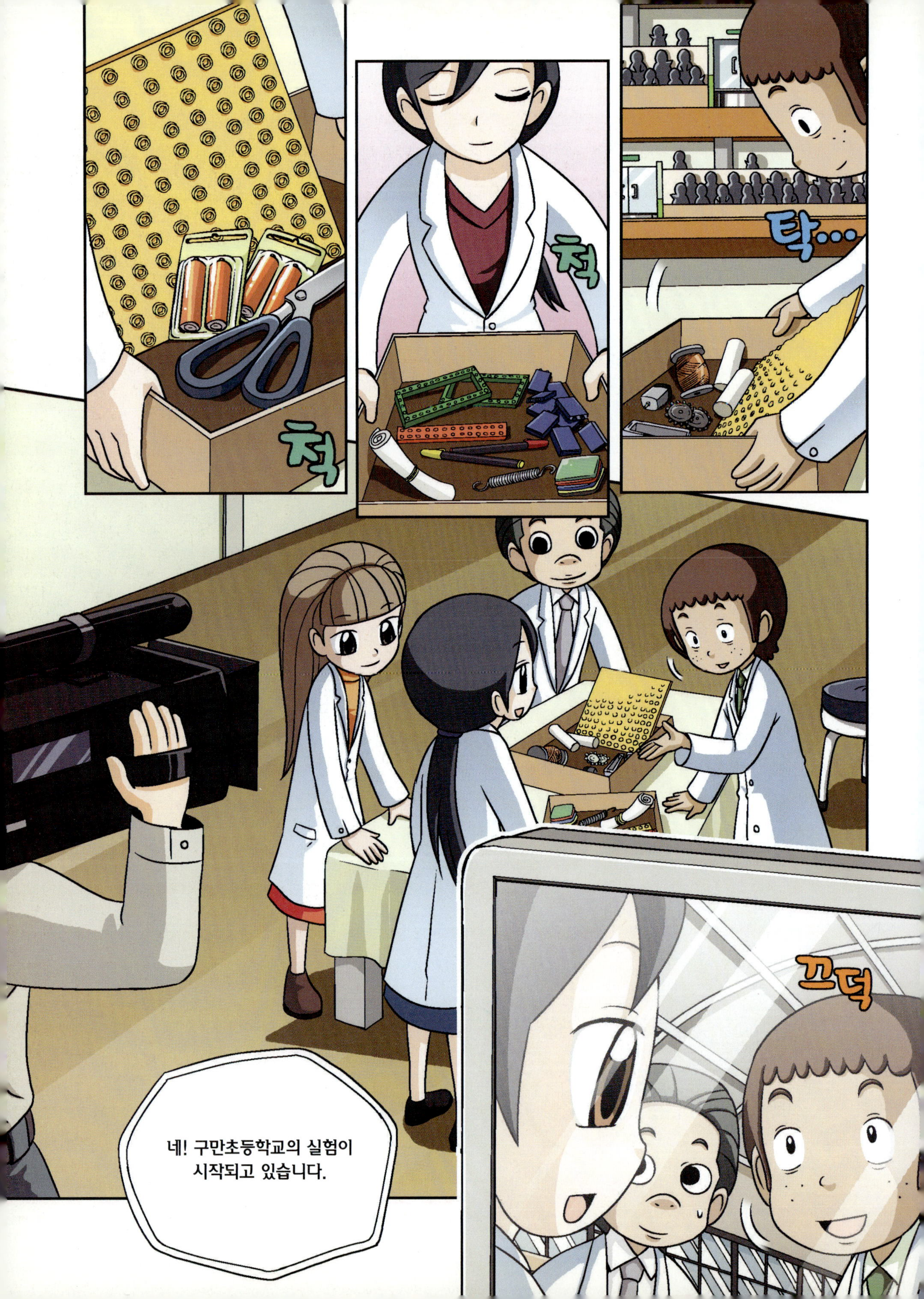
척
척
탁…
끄덕
네! 구만초등학교의 실험이
시작되고 있습니다.

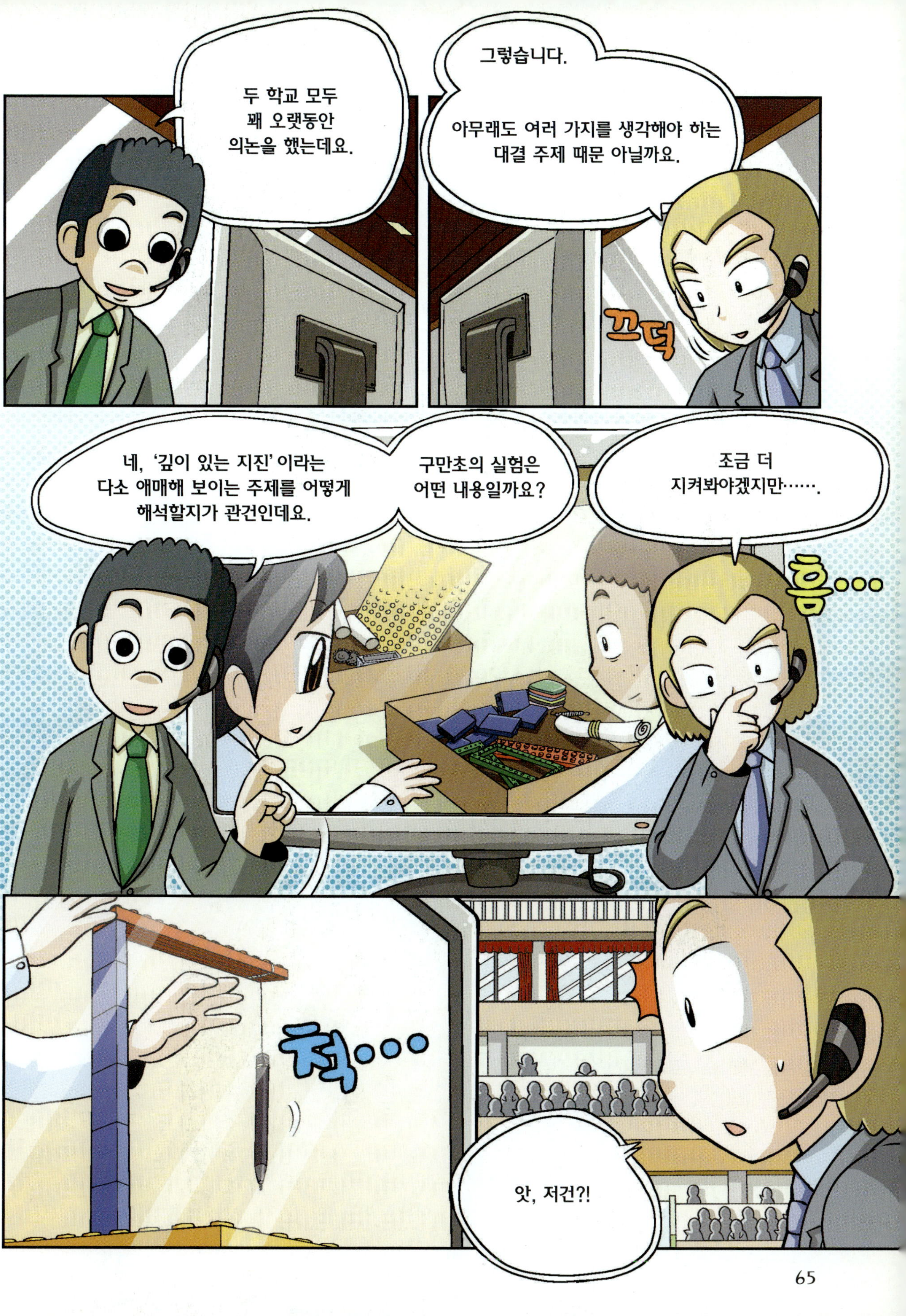
두 학교 모두
꽤 오랫동안
의논을 했는데요.
그렇습니다.
아무래도 여러 가지를 생각해야 하는
대결 주제 때문 아닐까요.
끄덕
네, '깊이 있는 지진' 이라는
다소 애매해 보이는 주제를 어떻게
해석할지가 관건인데요.
구만초의 실험은
어떤 내용일까요?
조금 더
지켜봐야겠지만…….
흠…
척…
앗, 저건?!

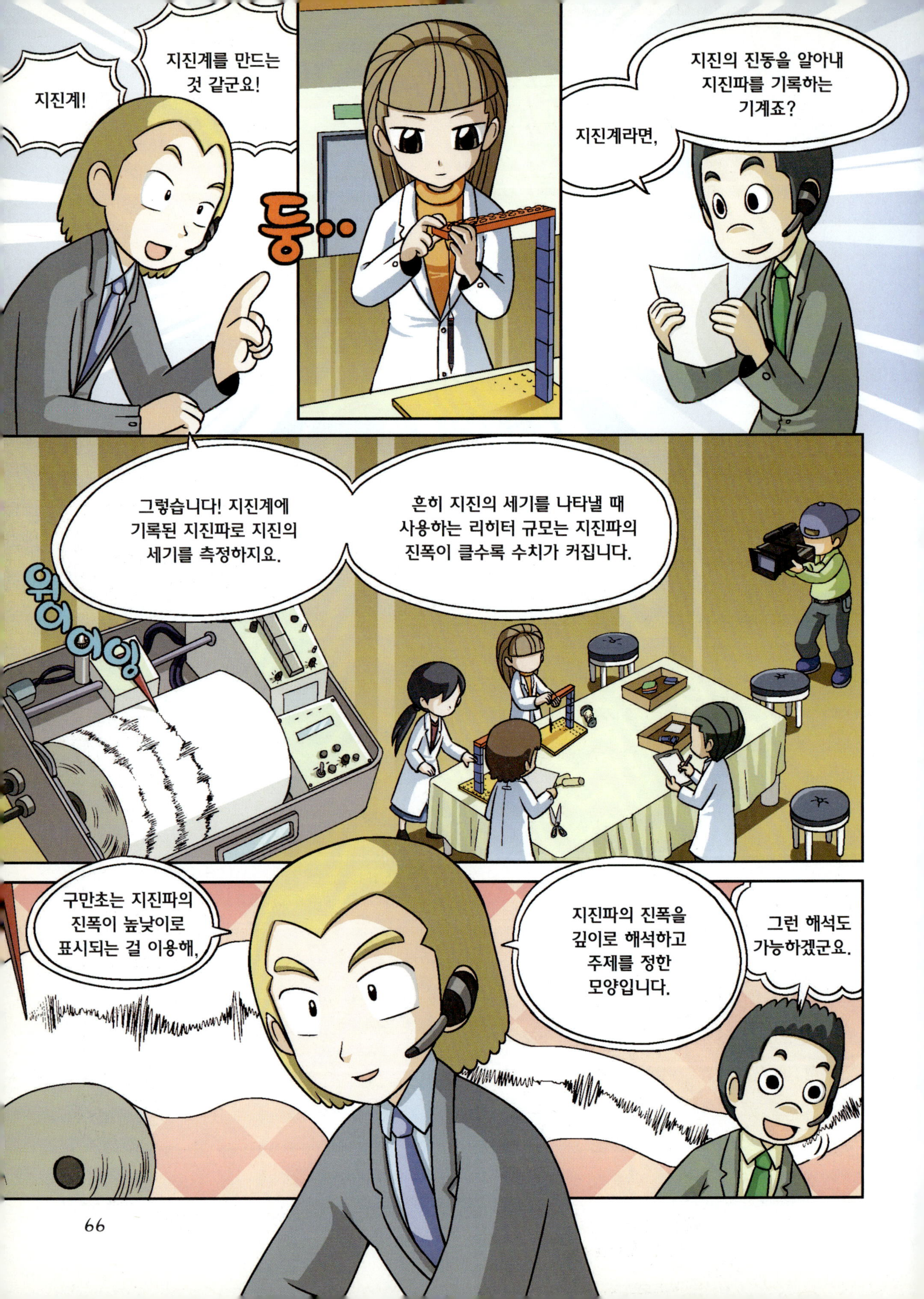
지진계!
지진계를 만드는 것 같군요!
둥..
지진계라면,
지진의 진동을 알아내 지진파를 기록하는 기계죠?
그렇습니다! 지진계에 기록된 지진파로 지진의 세기를 측정하지요.
흔히 지진의 세기를 나타낼 때 사용하는 리히터 규모는 지진파의 진폭이 클수록 수치가 커집니다.
위이이잉
구만초는 지진파의 진폭이 높낮이로 표시되는 걸 이용해,
지진파의 진폭을 깊이로 해석하고 주제를 정한 모양입니다.
그런 해석도 가능하겠군요.

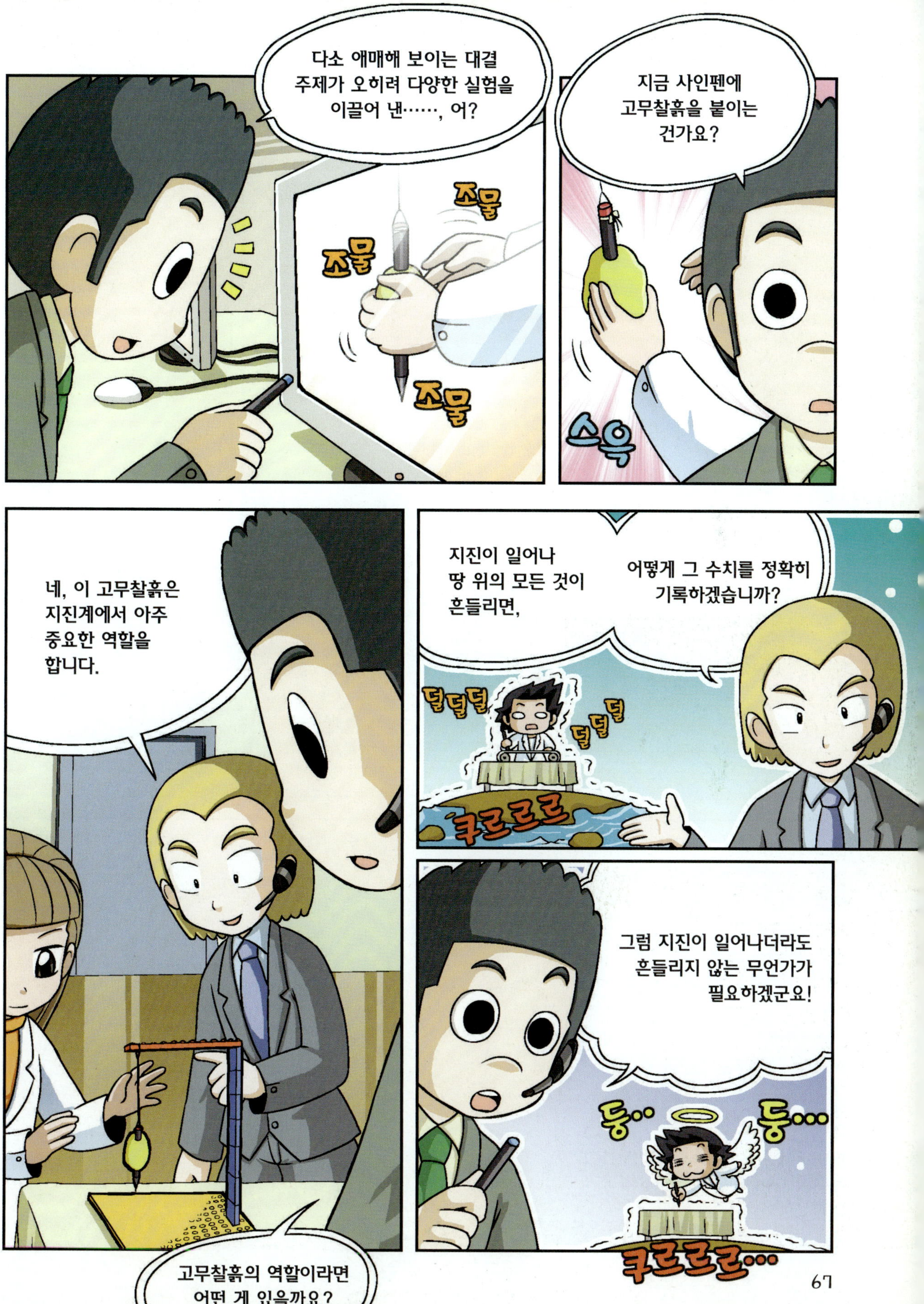
다소 애매해 보이는 대결 주제가 오히려 다양한 실험을 이끌어 낸……, 어?
조물
조물
조물
지금 사인펜에 고무찰흙을 붙이는 건가요?
스윽
네, 이 고무찰흙은 지진계에서 아주 중요한 역할을 합니다.
고무찰흙의 역할이라면 어떤 게 있을까요?
지진이 일어나 땅 위의 모든 것이 흔들리면,
어떻게 그 수치를 정확히 기록하겠습니까?
덜덜덜
덜덜덜
쿠르르르
그럼 지진이 일어나더라도 흔들리지 않는 무언가가 필요하겠군요!
둥.. 둥...
쿠르르르르...

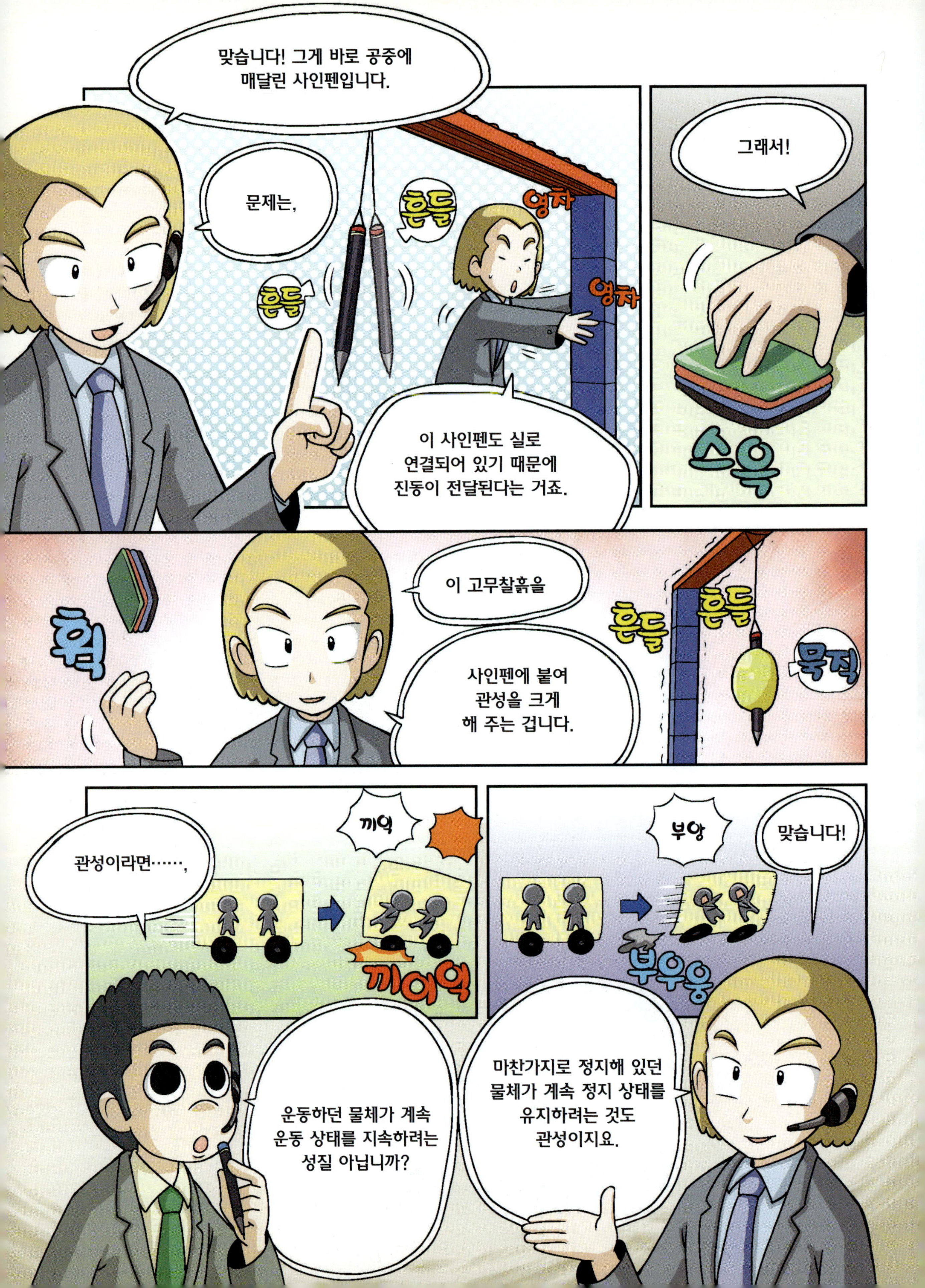

맞습니다! 그게 바로 공중에 매달린 사인펜입니다.
문제는,
흔들
흔들
영차
영차
이 사인펜도 실로 연결되어 있기 때문에 진동이 전달된다는 거죠.
그래서!
스윽
휙
이 고무찰흙을
사인펜에 붙여 관성을 크게 해 주는 겁니다.
흔들
흔들
묵직
관성이라면……,
끼익
끼이익
운동하던 물체가 계속 운동 상태를 지속하려는 성질 아닙니까?
부앙
부우웅
맞습니다!
마찬가지로 정지해 있던 물체가 계속 정지 상태를 유지하려는 것도 관성이지요.

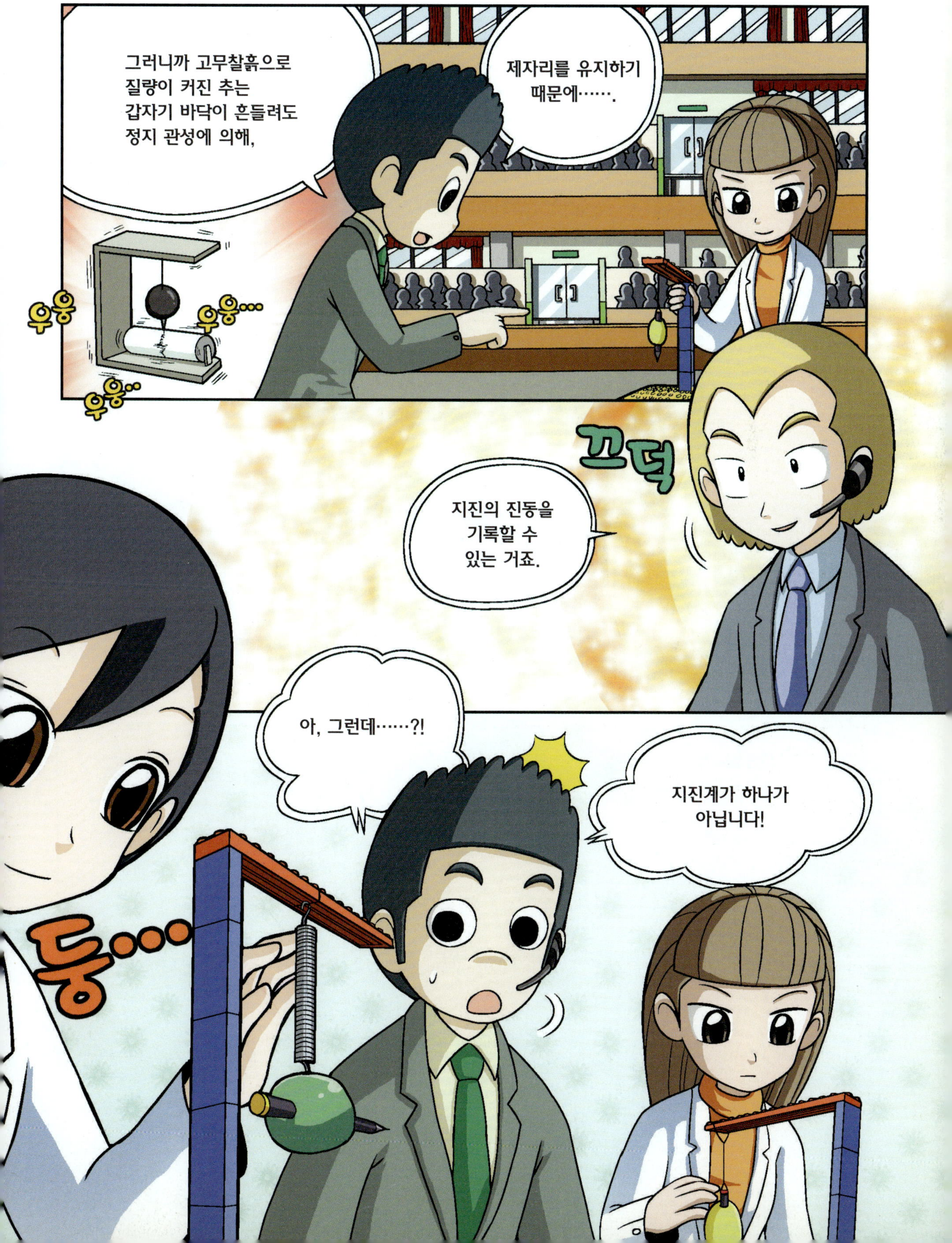
그러니까 고무찰흙으로 질량이 커진 추는 갑자기 바닥이 흔들려도 정지 관성에 의해,
제자리를 유지하기 때문에…….
우웅
우웅…
우웅…
끄덕
지진의 진동을 기록할 수 있는 거죠.
아, 그런데……?!
지진계가 하나가 아닙니다!
둥…

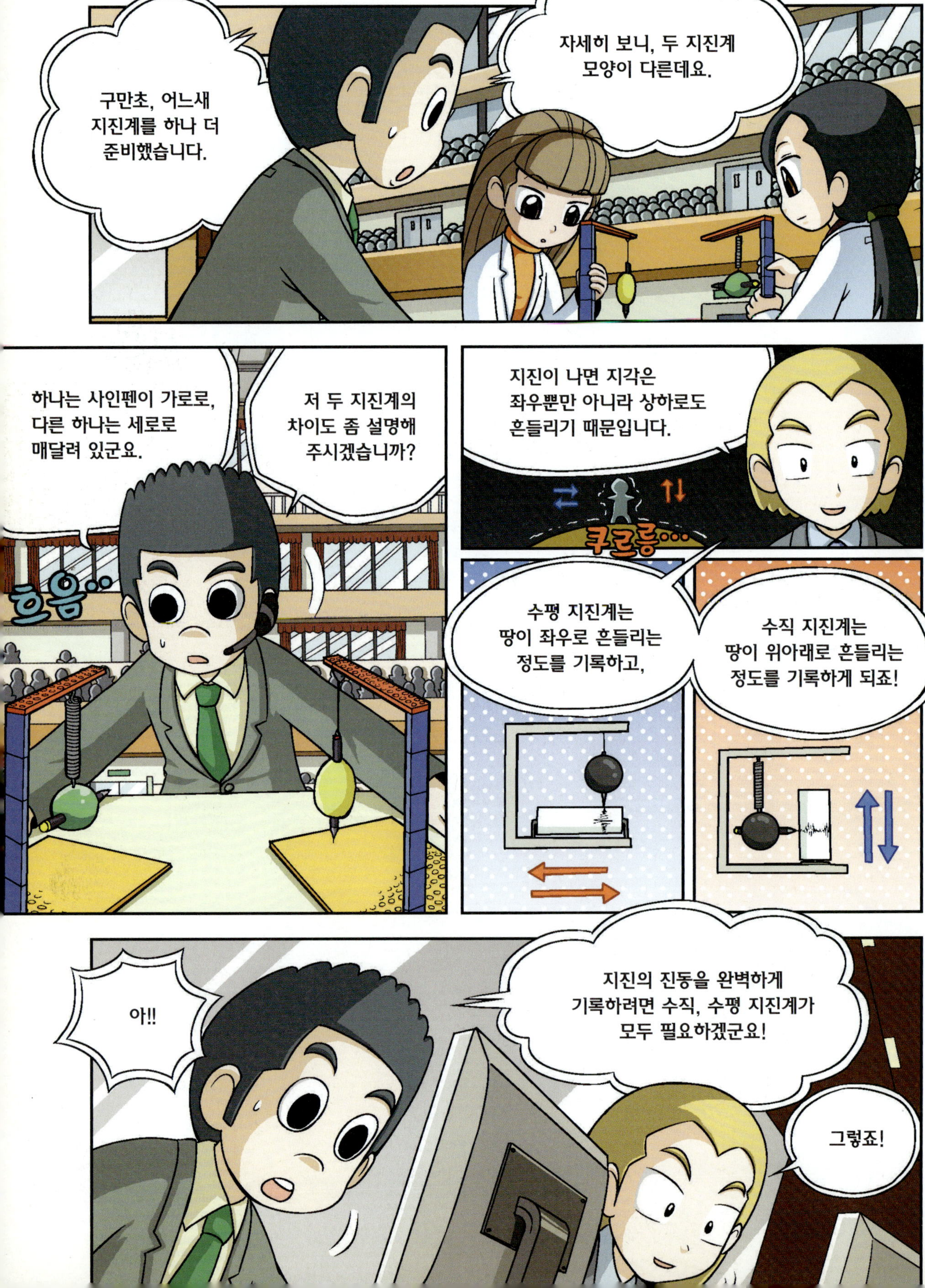
구만초, 어느새 지진계를 하나 더 준비했습니다.
자세히 보니, 두 지진계 모양이 다른데요.
하나는 사인펜이 가로로, 다른 하나는 세로로 매달려 있군요.
저 두 지진계의 차이도 좀 설명해 주시겠습니까?
흐음…
지진이 나면 지각은 좌우뿐만 아니라 상하로도 흔들리기 때문입니다.
쿠르릉…
수평 지진계는 땅이 좌우로 흔들리는 정도를 기록하고,
수직 지진계는 땅이 위아래로 흔들리는 정도를 기록하게 되죠!
아!!
지진의 진동을 완벽하게 기록하려면 수직, 수평 지진계가 모두 필요하겠군요!
그렇죠!

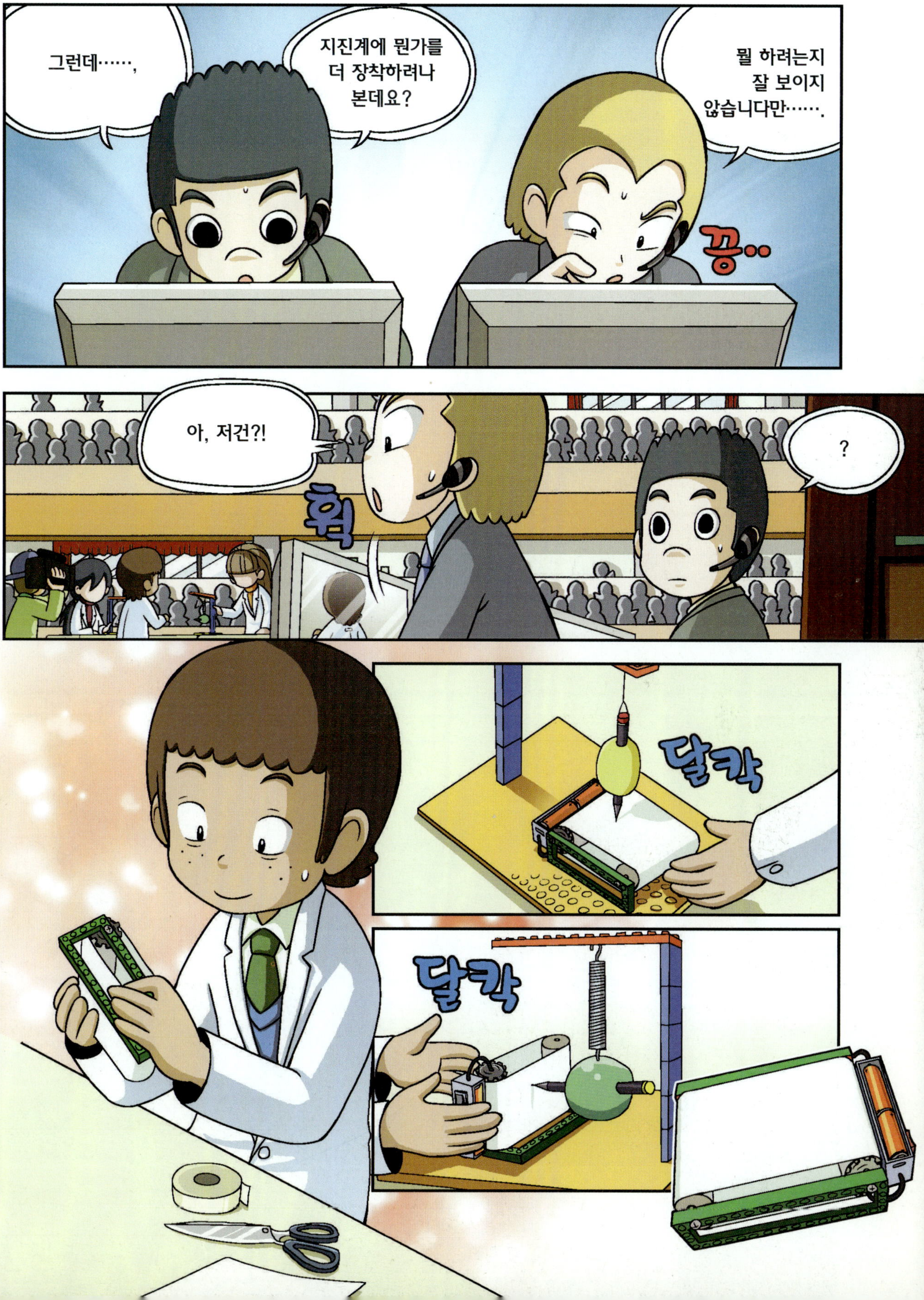
그런데……,
지진계에 뭔가를 더 장착하려나 본데요?
뭘 하려는지 잘 보이지 않습니다만…….
끙..
아, 저건?!
휙
?
달칵
달칵

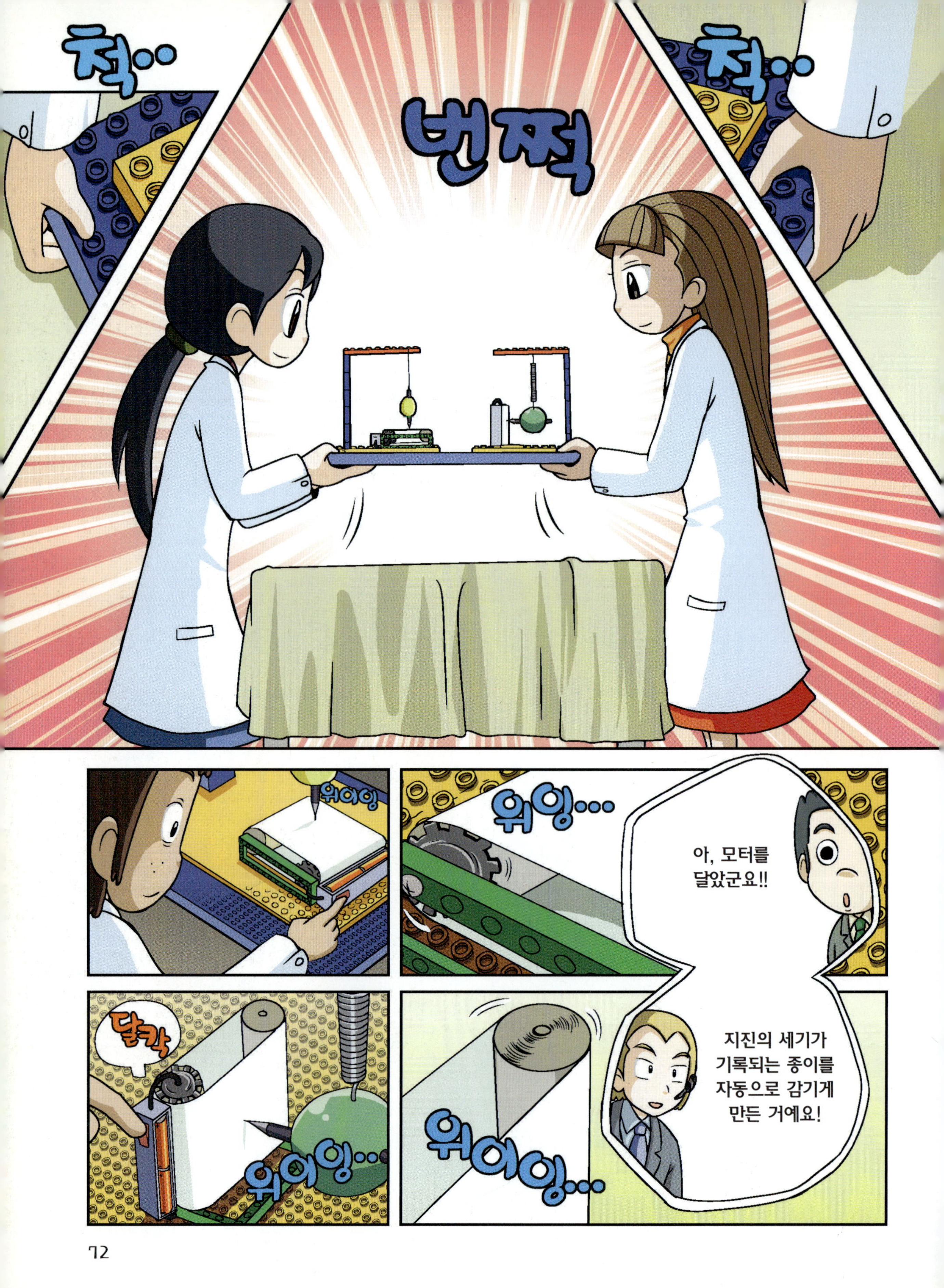
척..
척..
번쩍
위이잉
위잉...
아, 모터를 달았군요!!
달칵
위이잉...
지진의 세기가 기록되는 종이를 자동으로 감기게 만든 거예요!
위이잉...

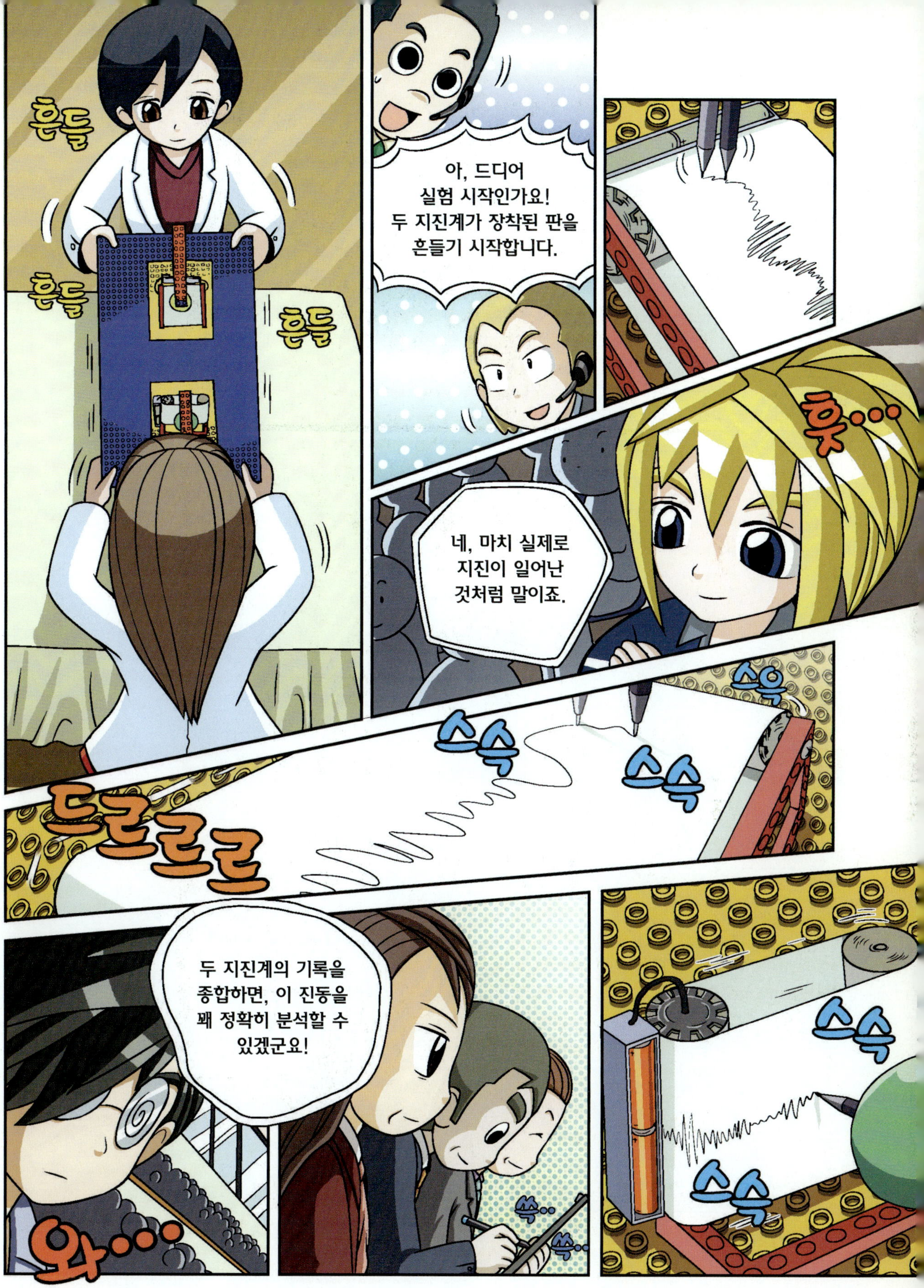
흔들
흔들
흔들
아, 드디어 실험 시작인가요! 두 지진계가 장착된 판을 흔들기 시작합니다.
훗…
네, 마치 실제로 지진이 일어난 것처럼 말이죠.
스윽
스슥
스슥
드르르르
두 지진계의 기록을 종합하면, 이 진동을 꽤 정확히 분석할 수 있겠군요!
와…
쓱…
쓱…
스슥
스슥

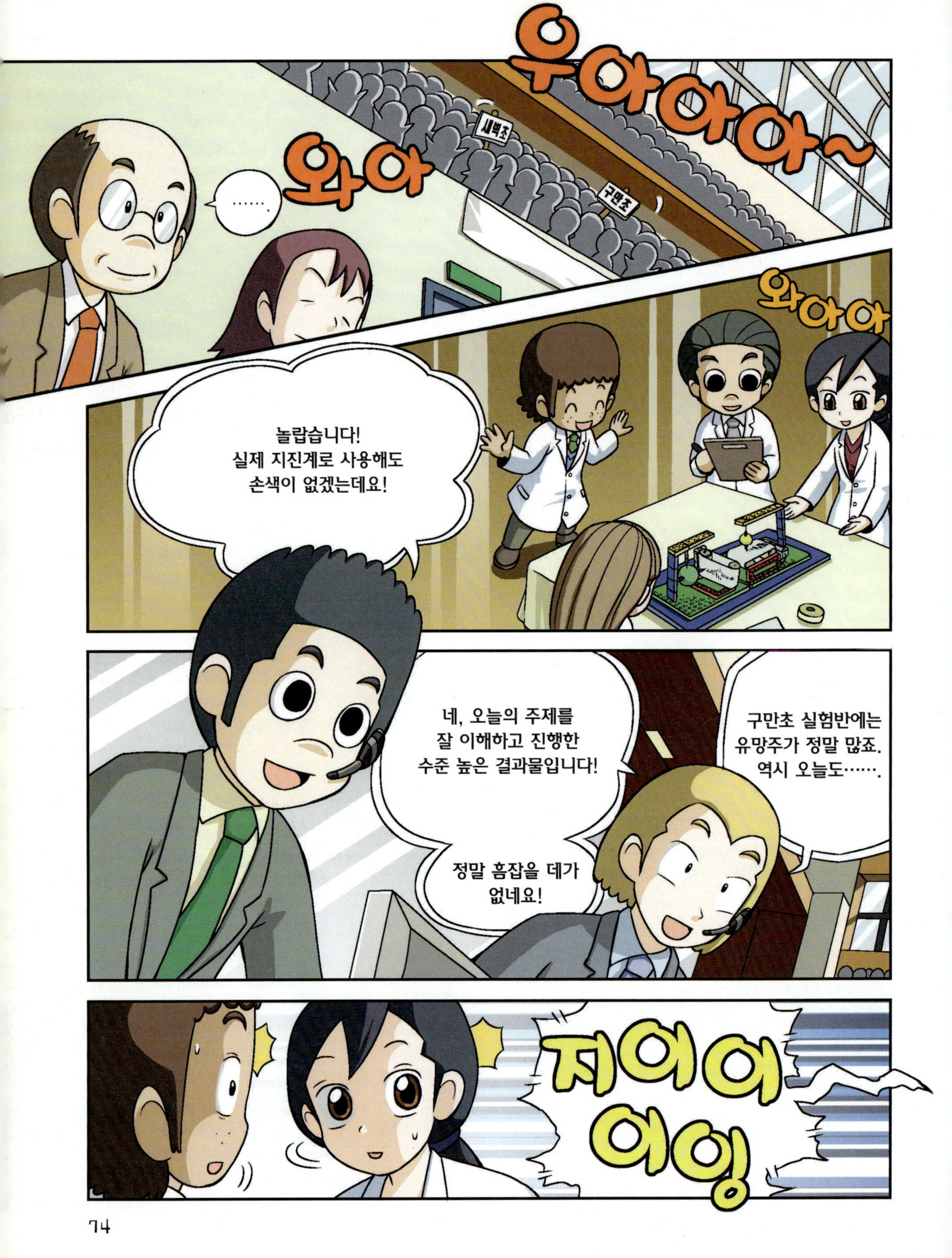
우아아아아~
와아
새벽초
구만초
…….
와아아
놀랍습니다! 실제 지진계로 사용해도 손색이 없겠는데요!
네, 오늘의 주제를 잘 이해하고 진행한 수준 높은 결과물입니다!
정말 흠잡을 데가 없네요!
구만초 실험반에는 유망주가 정말 많죠. 역시 오늘도…….
지이이이잉

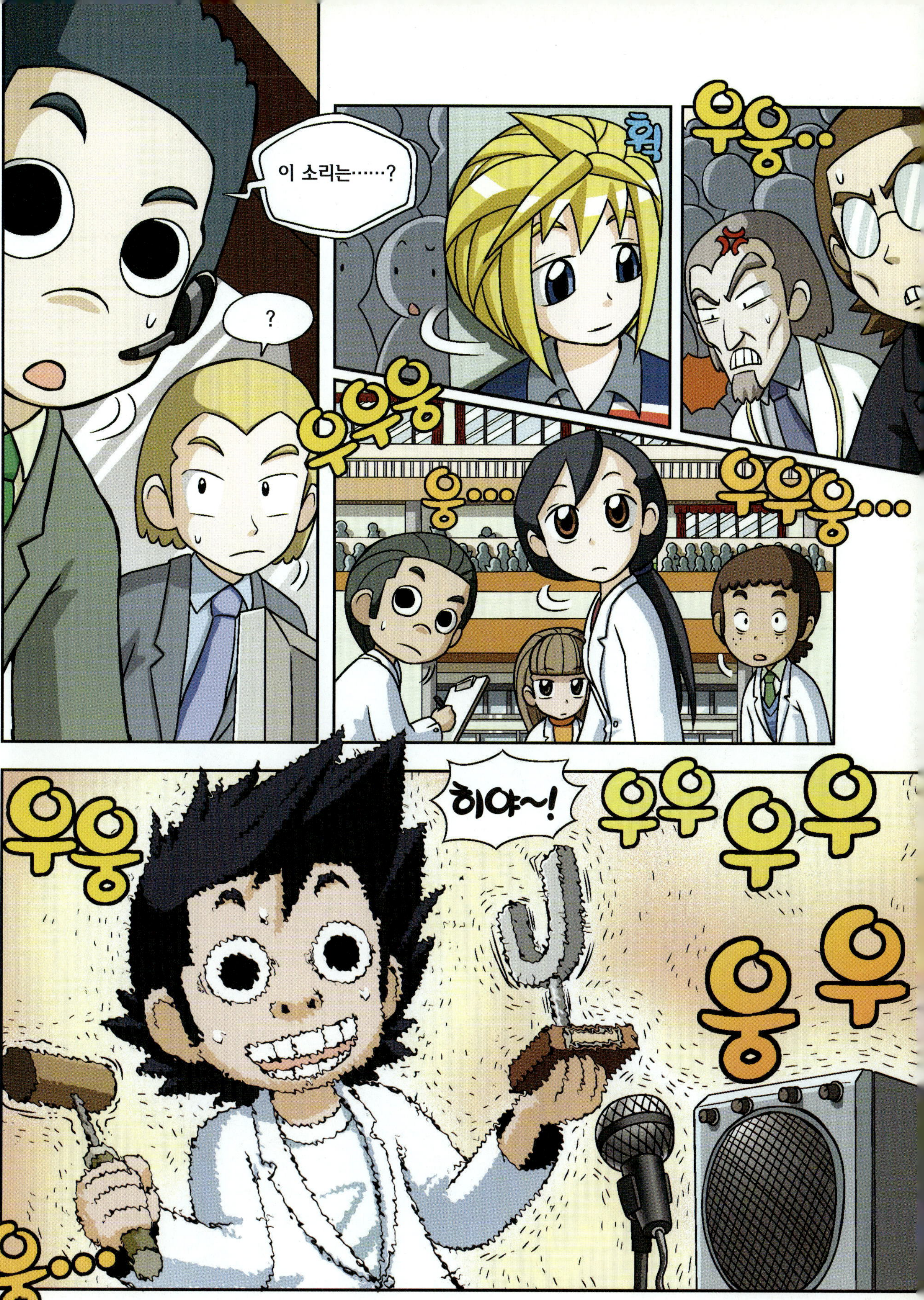
이 소리는……?
?
휙
우웅…
우우웅
웅…
우우웅…
히야~!
우웅
우우우우
웅우
웅…

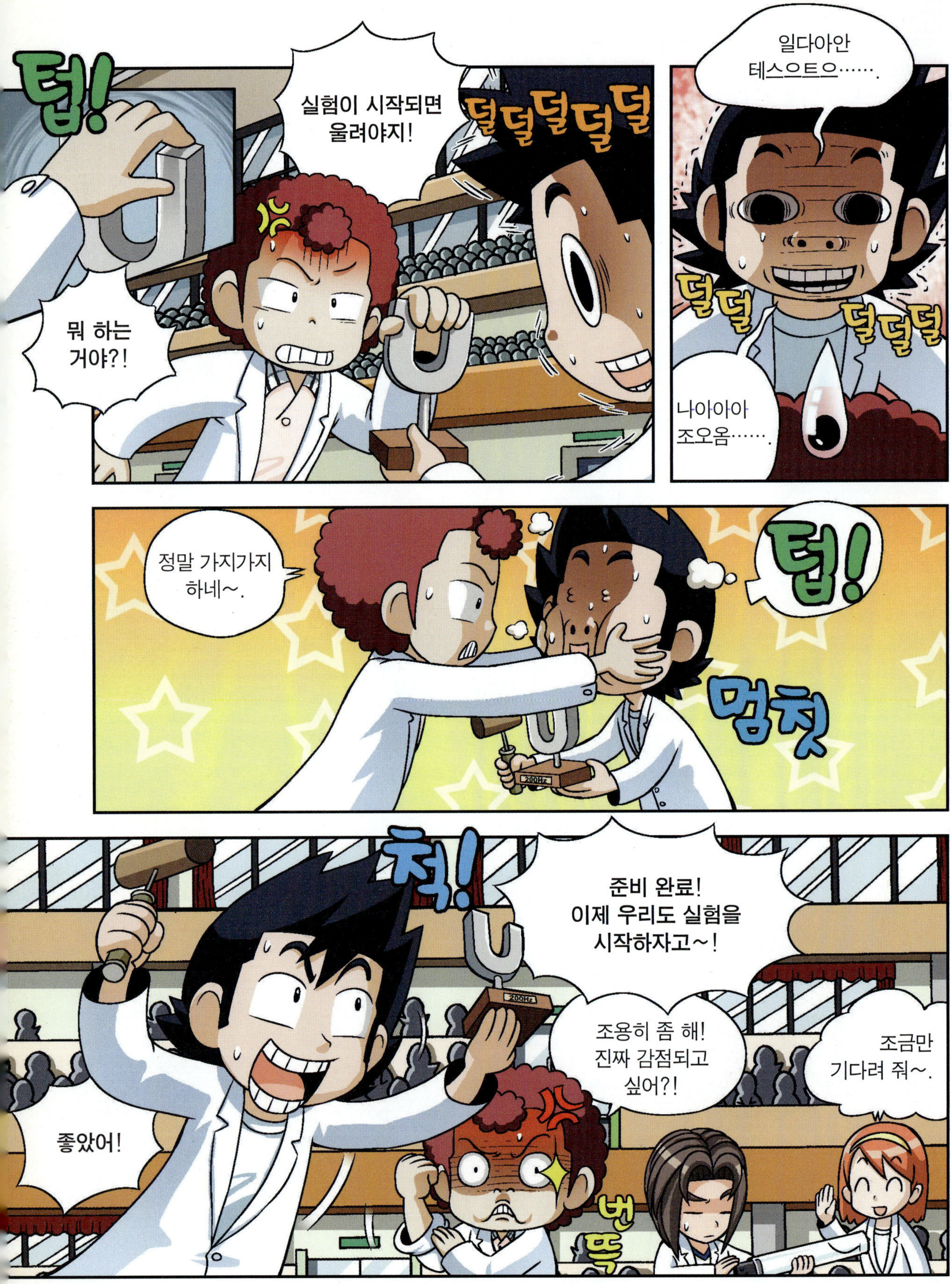
텁!
실험이 시작되면 울려야지!
덜덜덜덜덜
뭐 하는 거야?!
일다아안 테스으트으…….
덜덜
덜덜덜
나아아아 조오옴…….
정말 가지가지 하네~.
텁!
멈칫
척!
준비 완료! 이제 우리도 실험을 시작하자고~!
좋았어!
조용히 좀 해! 진짜 감점되고 싶어?!
조금만 기다려 줘~.
벌떡

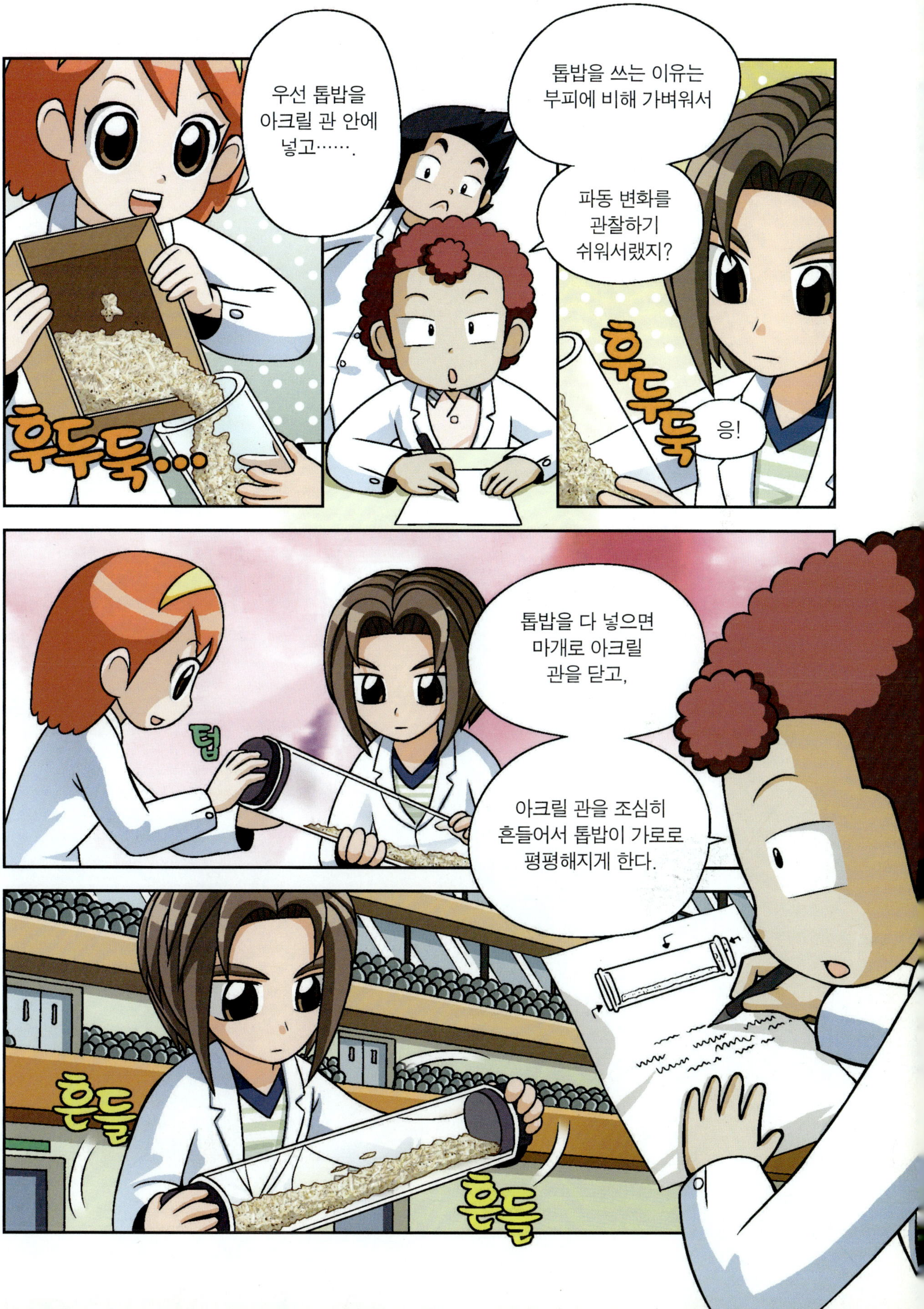
우선 톱밥을 아크릴 관 안에 넣고…….
후두둑…
톱밥을 쓰는 이유는 부피에 비해 가벼워서
파동 변화를 관찰하기 쉬워서랬지?
후두둑
응!
텁
톱밥을 다 넣으면 마개로 아크릴 관을 닫고,
아크릴 관을 조심히 흔들어서 톱밥이 가로로 평평해지게 한다.
흔들
흔들

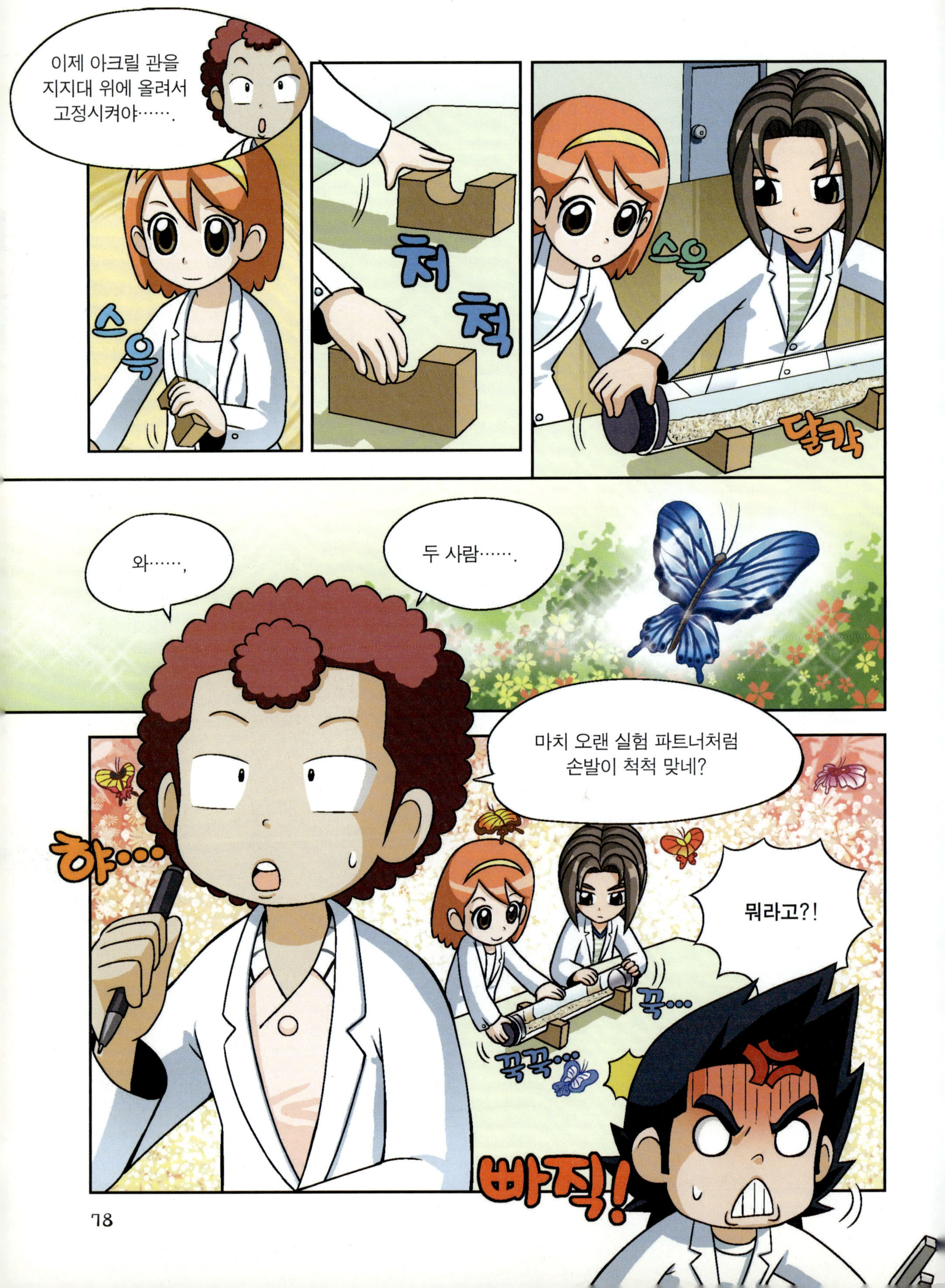

이제 아크릴 관을 지지대 위에 올려서 고정시켜야…….
스윽
척
척
스윽
달칵
와……,
두 사람…….
마치 오랜 실험 파트너처럼 손발이 척척 맞네?
하…
꾹…
꾹꾹…
뭐라고?!
빠직!

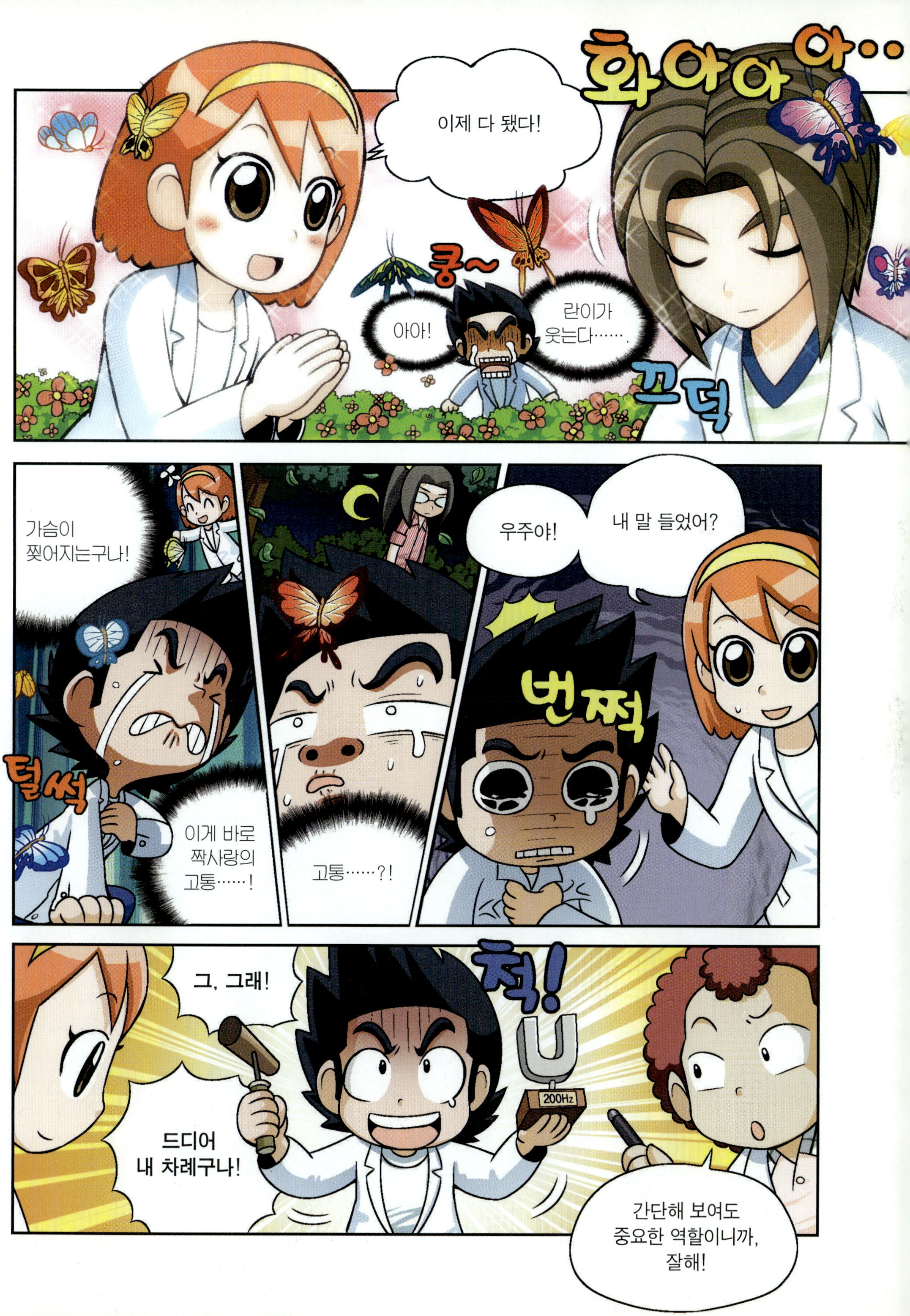
화아아아…
이제 다 됐다!
쿵~
아아!
란이가 웃는다…….
끄덕
가슴이 찢어지는구나!
털썩
이게 바로 짝사랑의 고통……!
고통……?!
우주야!
내 말 들었어?
번쩍
그, 그래!
척!
200Hz
드디어 내 차례구나!
간단해 보여도 중요한 역할이니까, 잘해!

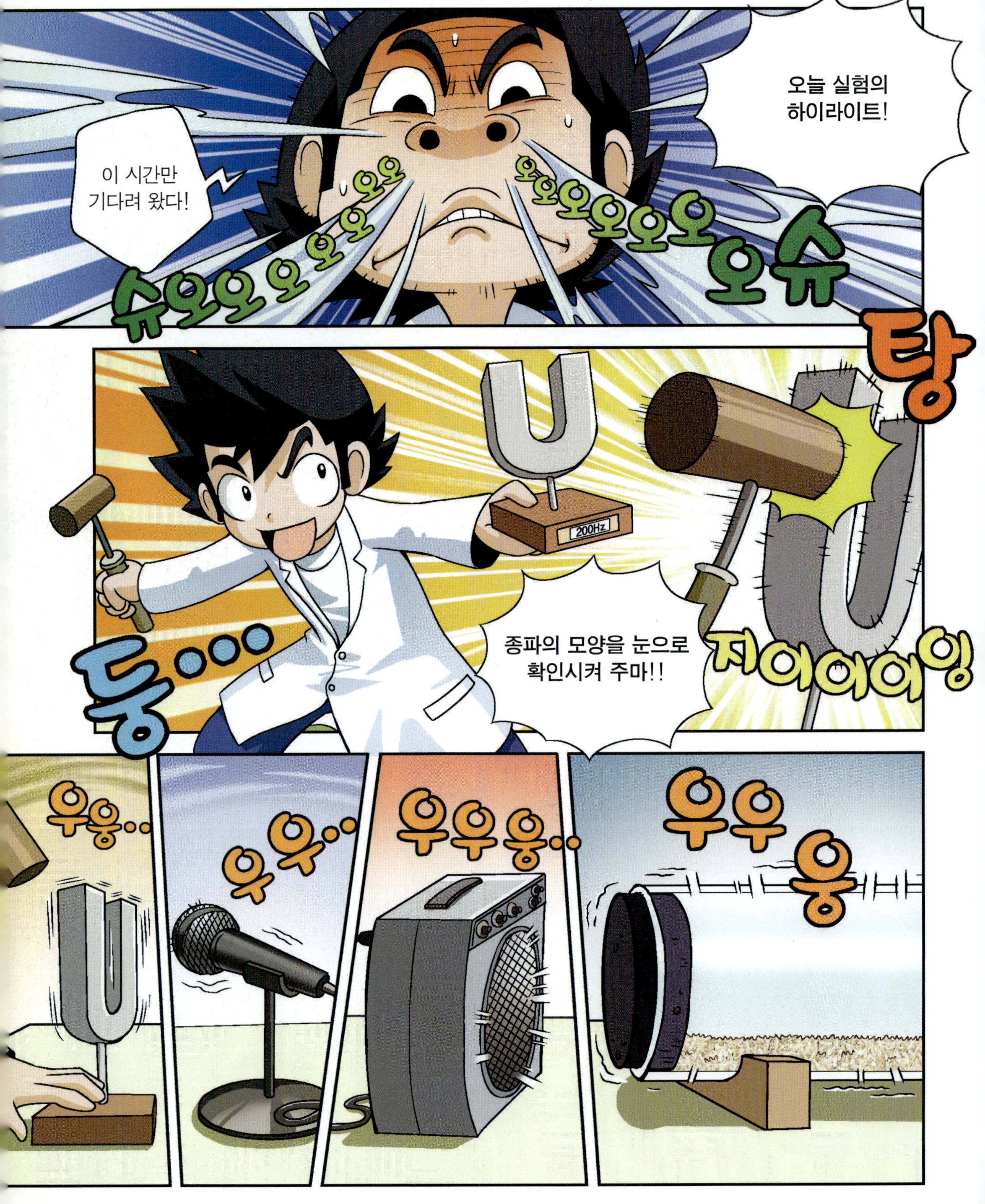
이 시간만
기다려 왔다!
오늘 실험의
하이라이트!
슈오오오오오오오
오오오오오오오오슈
탕
200Hz
둥…
종파의 모양을 눈으로
확인시켜 주마!!
지이이이잉
우웅..
우우..
우우웅..
우우웅

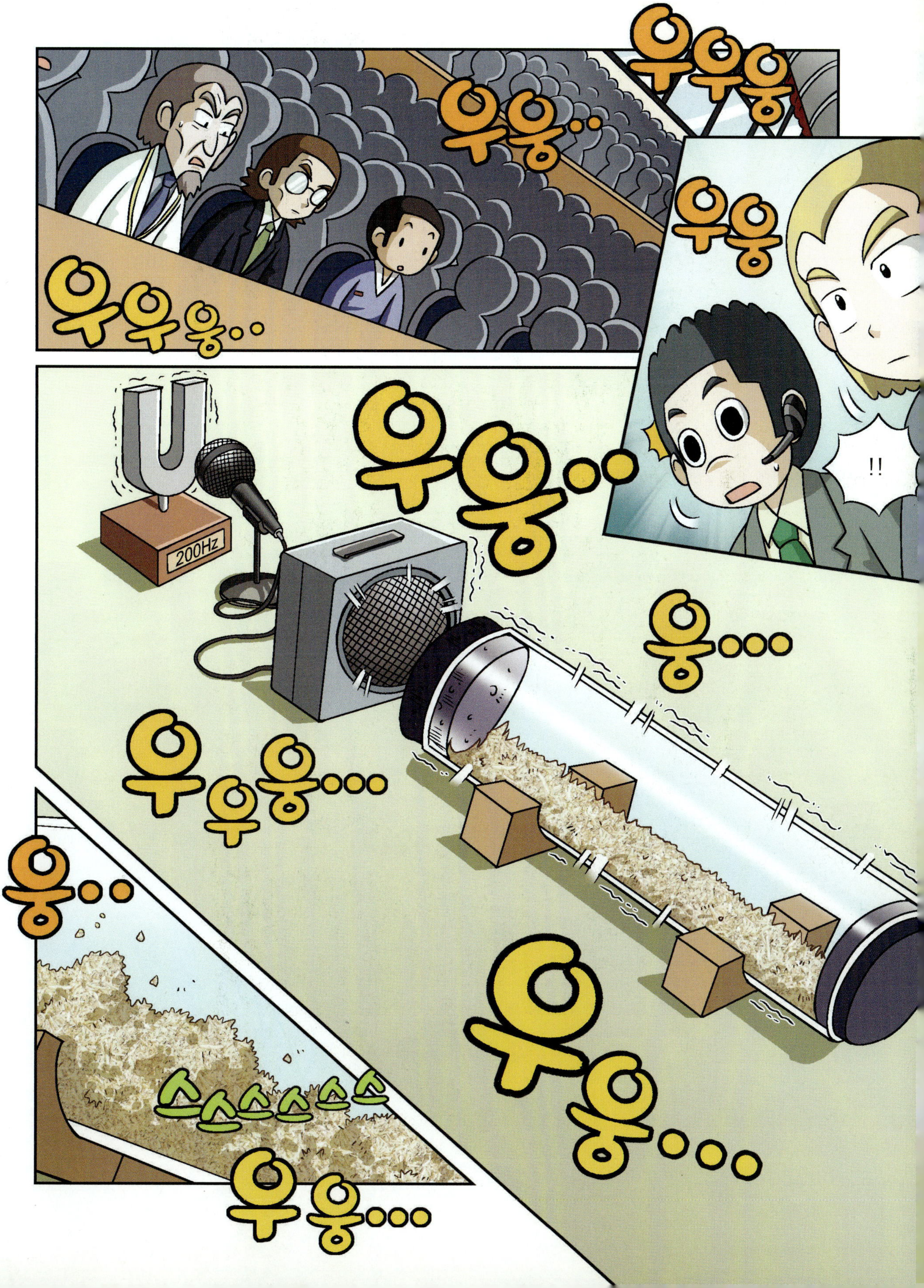

우우웅
우웅..
우우웅..
우웅
!!
우웅..
200Hz
웅...
우우웅...
웅..
우웅...
스스스스스스
우웅...

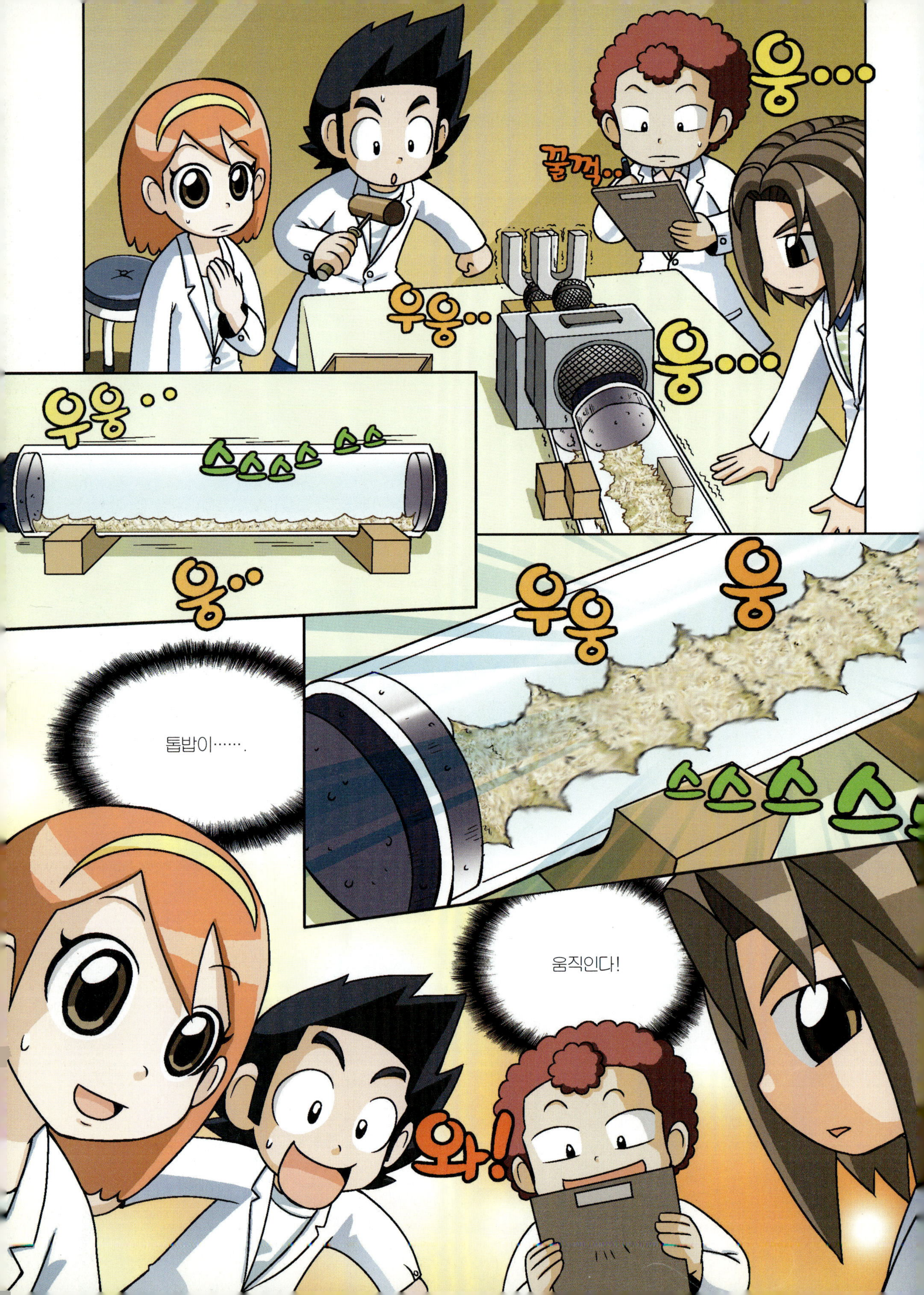
웅…
끌꺽…
우웅…
웅…
우웅…
스스스스 스스
웅…
우웅
웅
스스스스스
톱밥이…….
움직인다!
와!

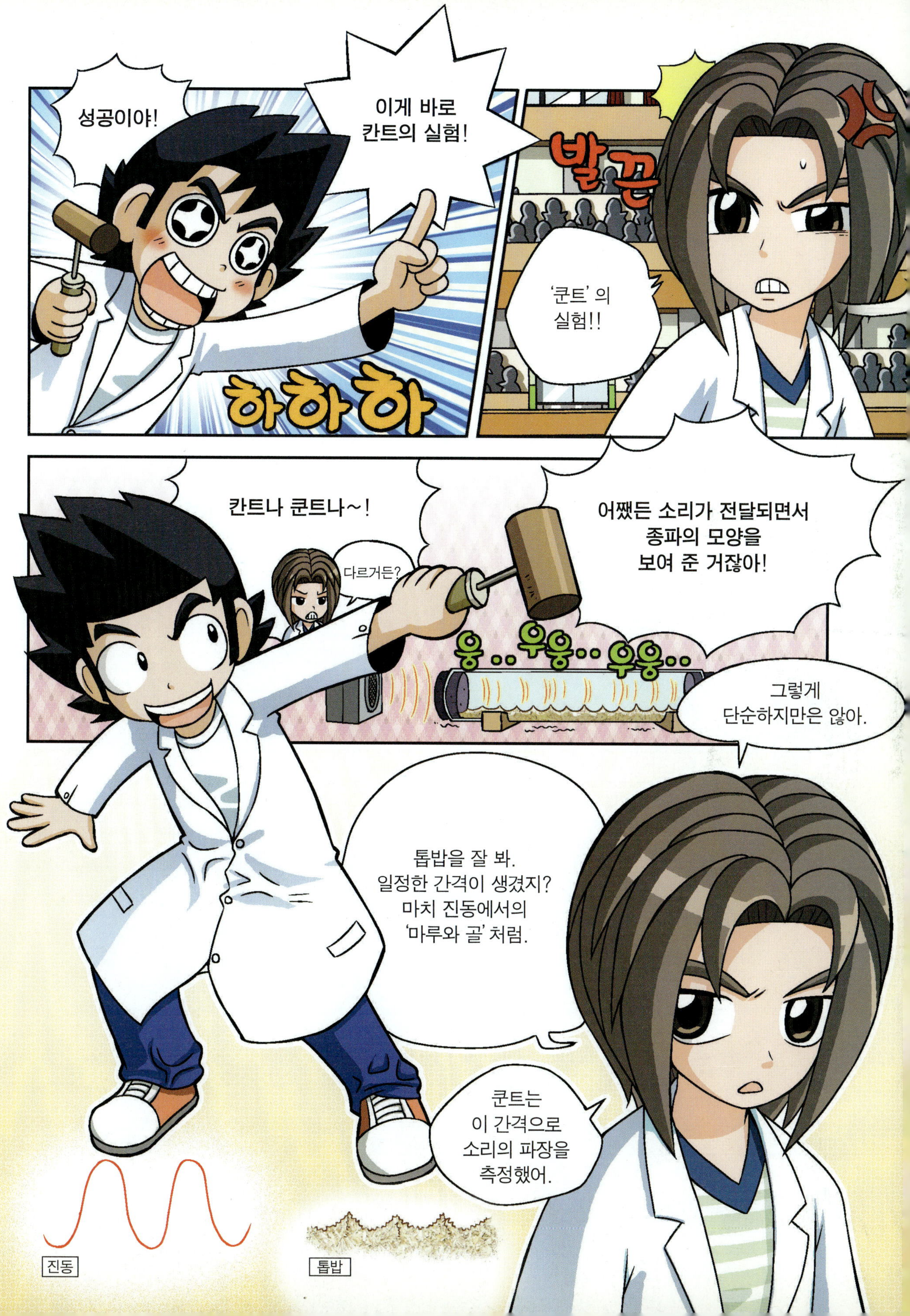
성공이야!
이게 바로 칸트의 실험!
하하하
발끈
'쿤트'의 실험!!
칸트나 쿤트나~!
다르거든?
어쨌든 소리가 전달되면서 종파의 모양을 보여 준 거잖아!
웅.. 우웅.. 우웅..
그렇게 단순하지만은 않아.
톱밥을 잘 봐. 일정한 간격이 생겼지? 마치 진동에서의 '마루와 골' 처럼.
쿤트는 이 간격으로 소리의 파장을 측정했어.
진동
톱밥

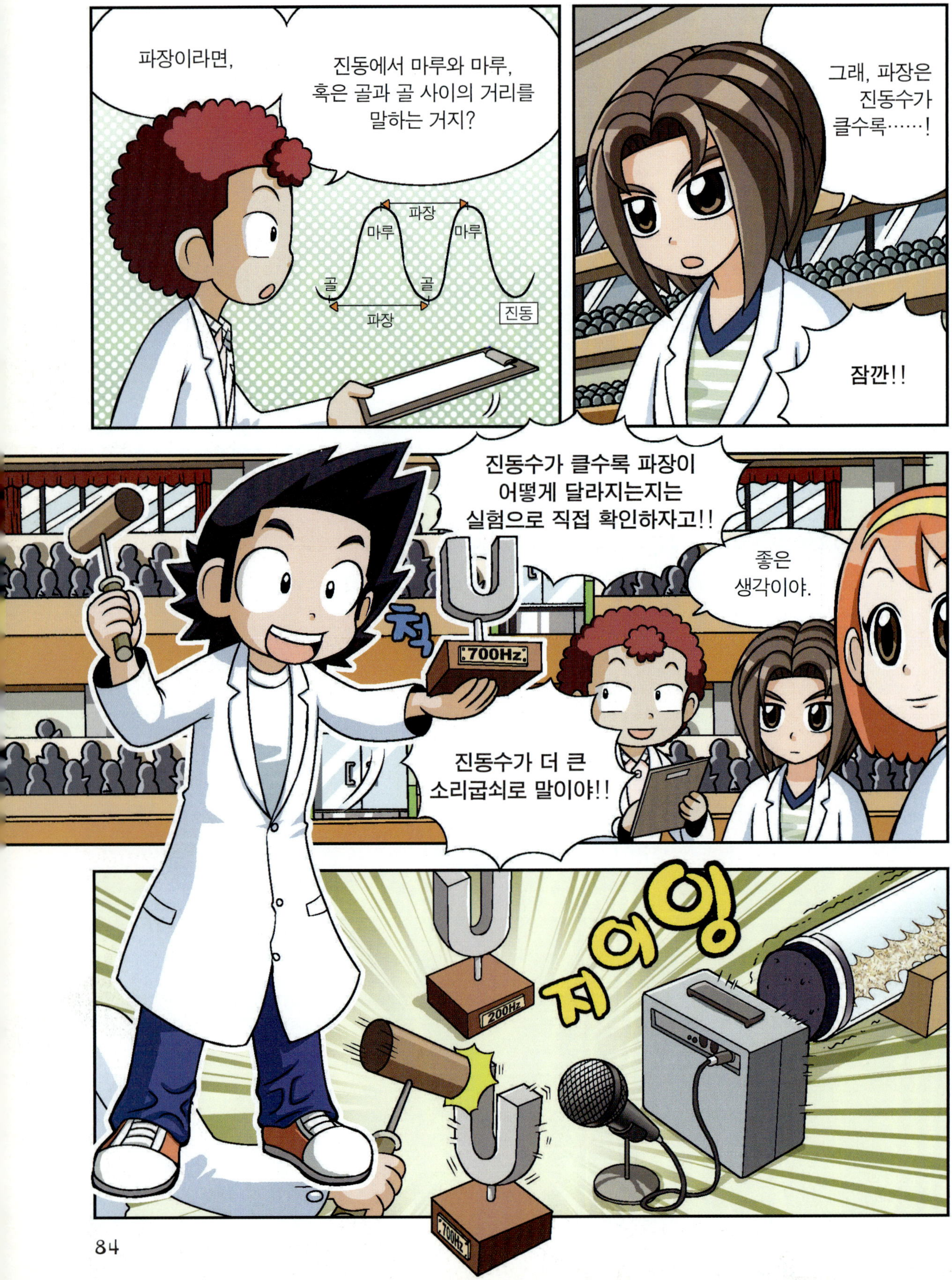
파장이라면,
진동에서 마루와 마루, 혹은 골과 골 사이의 거리를 말하는 거지?
파장
마루
마루
골
골
파장
진동
그래, 파장은 진동수가 클수록……!
잠깐!!
진동수가 클수록 파장이 어떻게 달라지는지는 실험으로 직접 확인하자고!!
척
700Hz
좋은 생각이야.
진동수가 더 큰 소리굽쇠로 말이야!!
지이잉
200Hz
700Hz

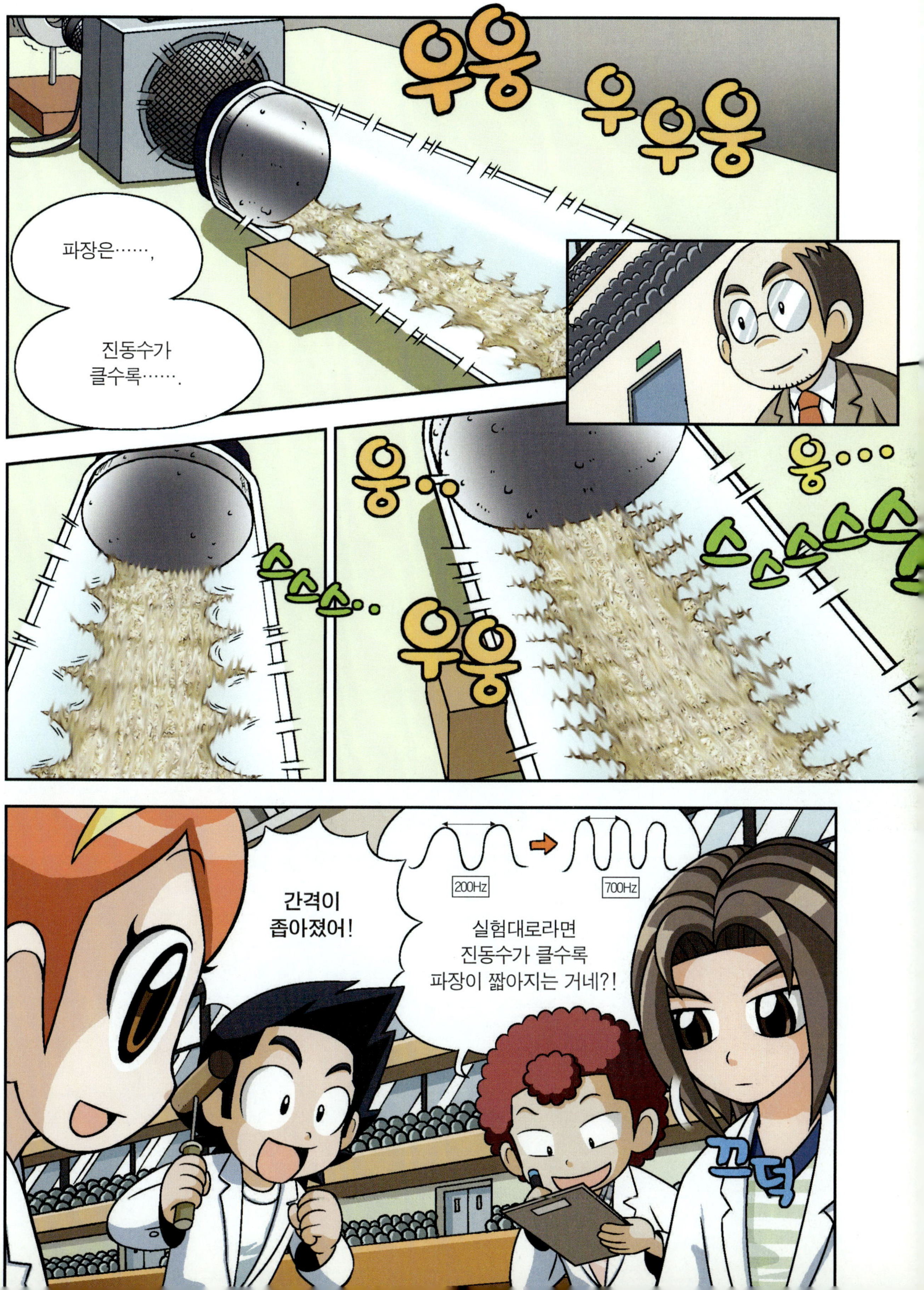
우웅 우우웅
파장은……,
진동수가 클수록…….
웅..
웅…
스스스..
우웅
스스스스스
간격이 좁아졌어!
200Hz
700Hz
실험대로라면 진동수가 클수록 파장이 짧아지는 거네?!
끄덕

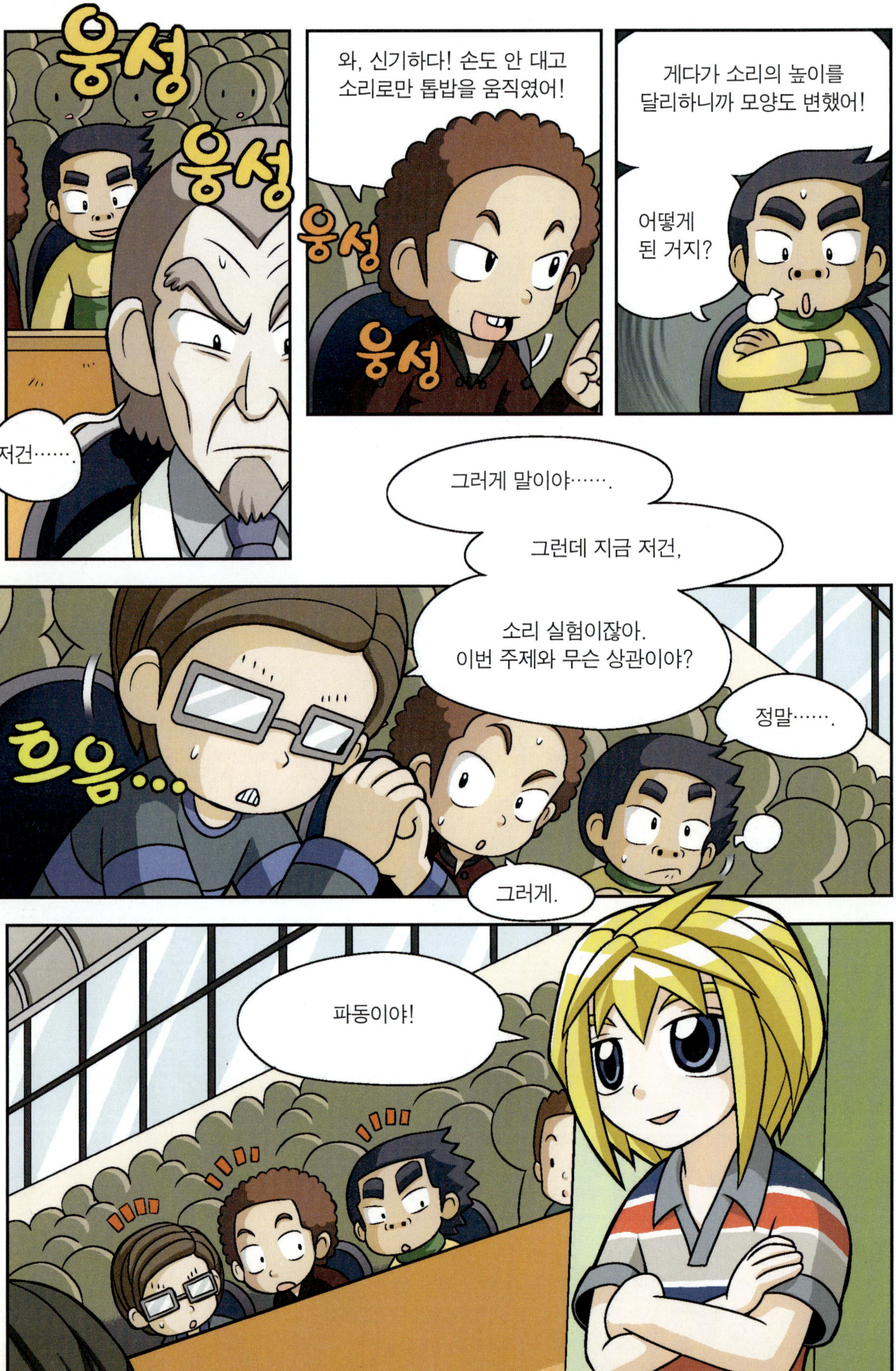
웅성
웅성
저건…….
와, 신기하다! 손도 안 대고 소리로만 톱밥을 움직였어!
웅성
웅성
게다가 소리의 높이를 달리하니까 모양도 변했어!
어떻게 된 거지?
그러게 말이야…….
그런데 지금 저건,
소리 실험이잖아. 이번 주제와 무슨 상관이야?
흐음…
정말…….
그러게.
파동이야!

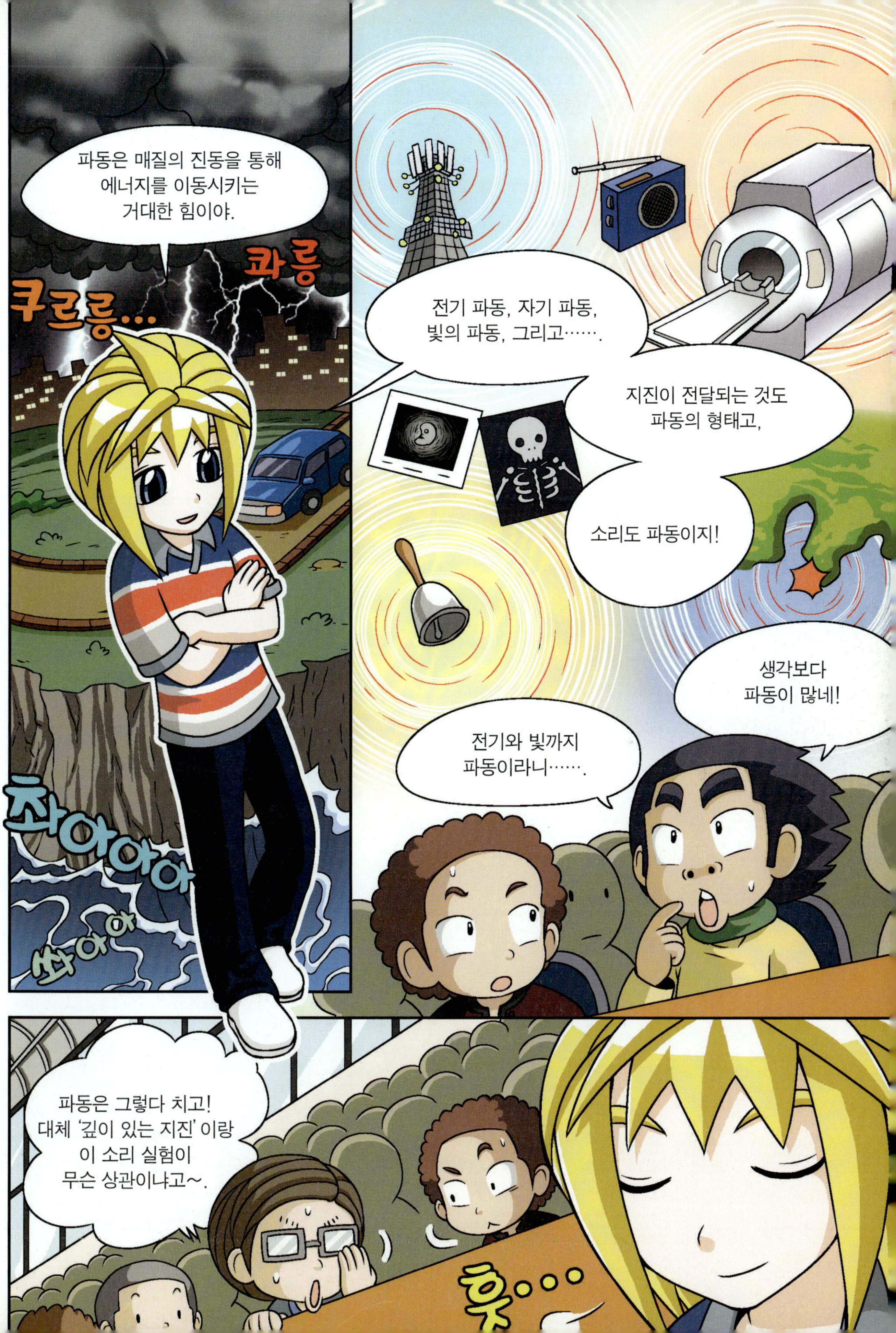
파동은 매질의 진동을 통해
에너지를 이동시키는
거대한 힘이야.
콰릉
쿠르릉…
좌아아아
쏴아아
전기 파동, 자기 파동,
빛의 파동, 그리고…….
지진이 전달되는 것도
파동의 형태고,
소리도 파동이지!
생각보다
파동이 많네!
전기와 빛까지
파동이라니…….
파동은 그렇다 치고!
대체 '깊이 있는 지진' 이랑
이 소리 실험이
무슨 상관이냐고~.
훗…

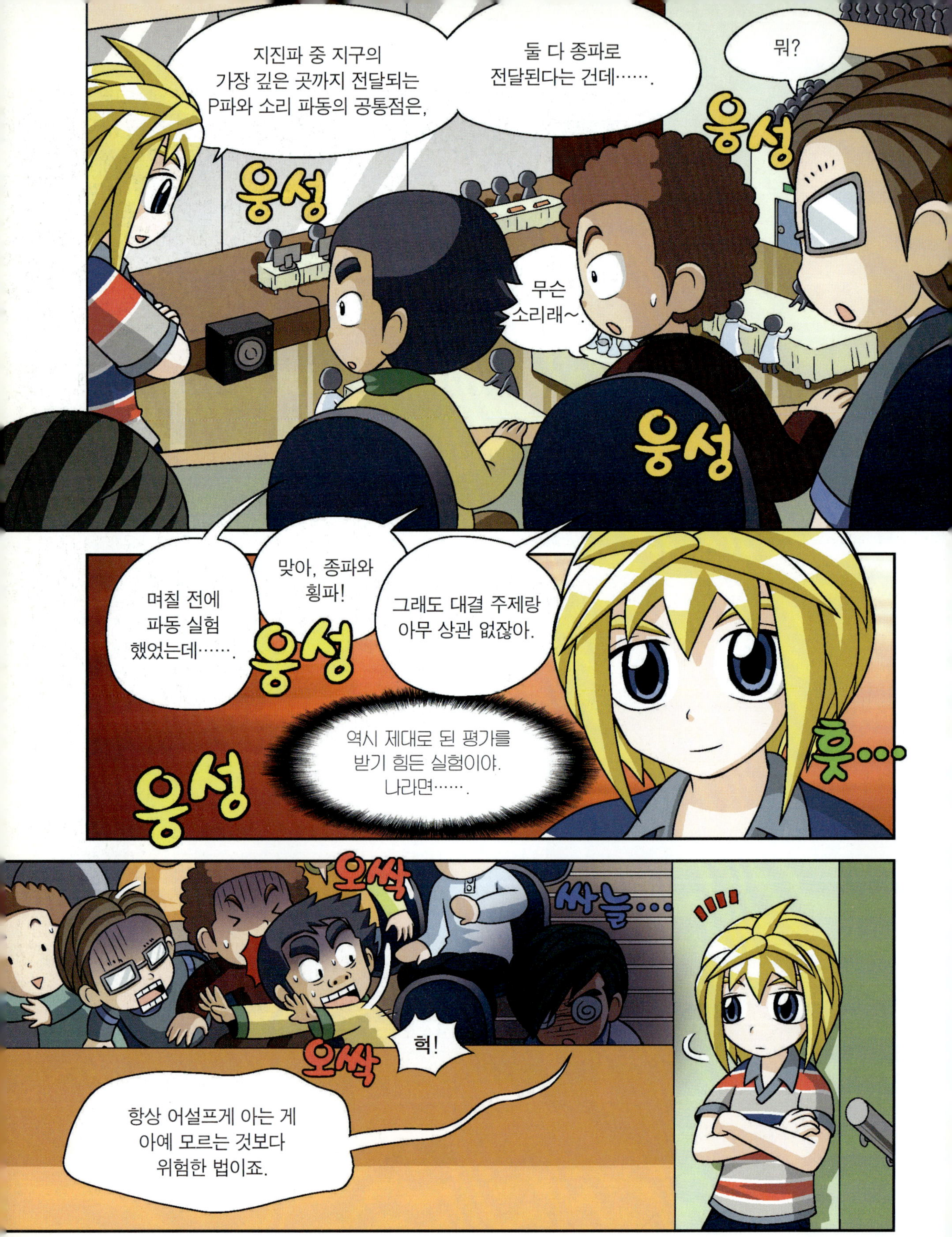
지진파 중 지구의 가장 깊은 곳까지 전달되는 P파와 소리 파동의 공통점은,
둘 다 종파로 전달된다는 건데…….
뭐?
웅성
웅성
무슨 소리래~.
웅성
며칠 전에 파동 실험 했었는데…….
맞아, 종파와 횡파!
그래도 대결 주제랑 아무 상관 없잖아.
웅성
역시 제대로 된 평가를 받기 힘든 실험이야. 나라면…….
웅성
훗…
오싹
싸늘…
헉!
오싹
항상 어설프게 아는 게 아예 모르는 것보다 위험한 법이죠.

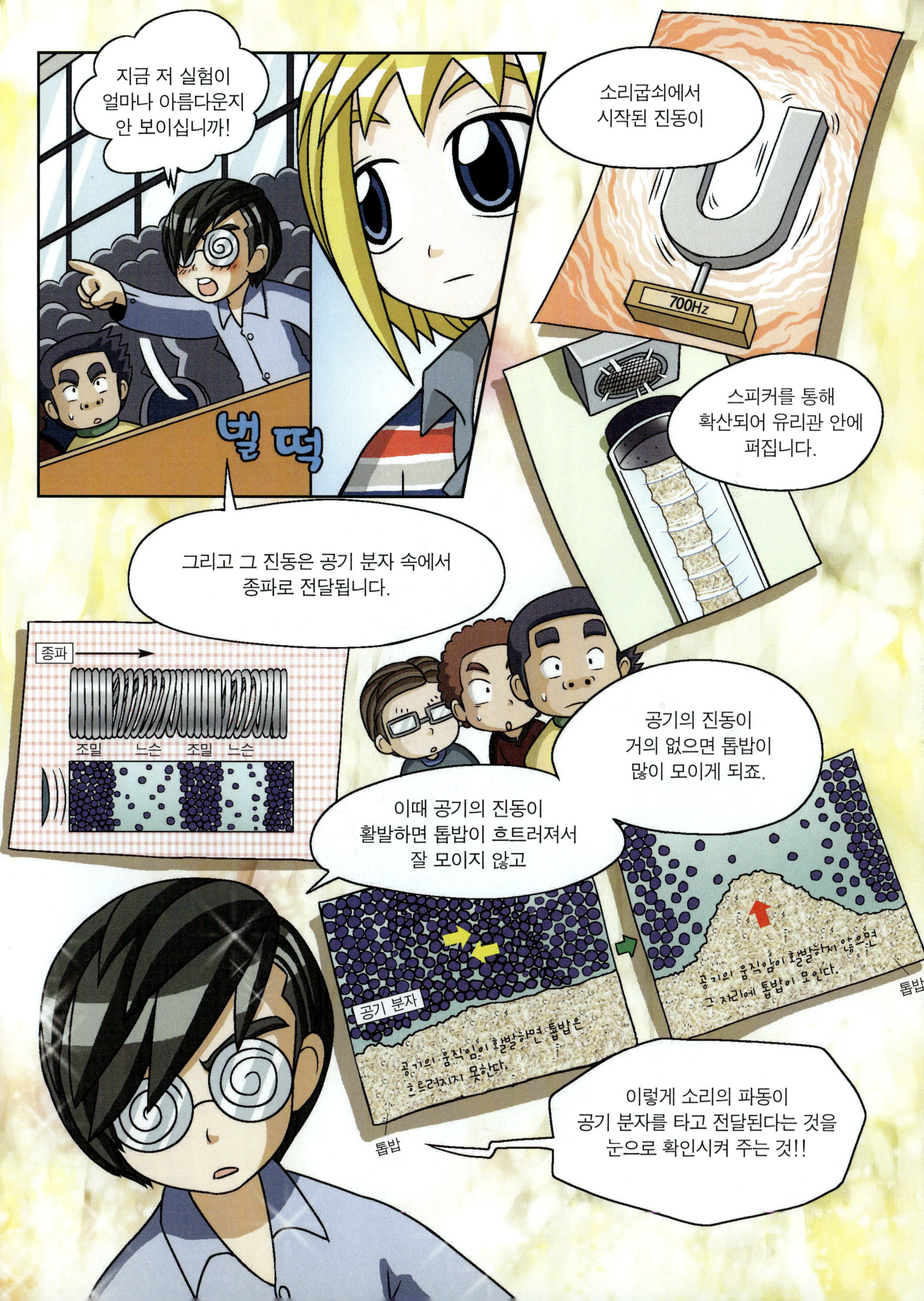
지금 저 실험이
얼마나 아름다운지
안 보이십니까!
벌떡
소리굽쇠에서
시작된 진동이
700Hz
스피커를 통해
확산되어 유리관 안에
퍼집니다.
그리고 그 진동은 공기 분자 속에서
종파로 전달됩니다.
종파
조밀 느슨 조밀 느슨
공기의 진동이
거의 없으면 톱밥이
많이 모이게 되죠.
이때 공기의 진동이
활발하면 톱밥이 흐트러져서
잘 모이지 않고
공기 분자
공기의 움직임이 활발하면 톱밥은
흐트러지지 못한다.
톱밥
공기의 움직임이 활발하지 않으면
그 자리에 톱밥이 모인다.
톱밥
이렇게 소리의 파동이
공기 분자를 타고 전달된다는 것을
눈으로 확인시켜 주는 것!!

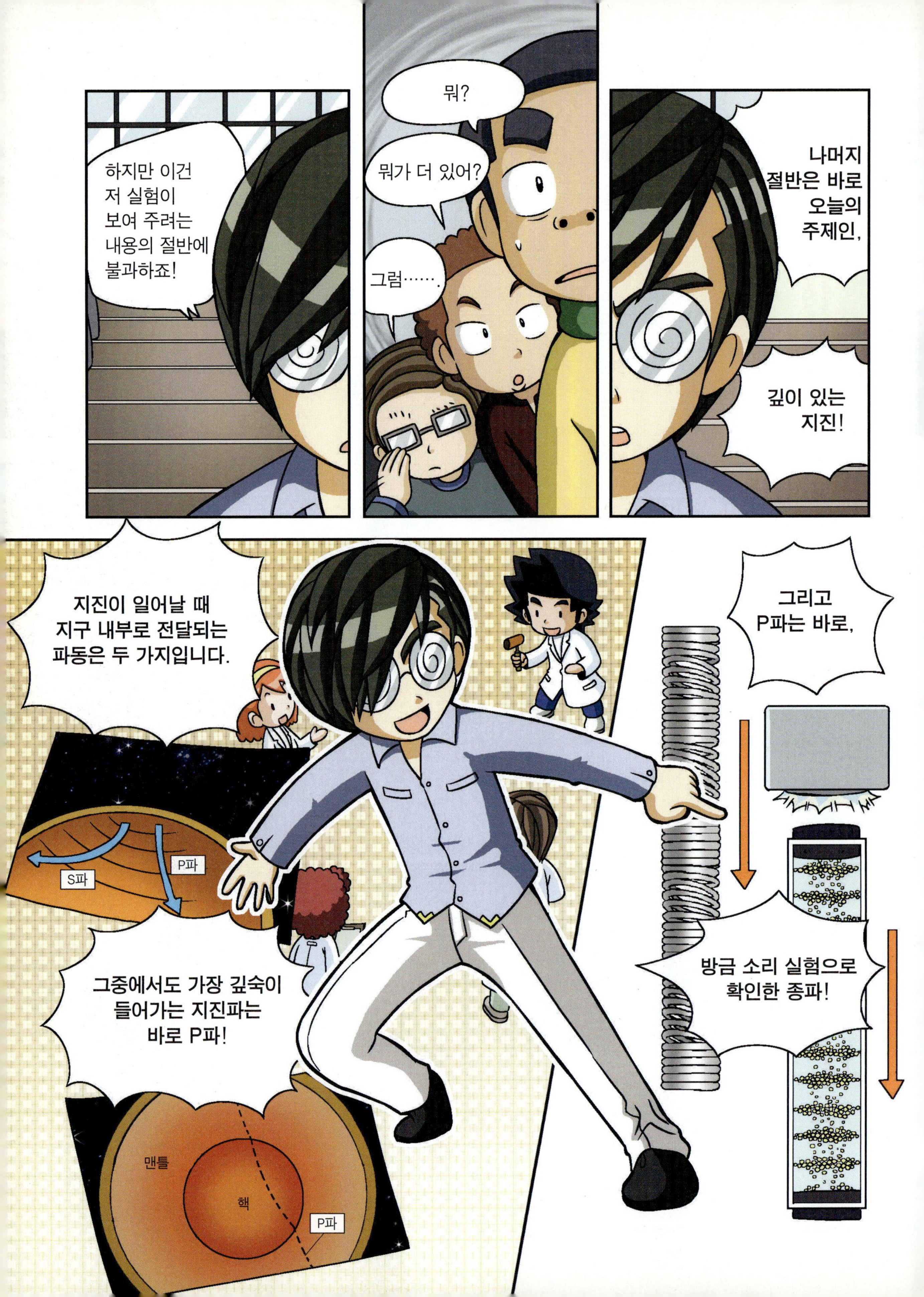
하지만 이건 저 실험이 보여 주려는 내용의 절반에 불과하죠!
뭐?
뭐가 더 있어?
그럼…….
나머지 절반은 바로 오늘의 주제인,
깊이 있는 지진!
지진이 일어날 때 지구 내부로 전달되는 파동은 두 가지입니다.
S파
P파
그중에서도 가장 깊숙이 들어가는 지진파는 바로 P파!
맨틀
핵
P파
그리고 P파는 바로,
방금 소리 실험으로 확인한 종파!

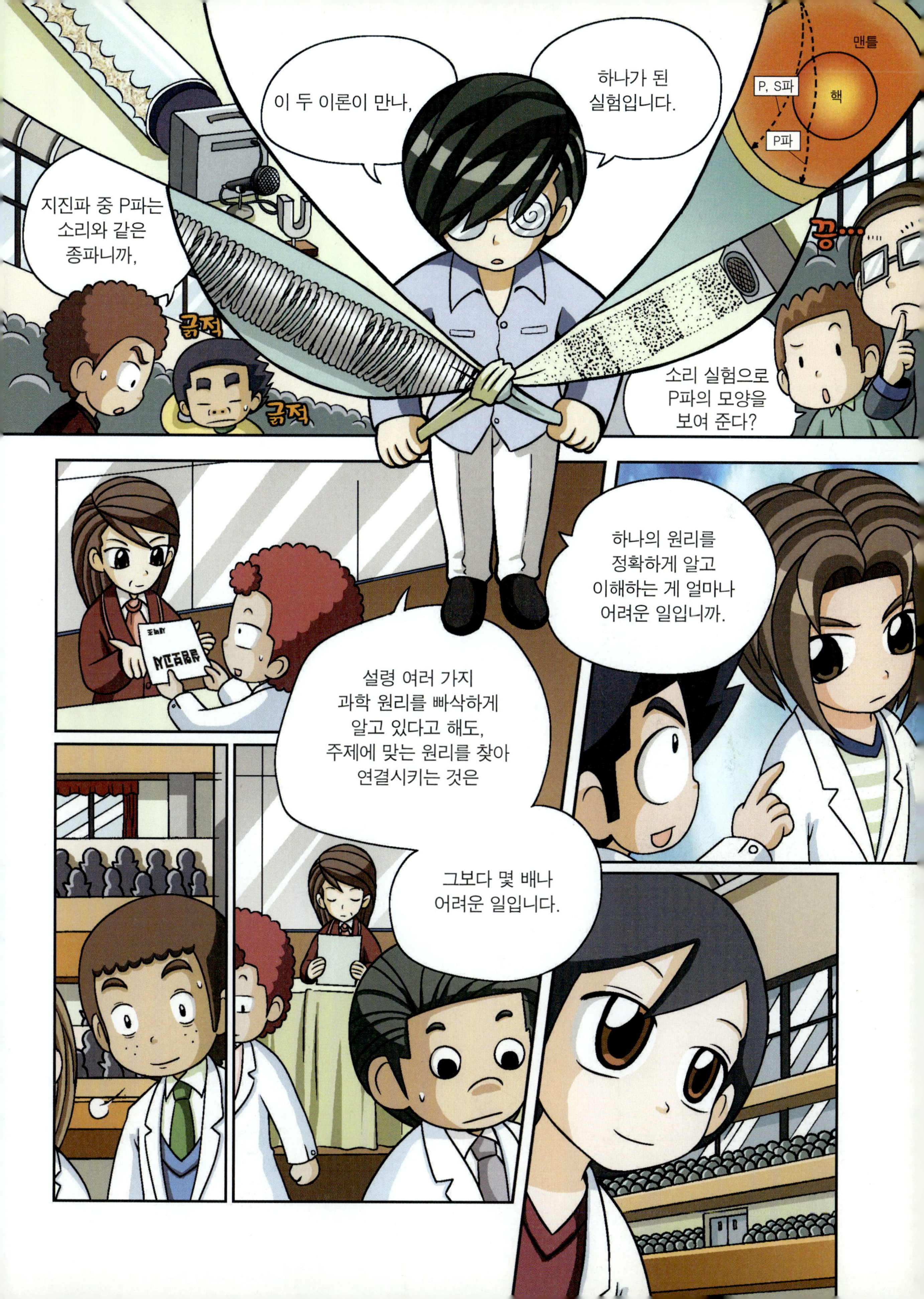
이 두 이론이 만나,
하나가 된 실험입니다.
맨틀
P, S파
핵
P파
지진파 중 P파는 소리와 같은 종파니까,
긁적
긁적
끙…
소리 실험으로 P파의 모양을 보여 준다?
하나의 원리를 정확하게 알고 이해하는 게 얼마나 어려운 일입니까.
설령 여러 가지 과학 원리를 빠삭하게 알고 있다고 해도, 주제에 맞는 원리를 찾아 연결시키는 것은
그보다 몇 배나 어려운 일입니다.

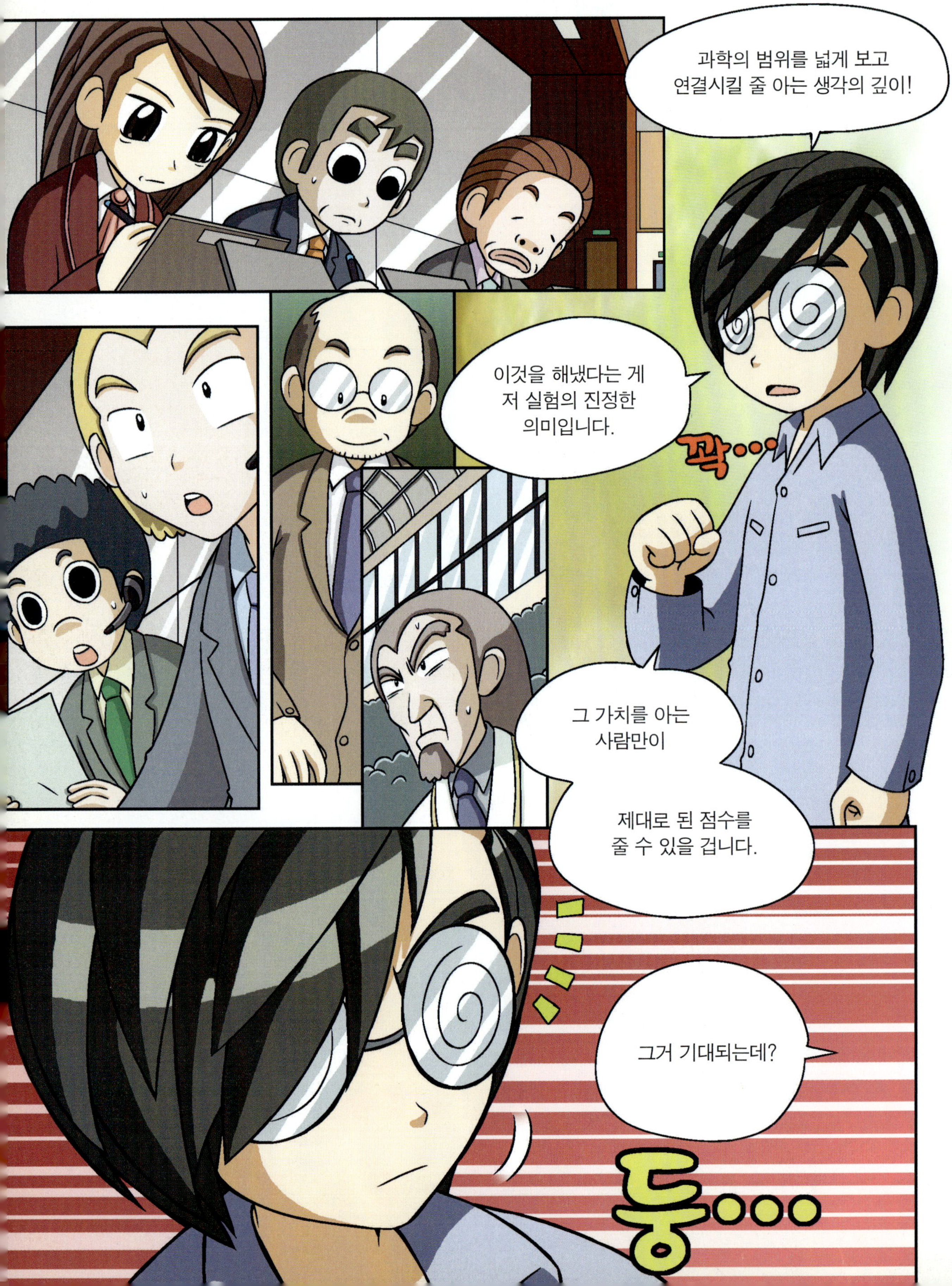
과학의 범위를 넓게 보고
연결시킬 줄 아는 생각의 깊이!
이것을 해냈다는 게
저 실험의 진정한
의미입니다.
꽉…
그 가치를 아는
사람만이
제대로 된 점수를
줄 수 있을 겁니다.
그거 기대되는데?
둥…

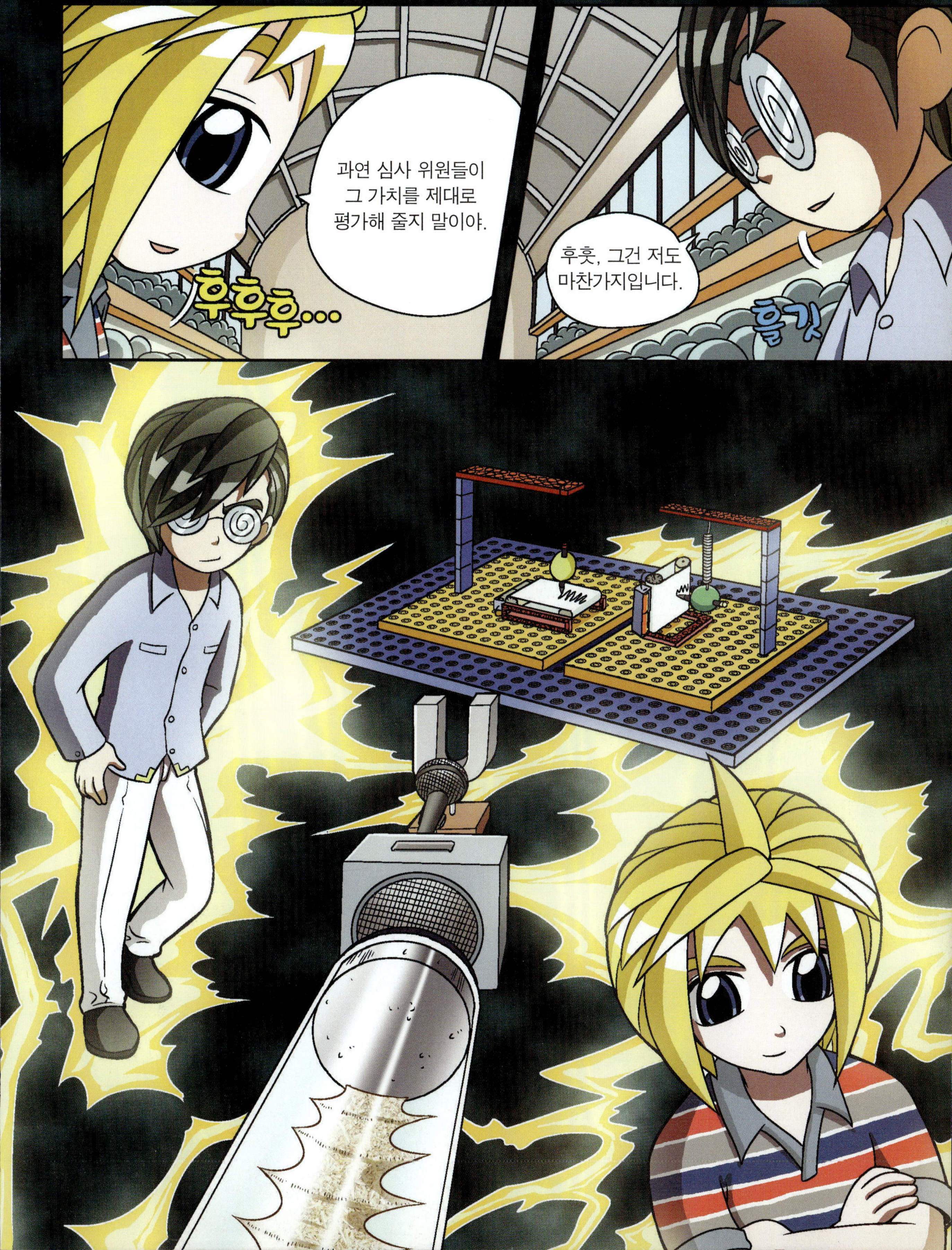
과연 심사 위원들이
그 가치를 제대로
평가해 줄지 말이야.
후후후...
후훗, 그건 저도
마찬가지입니다.
흘깃

전자레인지의 과학

전자레인지는 파동의 한 종류인 전자기파를 이용하여 식품을 가열하는 조리 기구입니다.
음식의 표면을 가열하여 전도열이나 대류열로 음식을 익히는 기존의 조리 기구와 달리,
전자레인지는 음식물 속의 분자들을 가열하여 내부에서 열을 발생시키기 때문에,
열효율이 높고 조리 시간이 짧아 식품의 비타민 파괴가 비교적 적다는 장점이 있습니다.

전자레인지의 구조

팬
마그네트론에서 발생한
마이크로파는 돌아가는 팬에
부딪혀서 곳곳으로 퍼진다.
이때 금속벽에 부딪힌
마이크로파는 다시 반사되어
음식에 흡수된다.

마그네트론(Magnetron)
전자레인지의 핵심 장치로
마이크로파를 만들어 낸다.
음극과 필라멘트로 된 양극,
자석, 안테나로 구성되어
있으며 자기장을 이용해
높은 주파수로 진동하는
마이크로파를 만든다.

회전판
전자레인지를 작동시키면 회전판이
돌면서, 마이크로파가 골고루
음식에 전달되게 한다.

투시창
문에도 금속으로 된
그물망을 달아
전자기파가 외부로
나오는 것을 막는다.

TIP 전자기파

전자기파는 음파나 물결파, 지진파와 달리 물질이 존재하지 않는 진공 상태에서도 전달되는 파동입니다.
이러한 전자기파는 파장의 길이에 따라 감마선, X선, 자외선, 가시광선, 적외선, 마이크로파, 전파 등으로
나뉘어 다양한 분야에서 사용되고 있습니다. 이 중 전자레인지의 음식을 데우는 마이크로파는 파장이
100μm~1m 정도로, 레이더나 내비게이션, 텔레비전 등에도 이용됩니다.

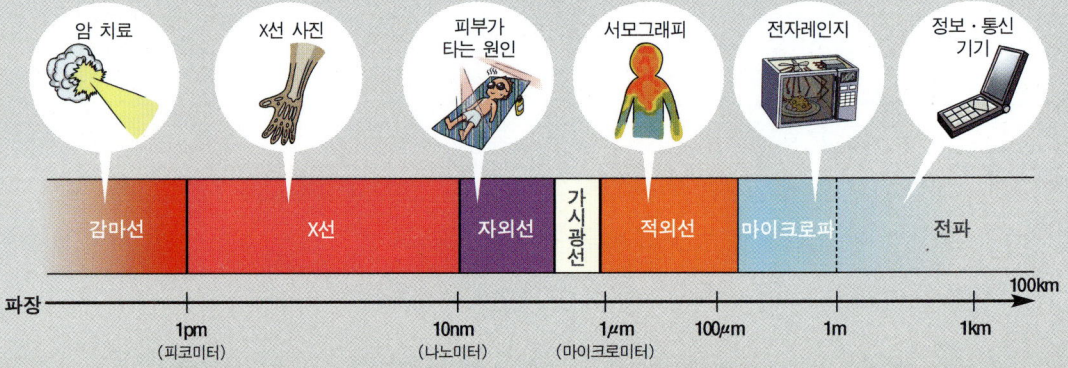

암 치료	X선 사진	피부가 타는 원인	서모그래피	전자레인지	정보 · 통신 기기

감마선	X선	자외선	가시광선	적외선	마이크로파	전파

파장

| 1pm
(피코미터) | 10nm
(나노미터) | 1μm
(마이크로미터) | 100μm | 1m | 1km | 100km |

음식이 익는 원리

전자레인지에서 음식이 익는 이유는 마이크로파가 음식에 포함된 수분이나 지방을 구성하는 원자의 운동 상태를 바꾸기 때문입니다. 원자들은 마이크로파를 만나면 빠르게 회전하면서 주위의 분자들과 부딪혀 열을 발생시키는데, 이때 발생한 열에너지가 음식을 가열하는 것입니다.

가열의 불균형

전자레인지로 음식을 데울 때 바깥쪽은 뜨거운데 안쪽은 차가운 채 그대로인 경우가 종종 있습니다. 이렇게 불균등하게 가열되는 원인은 마이크로파가 음식 속에 골고루 전달되지 못했기 때문입니다. 특히 소금기가 많은 음식이나 수분이 적은 음식, 냉동식품 등은 원자와 분자의 작용에 의해 종종 이런 일이 발생합니다.

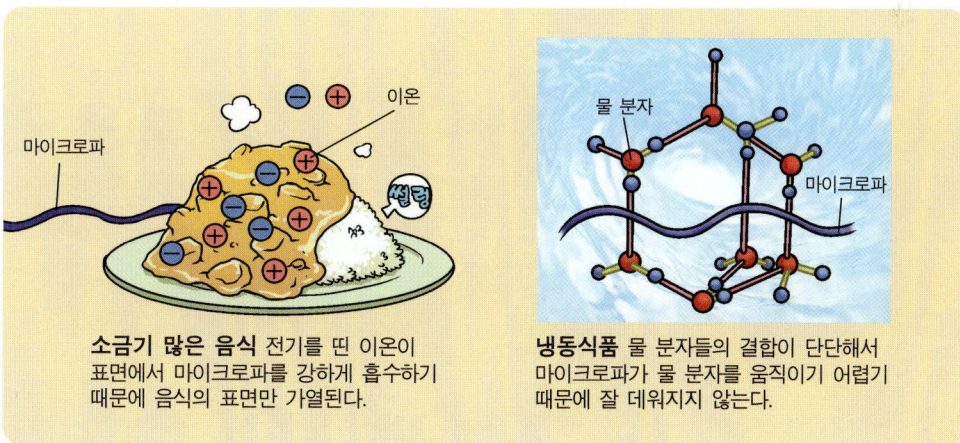

이온

마이크로파

소금기 많은 음식 전기를 띤 이온이 표면에서 마이크로파를 강하게 흡수하기 때문에 음식의 표면만 가열된다.

물 분자

마이크로파

냉동식품 물 분자들의 결합이 단단해서 마이크로파가 물 분자를 움직이기 어렵기 때문에 잘 데워지지 않는다.

전자레인지 사용 시 주의점

마이크로파는 금속 표면에서 반사되는 성질을 갖고 있기 때문에 금속 용기나 알루미늄박을 씌운 음식은 데울 수 없습니다. 또 마이크로파가 금속에 닿으면 전자가 튀어 오르면서 스파크가 발생하거나 심하면 화재를 일으킬 수도 있습니다. 하지만 유리나 도자기로 된 그릇은 전자기파를 흡수하는 성질이 있으므로 전자레인지에 사용할 수 있습니다.

전자기파는 금속에 반사되니까 전자레인지 전용 용기를 사용해야 해!

파지직

제4화

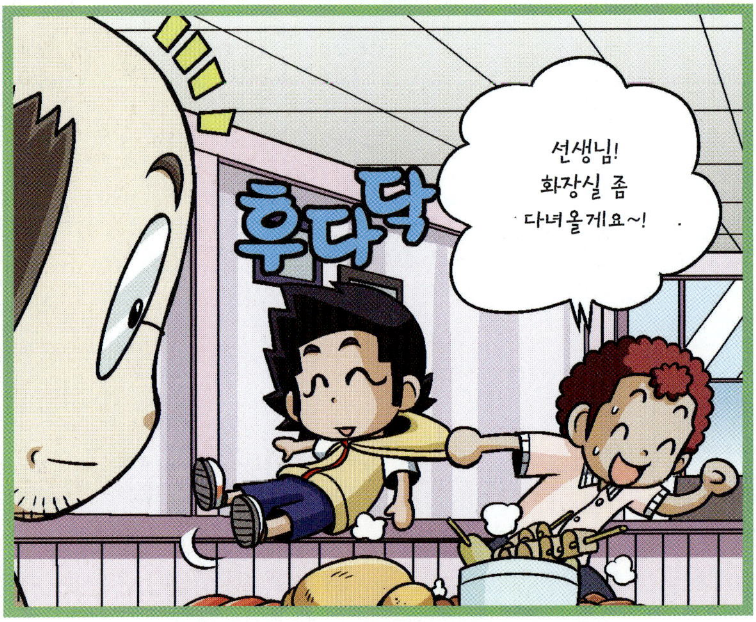
후다닥
선생님!
화장실 좀
다녀올게요~!

심사 위원의 결정은?

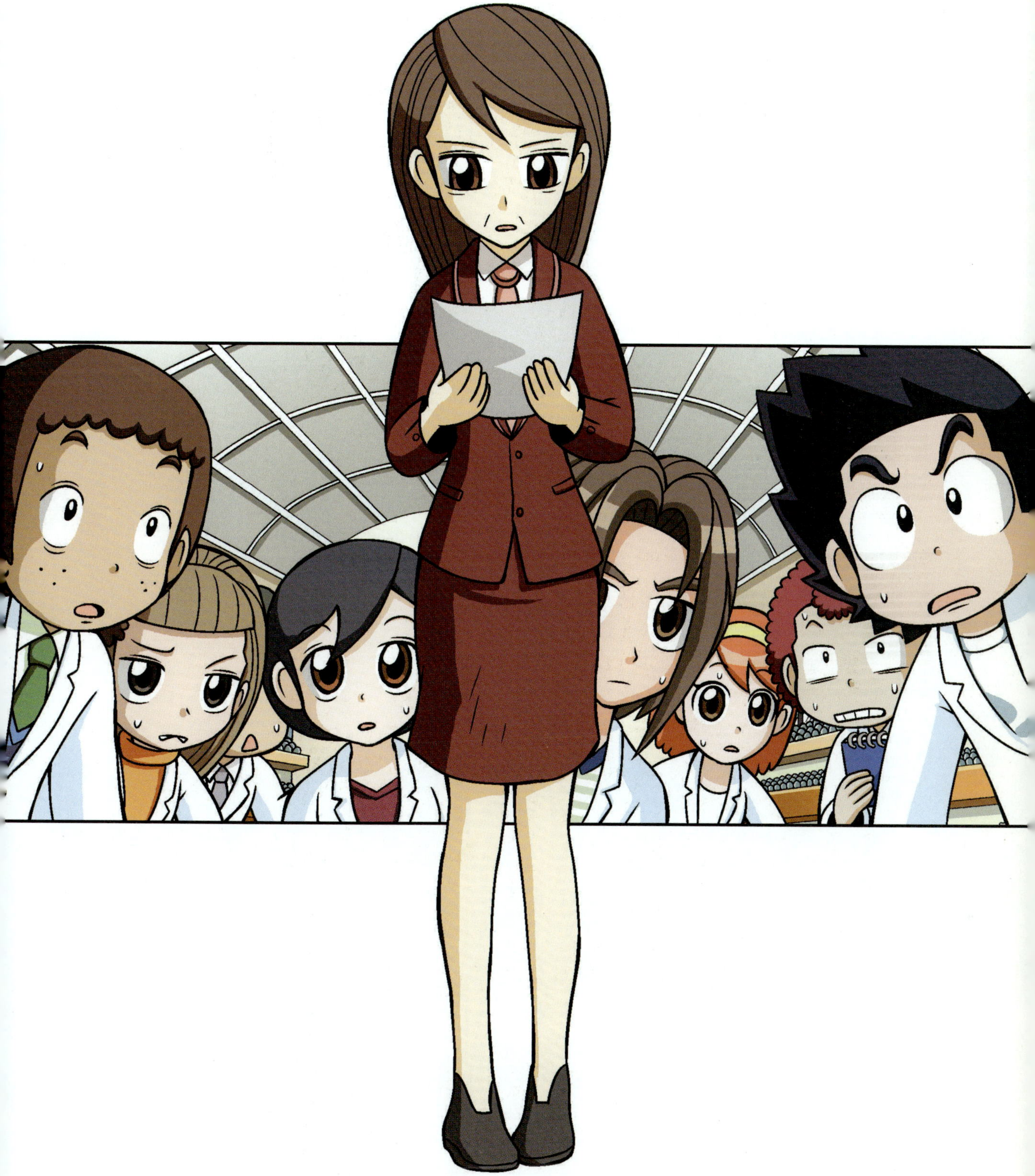

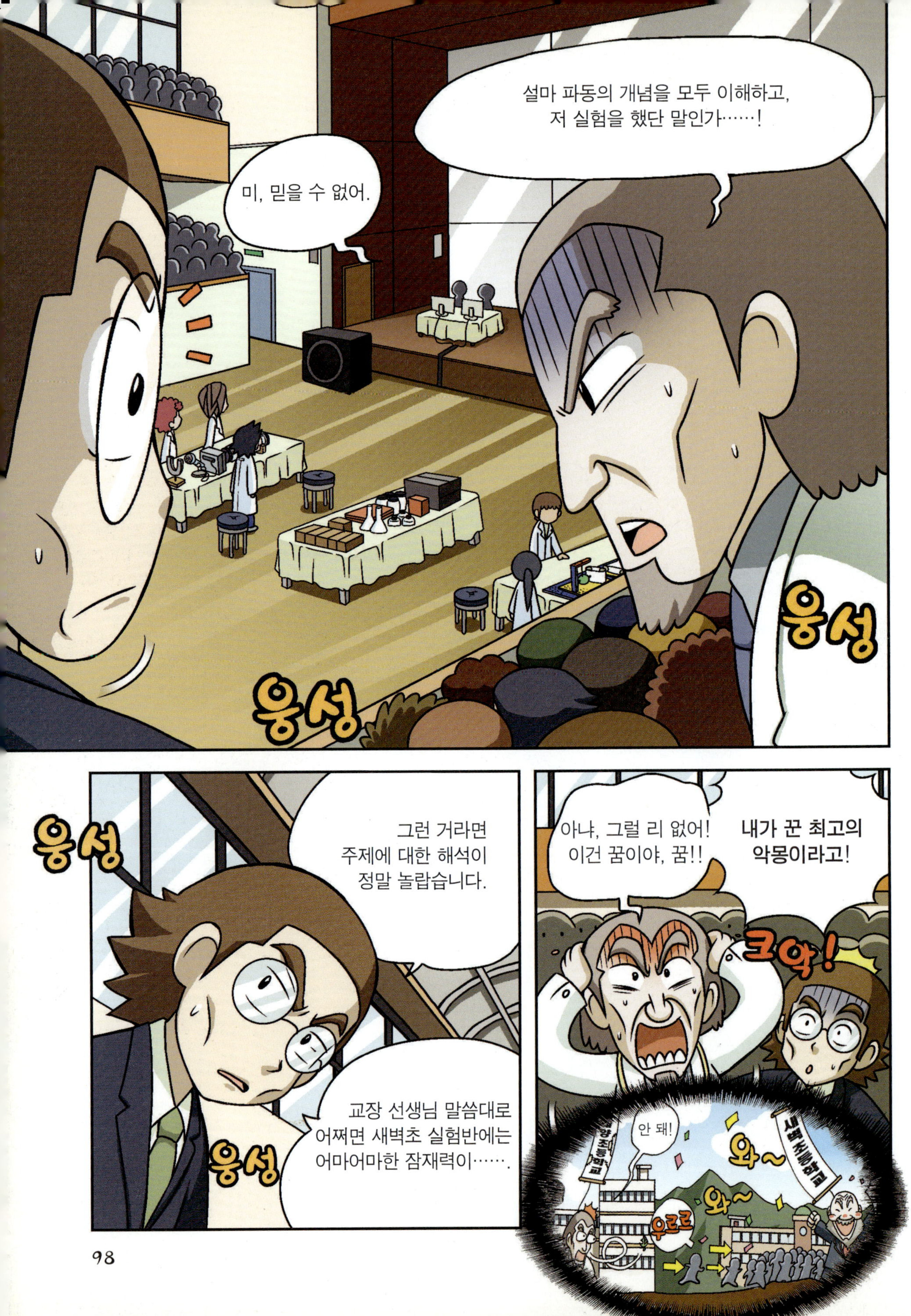
설마 파동의 개념을 모두 이해하고,
저 실험을 했단 말인가……!
미, 믿을 수 없어.
웅성
웅성
웅성
그런 거라면
주제에 대한 해석이
정말 놀랍습니다.
교장 선생님 말씀대로
어쩌면 새벽초 실험반에는
어마어마한 잠재력이…….
웅성
아냐, 그럴 리 없어!
이건 꿈이야, 꿈!!
내가 꾼 최고의
악몽이라고!
크악!
안 돼!
와~
와~
새벽초등학교
우르르

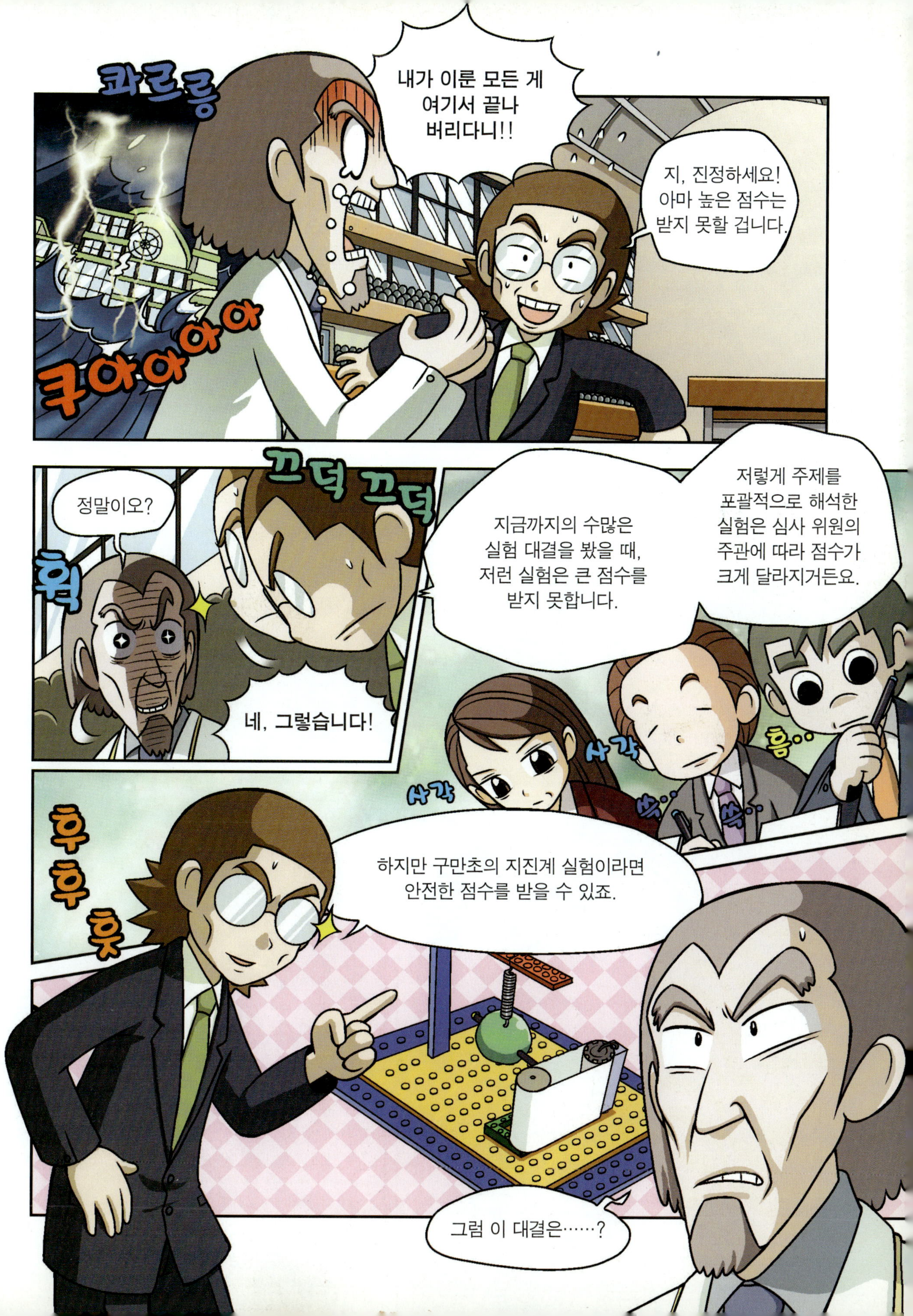
콰르릉
내가 이룬 모든 게 여기서 끝나 버리다니!!
쿠아아아아
지, 진정하세요! 아마 높은 점수는 받지 못할 겁니다.
끄덕 끄덕
정말이오?
휙
네, 그렇습니다!
지금까지의 수많은 실험 대결을 봤을 때, 저런 실험은 큰 점수를 받지 못합니다.
저렇게 주제를 포괄적으로 해석한 실험은 심사 위원의 주관에 따라 점수가 크게 달라지거든요.
사각
사각
흠…
후후훗
하지만 구만초의 지진계 실험이라면 안전한 점수를 받을 수 있죠.
그럼 이 대결은……?

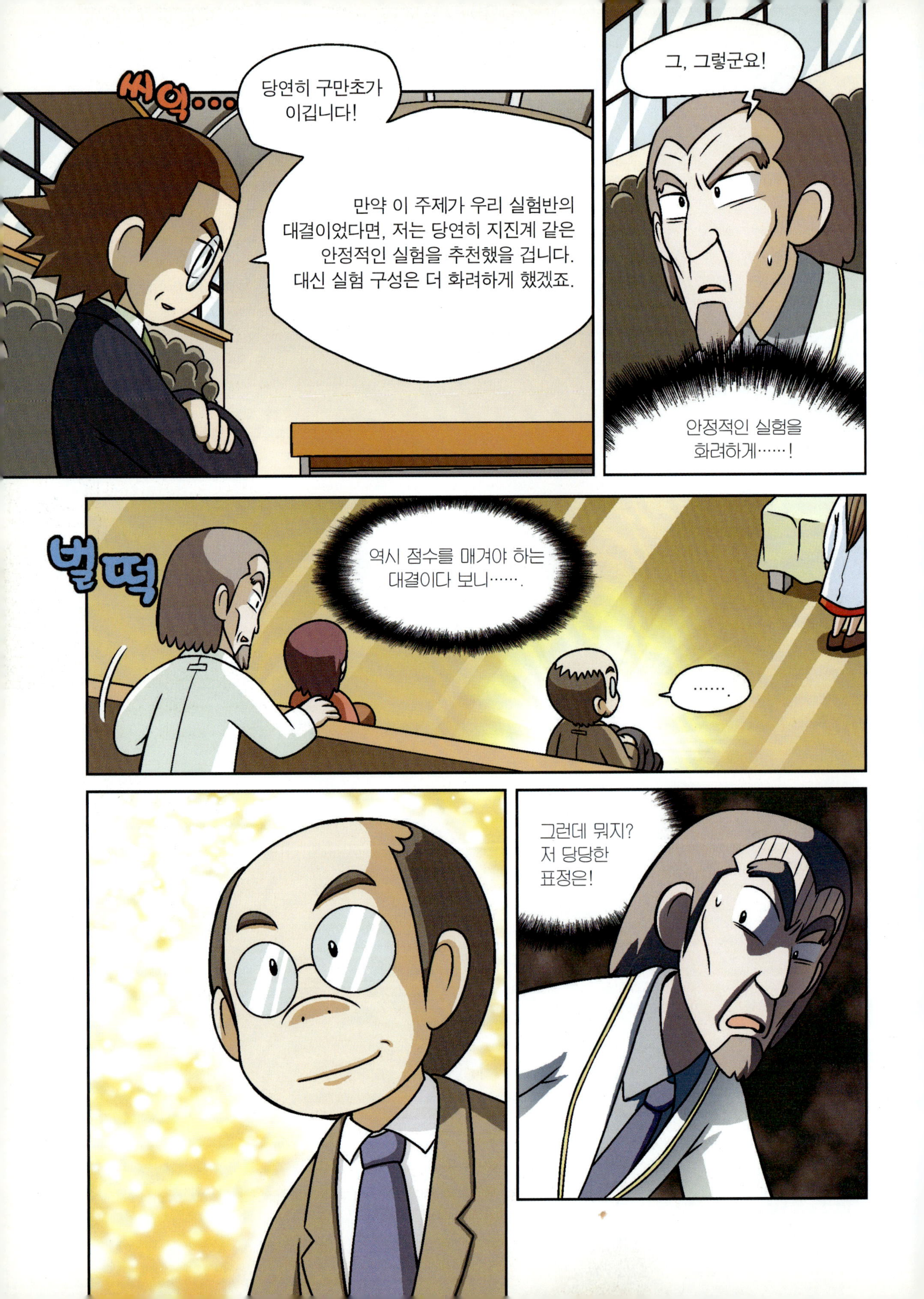
씨익…
당연히 구만초가 이깁니다!
만약 이 주제가 우리 실험반의 대결이었다면, 저는 당연히 지진계 같은 안정적인 실험을 추천했을 겁니다. 대신 실험 구성은 더 화려하게 했겠죠.
그, 그렇군요!
안정적인 실험을 화려하게……!
벌떡
역시 점수를 매겨야 하는 대결이다 보니…….
…….
그런데 뭐지? 저 당당한 표정은!

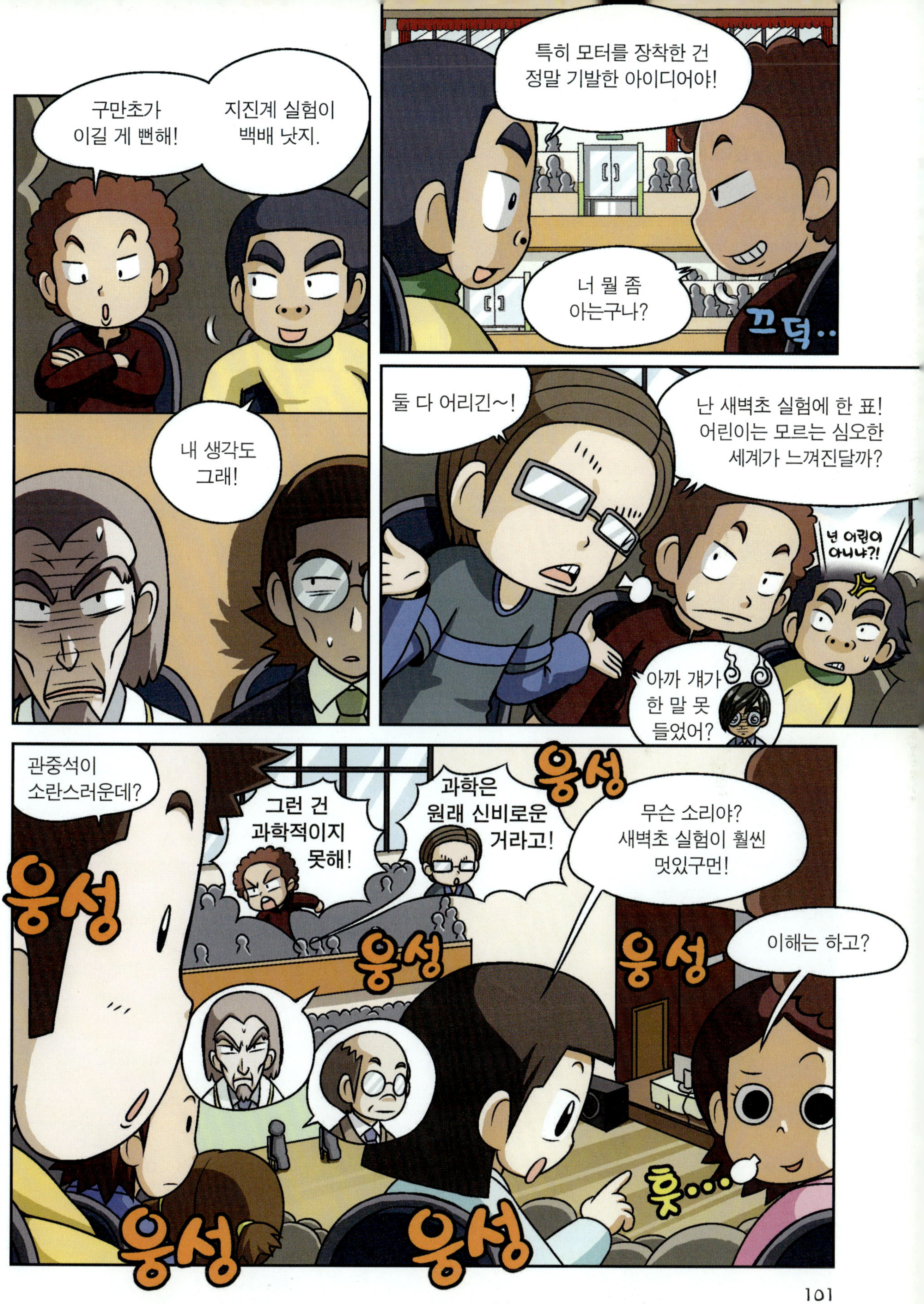
구만초가
이길 게 뻔해!
지진계 실험이
백배 낫지.
특히 모터를 장착한 건
정말 기발한 아이디어야!
너 뭘 좀
아는구나?
끄덕..
내 생각도
그래!
둘 다 어리긴~!
난 새벽초 실험에 한 표!
어린이는 모르는 심오한
세계가 느껴진달까?
넌 어린이
아니냐?!
아까 걔가
한 말 못
들었어?
관중석이
소란스러운데?
그런 건
과학적이지
못해!
과학은
원래 신비로운
거라고!
웅성
무슨 소리야?
새벽초 실험이 훨씬
멋있구먼!
웅성
웅성
웅성
이해는 하고?
웅성
웅성
후…

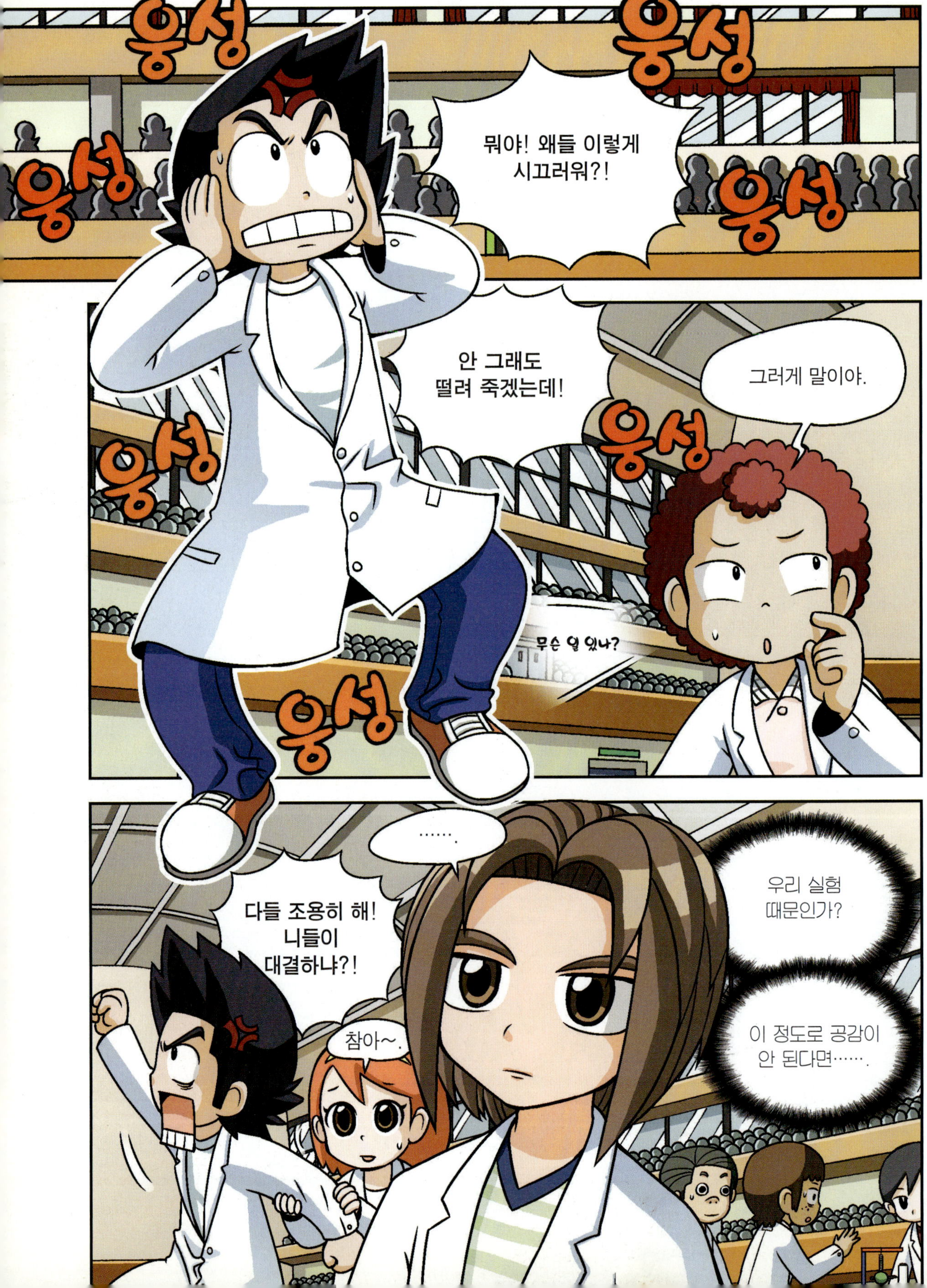
웅성
웅성
웅성
웅성
뭐야! 왜들 이렇게 시끄러워?!
안 그래도 떨려 죽겠는데!
그러게 말이야.
웅성
웅성
무슨 일 있나?
웅성
…….
다들 조용히 해! 니들이 대결하냐?!
참아~.
우리 실험 때문인가?
이 정도로 공감이 안 된다면…….

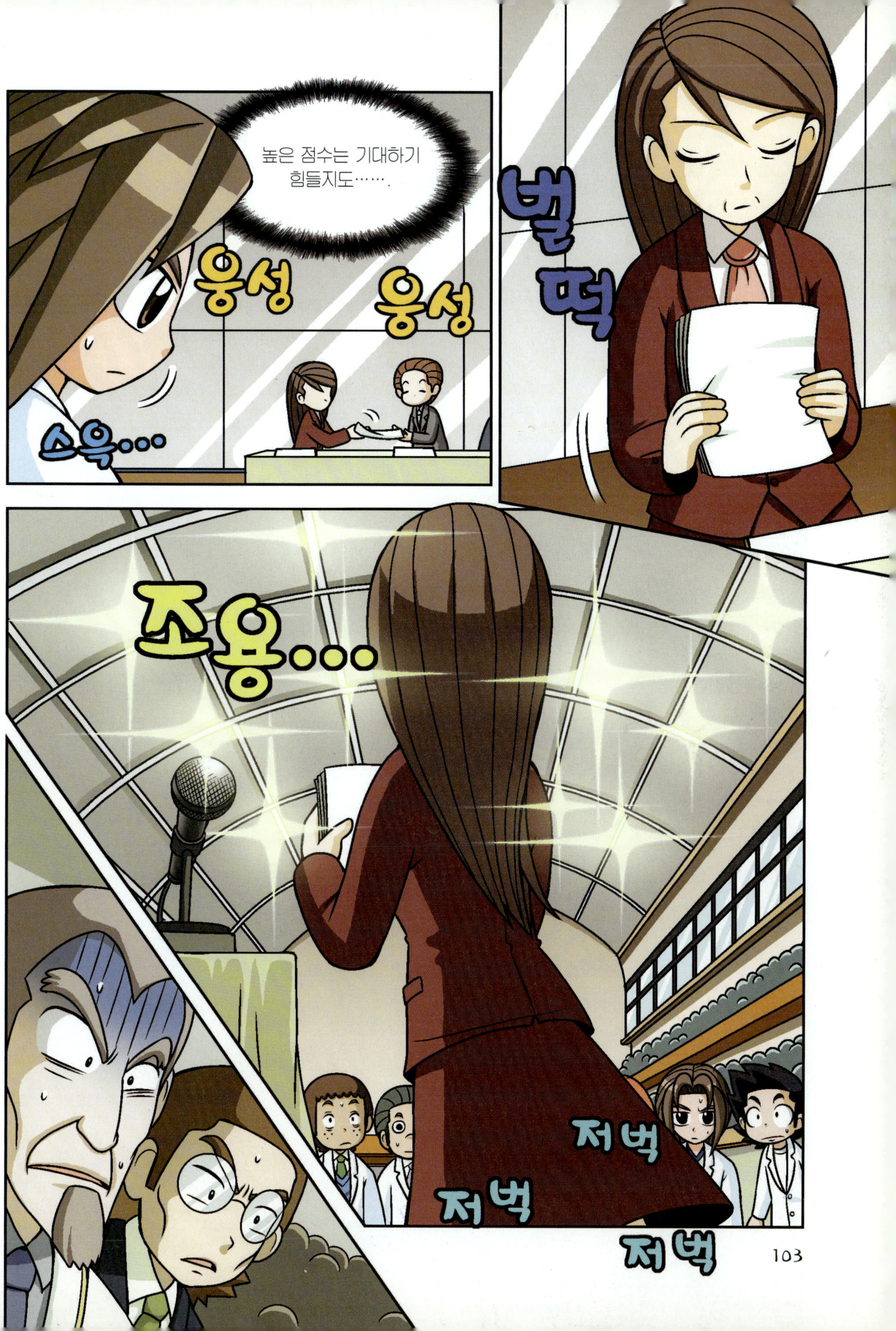
높은 점수는 기대하기
힘들지도…….
웅성
웅성
스윽…
벌떡
조용…
저벅
저벅
저벅

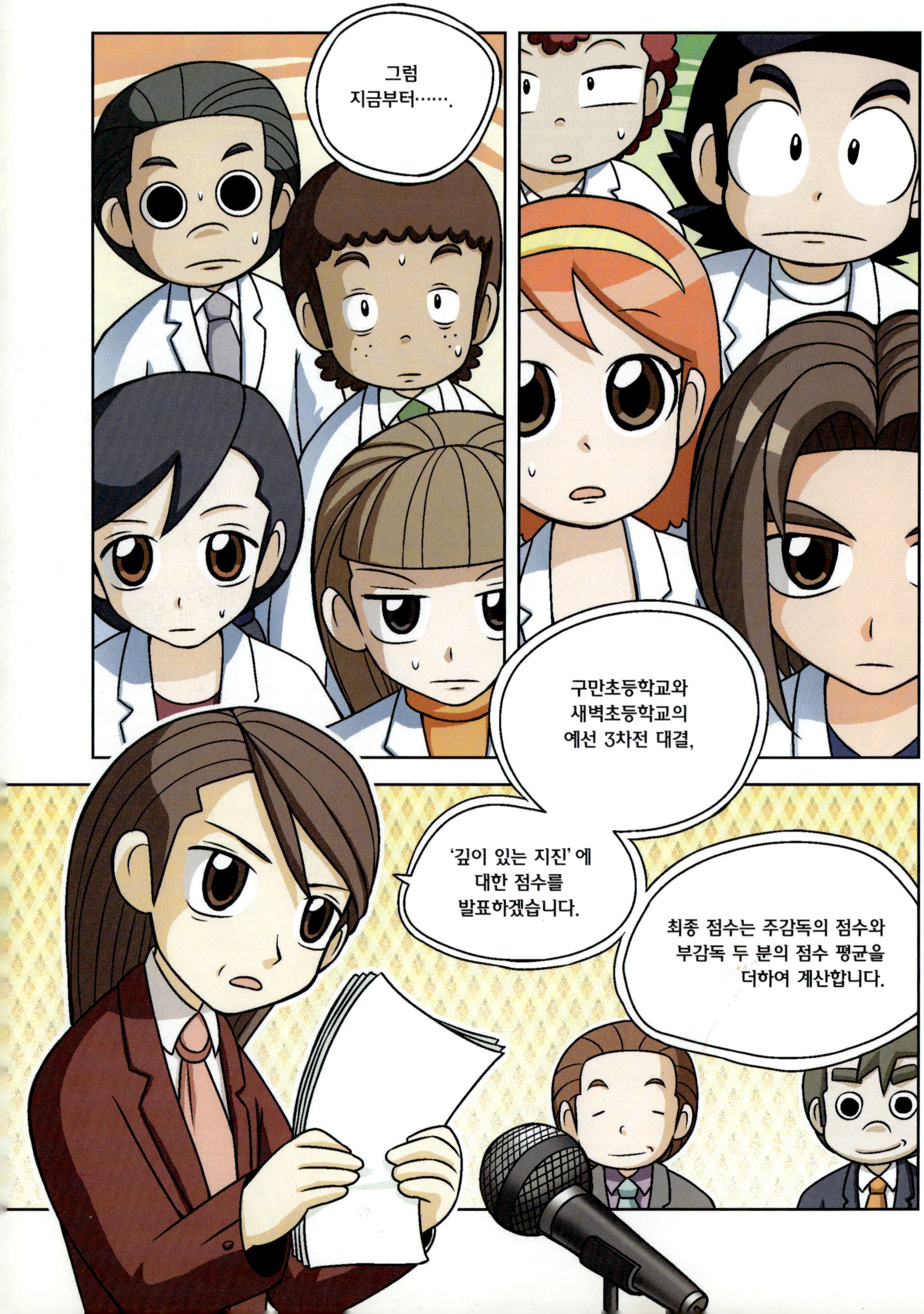
그럼 지금부터…….
구만초등학교와 새벽초등학교의 예선 3차전 대결,
'깊이 있는 지진' 에 대한 점수를 발표하겠습니다.
최종 점수는 주감독의 점수와 부감독 두 분의 점수 평균을 더하여 계산합니다.

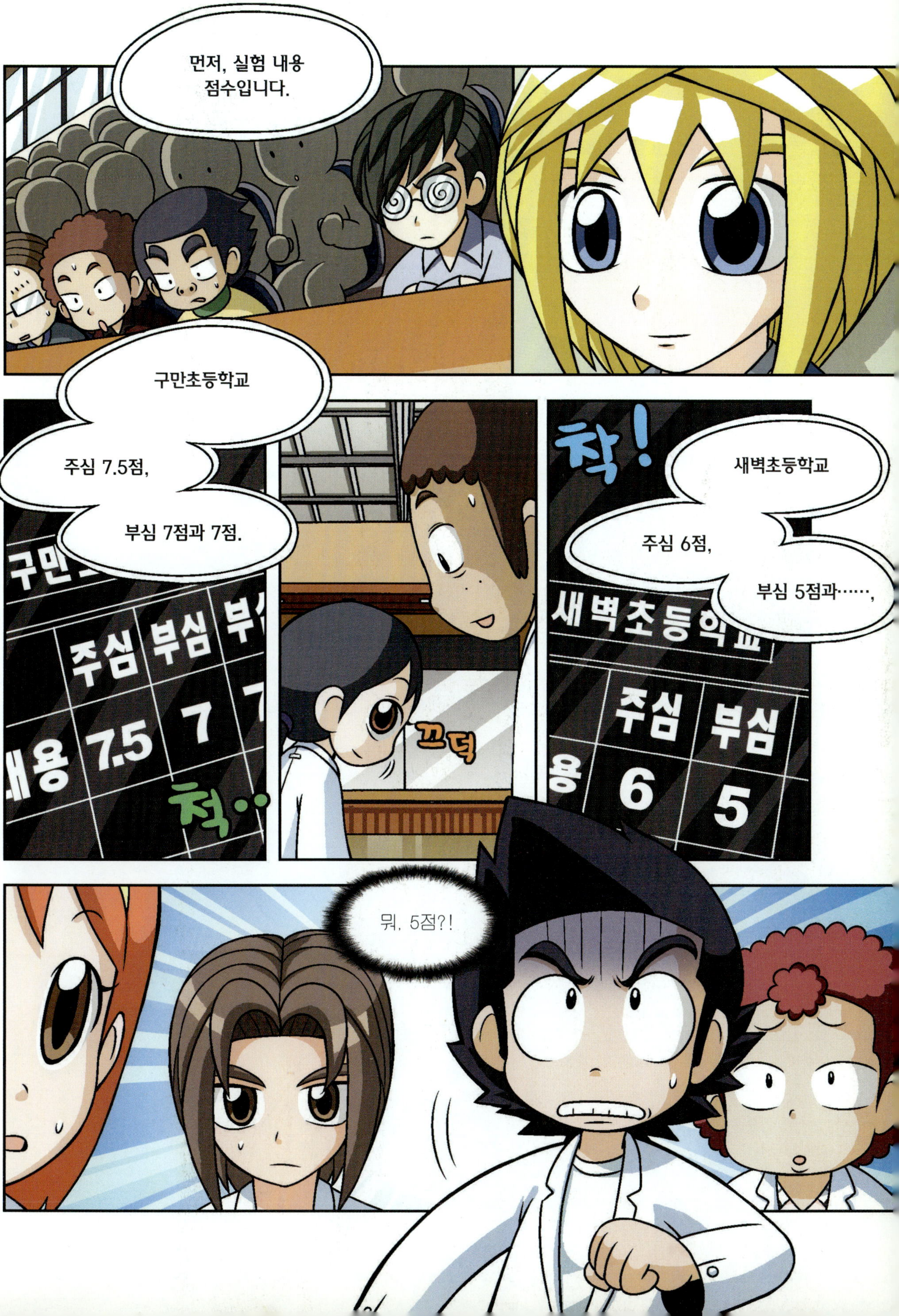

먼저, 실험 내용 점수입니다.
구만초등학교
주심 7.5점,
부심 7점과 7점.
구만
주심 부심 부심
내용 7.5 7 7
척..
끄덕
착!
새벽초등학교
주심 6점,
부심 5점과……,
새벽초등학교
주심 부심
용 6 5
뭐, 5점?!

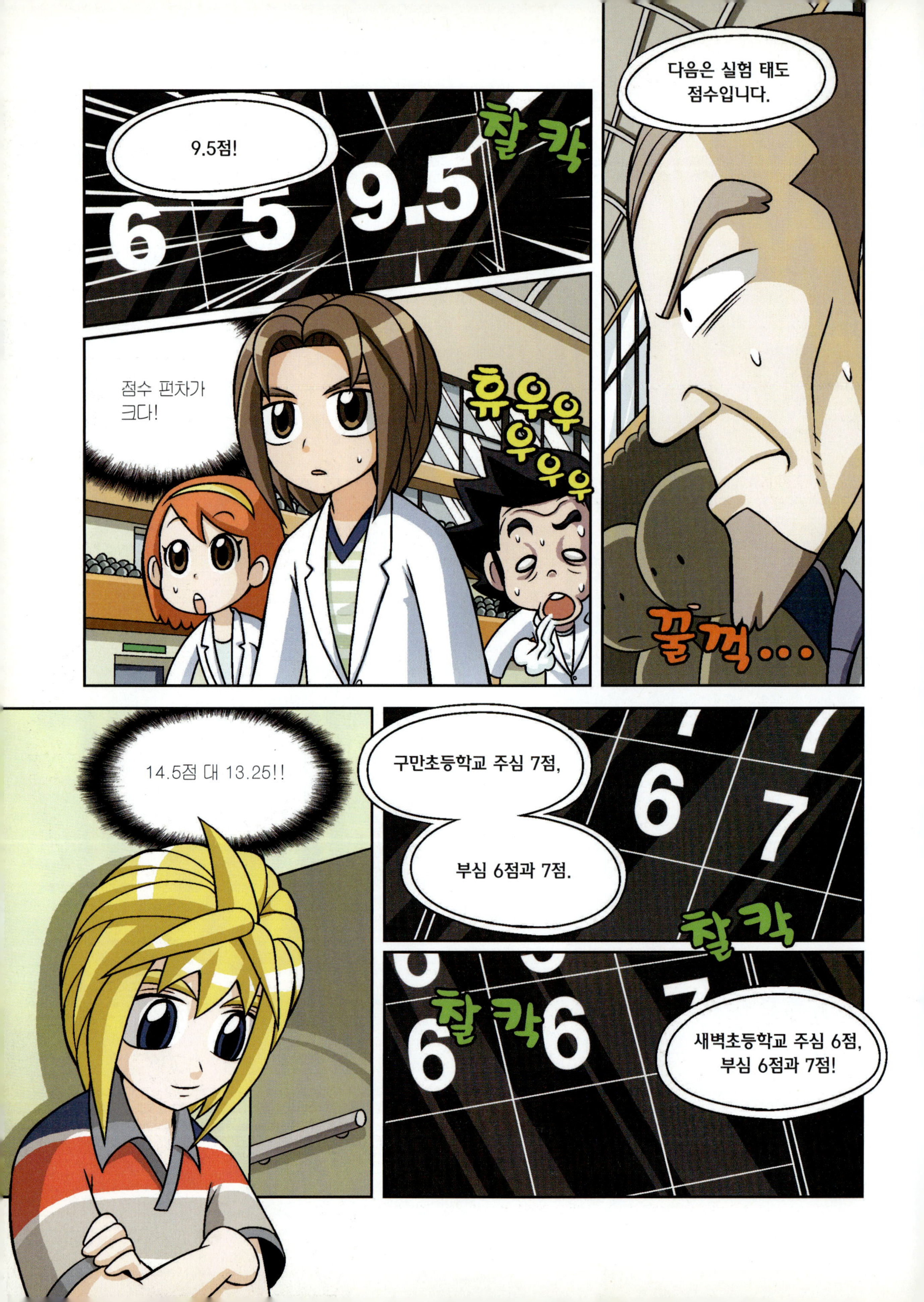
다음은 실험 태도
점수입니다.
9.5점!
찰칵
6
5
9.5
점수 편차가
크다!
휴우우우우우우
꿀꺽…
14.5점 대 13.25!!
구만초등학교 주심 7점,
부심 6점과 7점.
6
7
찰칵
찰칵
6
6
새벽초등학교 주심 6점,
부심 6점과 7점!

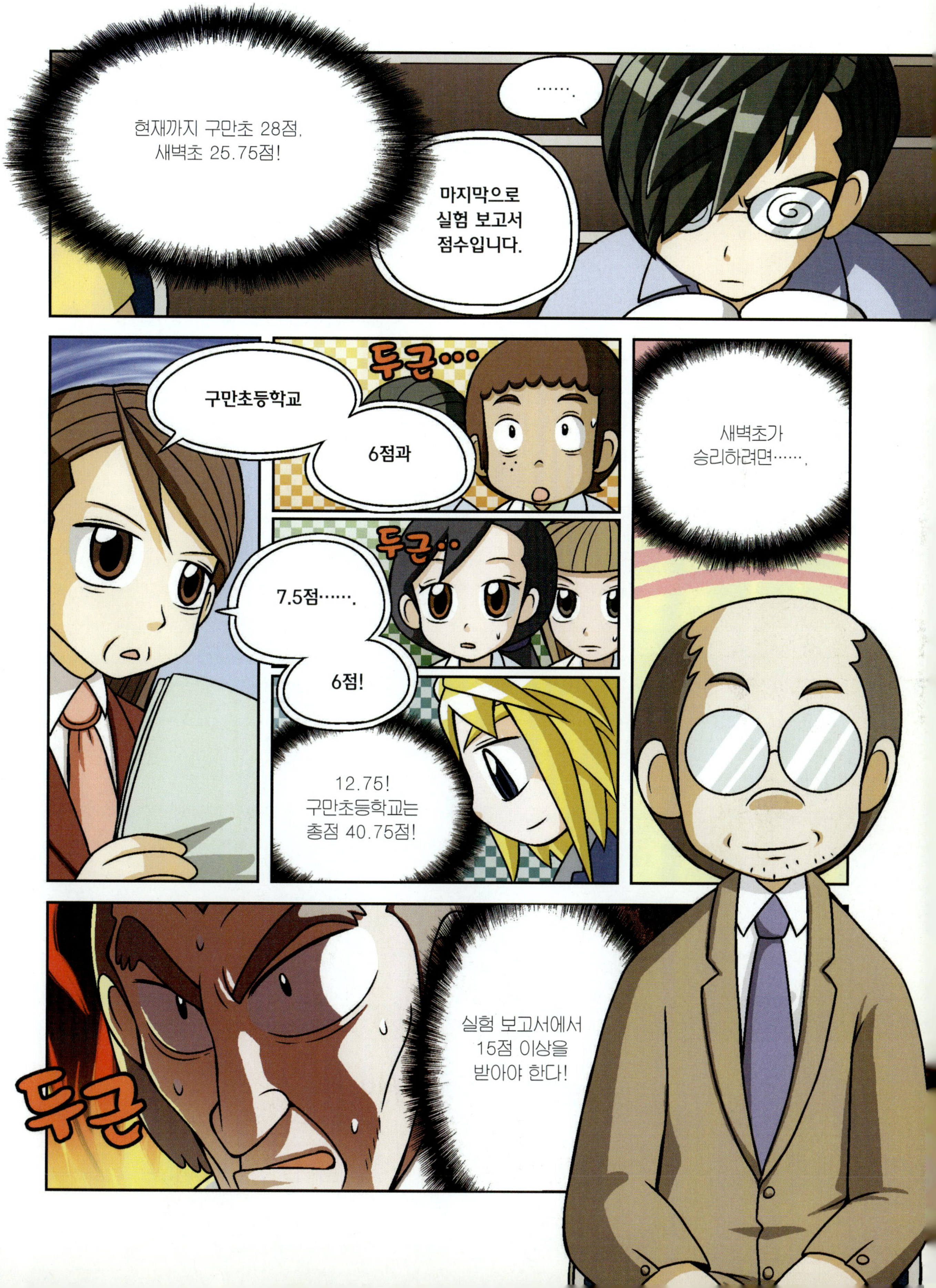

현재까지 구만초 28점,
새벽초 25.75점!
……
마지막으로
실험 보고서
점수입니다.
구만초등학교
6점과
두근…
7.5점…….
두근…
6점!
12.75!
구만초등학교는
총점 40.75점!
새벽초가
승리하려면…….
두근
실험 보고서에서
15점 이상을
받아야 한다!

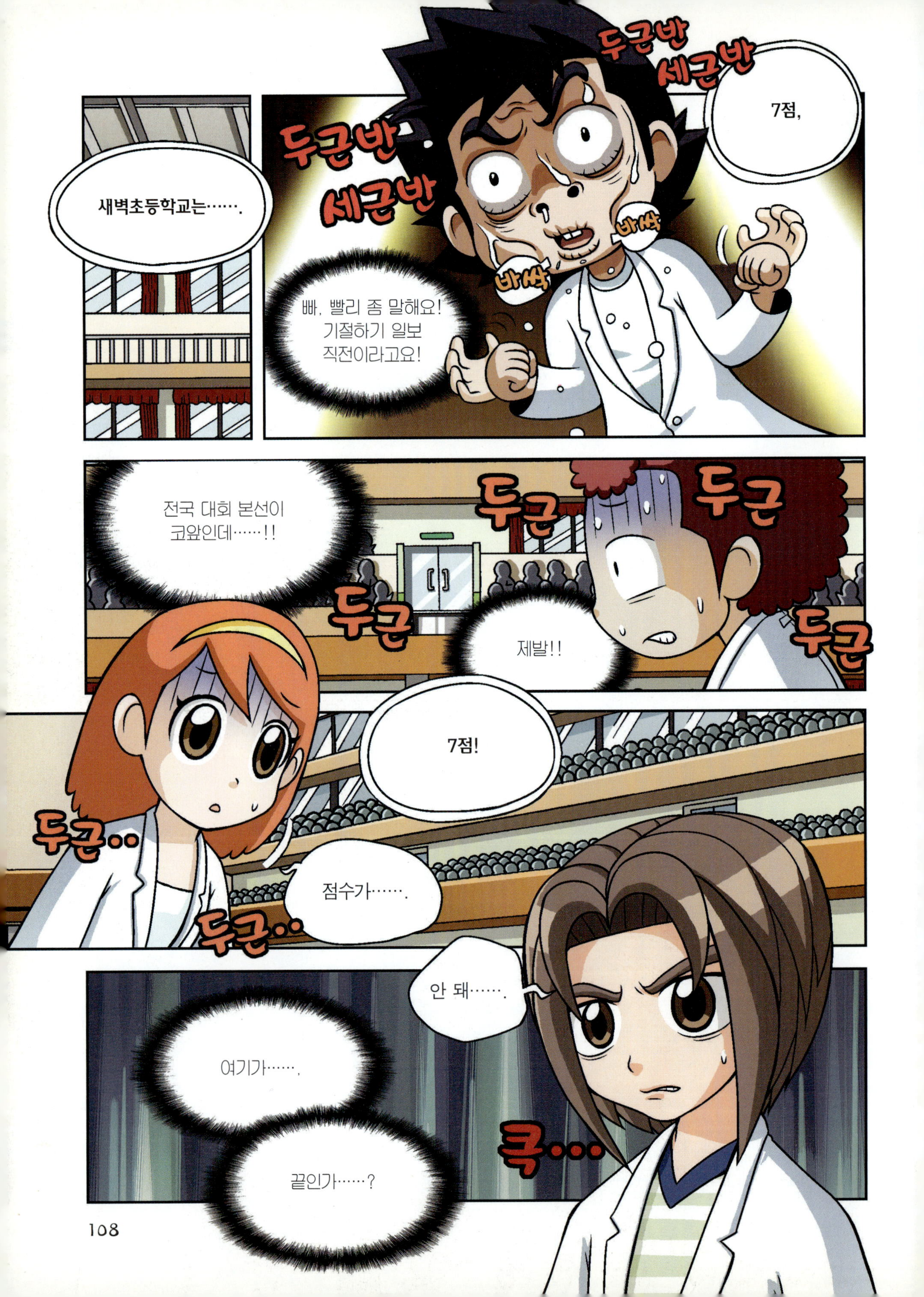

두근반
세근반
새벽초등학교는…….
두근반
세근반
7점,
바싹
바싹
빠, 빨리 좀 말해요! 기절하기 일보 직전이라고요!
전국 대회 본선이 코앞인데……!!
두근
두근
두근
제발!!
두근
7점!
두근..
점수가…….
두근..
안 돼…….
여기가…….
끝인가……?
큭...

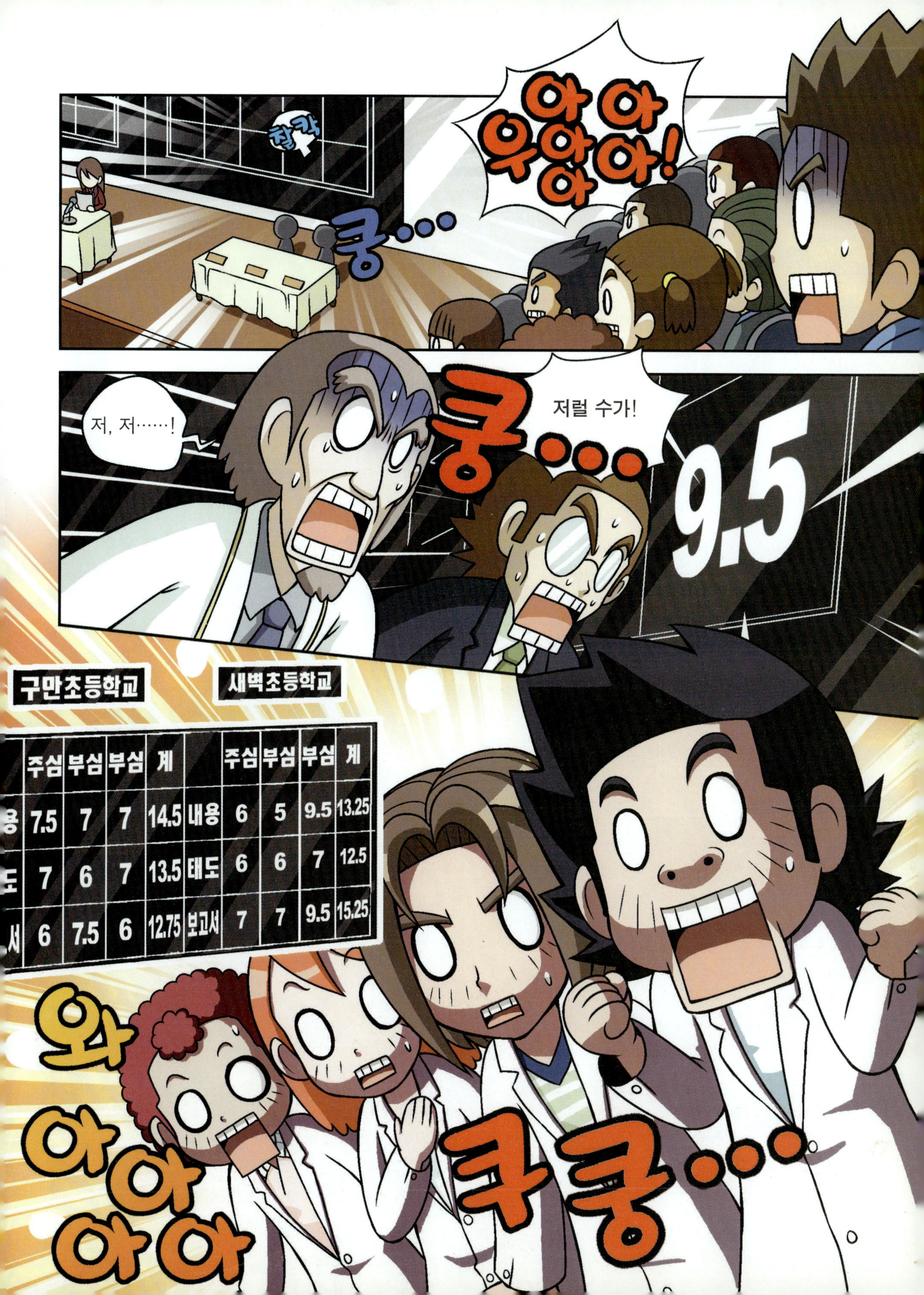
찰칵
쿵…
아아 우아아아!
저, 저……!
쿵…
저럴 수가!
9.5
구만초등학교
새벽초등학교
주심 부심 부심 계
용 7.5 7 7 14.5
도 7 6 7 13.5
서 6 7.5 6 12.75
주심 부심 부심 계
내용 6 5 9.5 13.25
태도 6 6 7 12.5
보고서 7 7 9.5 15.25
와아아아아
쿠쿵…

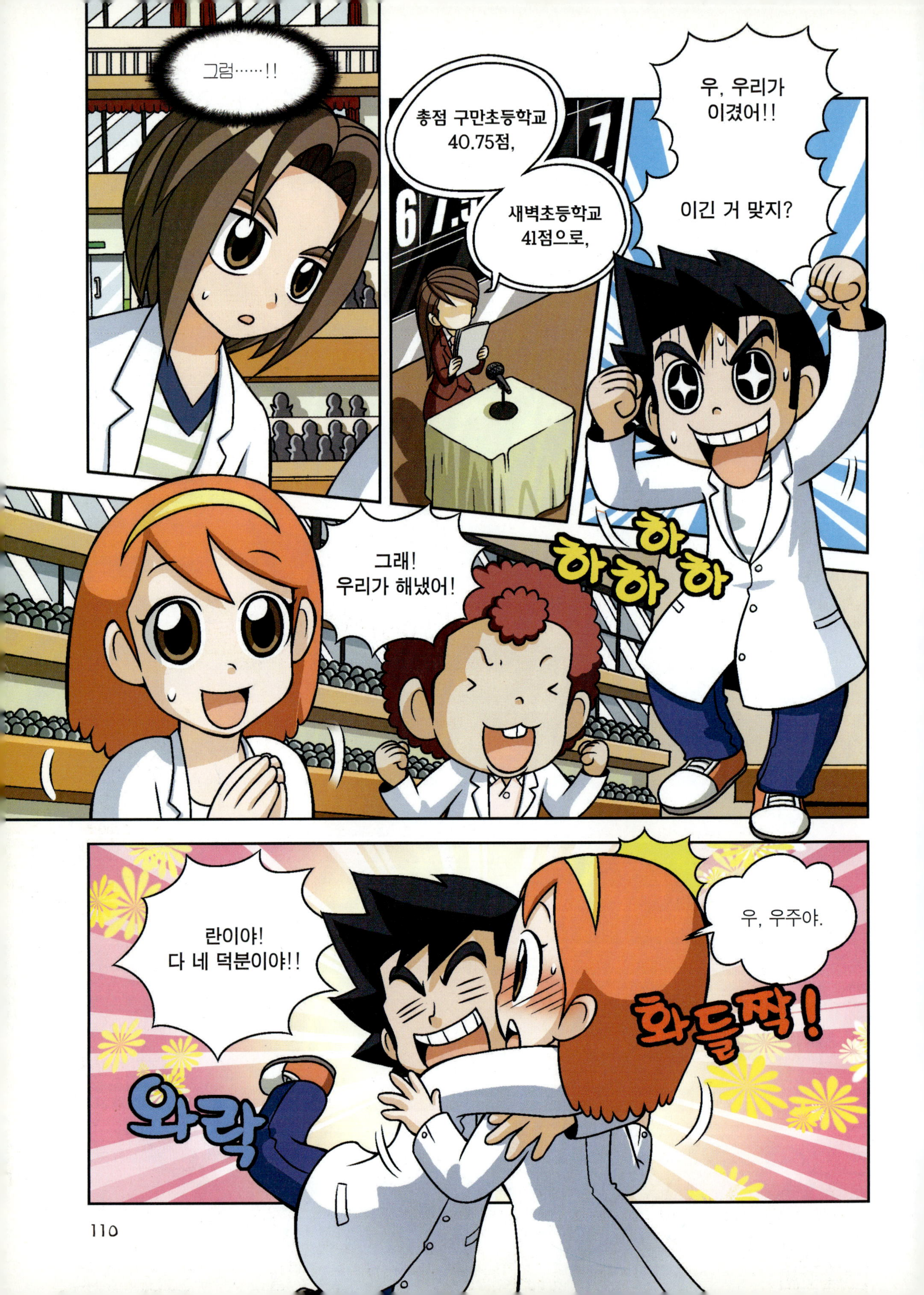
그럼……!!
총점 구만초등학교 40.75점,
새벽초등학교 41점으로,
우, 우리가 이겼어!!
이긴 거 맞지?
하하하하
그래! 우리가 해냈어!
란이야! 다 네 덕분이야!!
와락
우, 우주야.
화들짝!

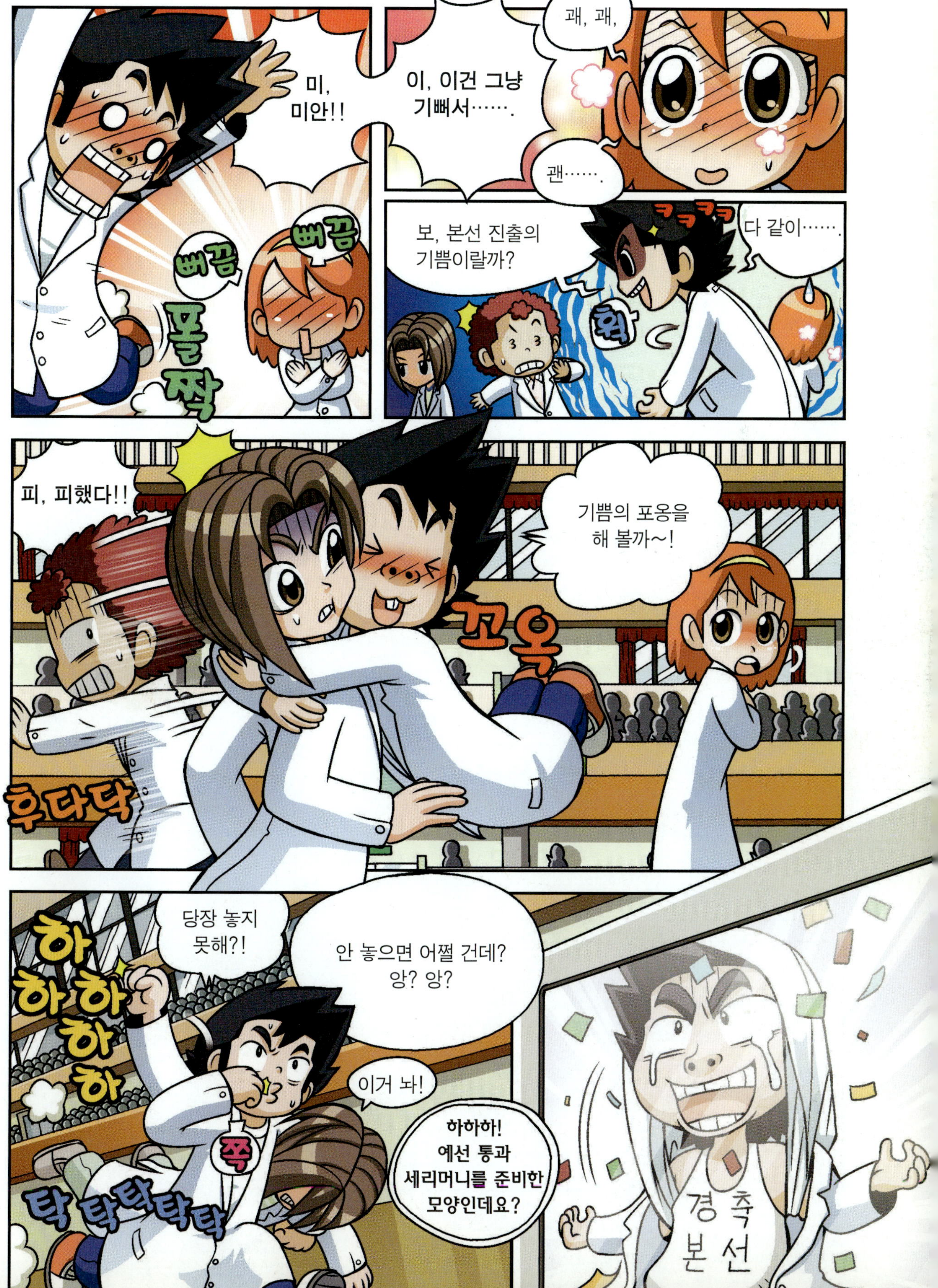
미,
미안!!
뻐끔
뻐끔
폴짝
이, 이건 그냥
기뻐서…….
괘, 괘,
괜…….
보, 본선 진출의
기쁨이랄까?
ㅋㅋㅋㅋ
다 같이…….
휙
피, 피했다!!
기쁨의 포옹을
해 볼까~!
꼬옥
후다닥
당장 놓지
못해?!
안 놓으면 어쩔 건데?
앙? 앙?
하
하하
하
하
이거 봐!
쭉
탁 탁탁탁탁
하하하!
예선 통과
세리머니를 준비한
모양인데요?
경 축
본 선

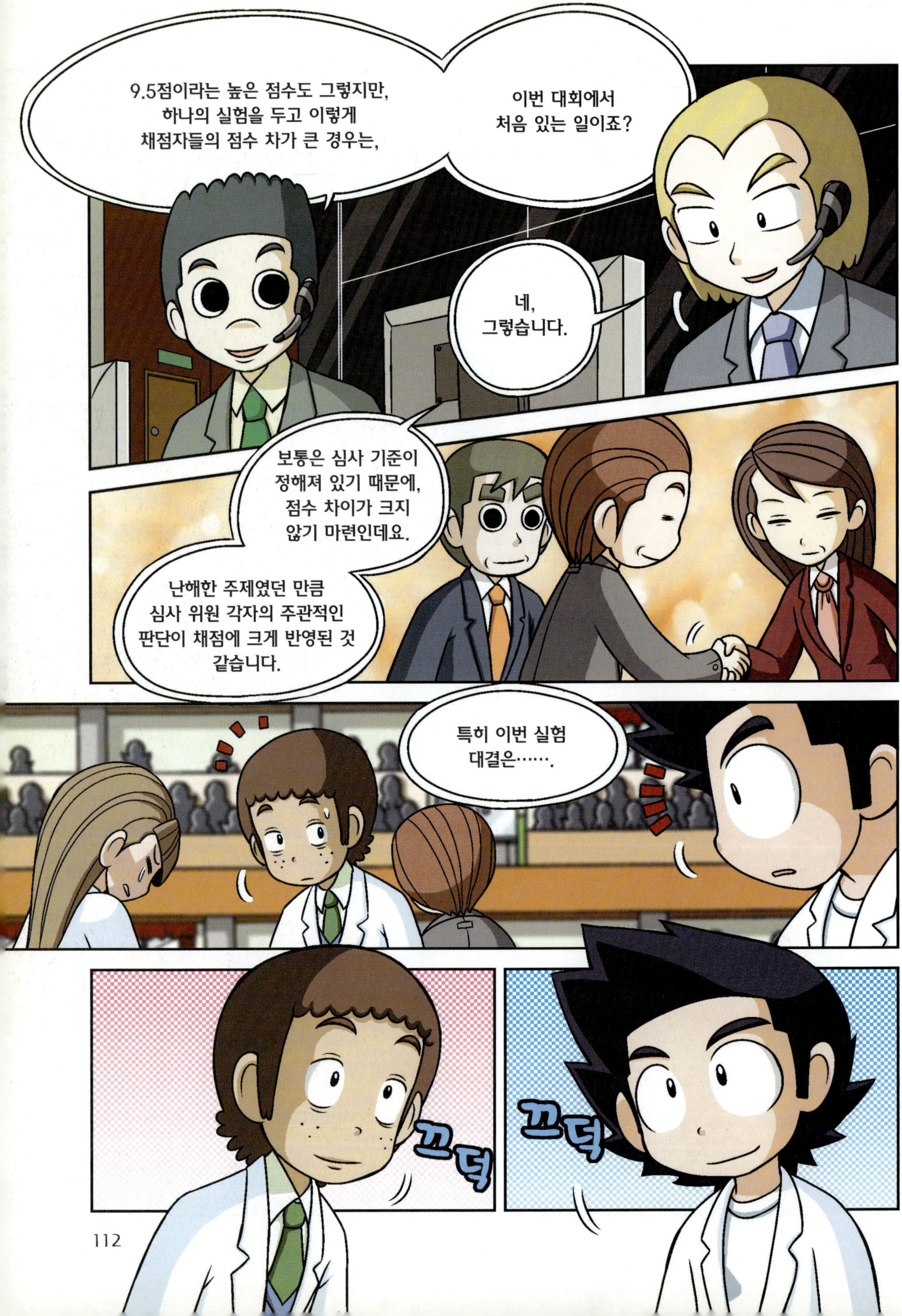

9.5점이라는 높은 점수도 그렇지만, 하나의 실험을 두고 이렇게 채점자들의 점수 차가 큰 경우는,
이번 대회에서 처음 있는 일이죠?
네, 그렇습니다.
보통은 심사 기준이 정해져 있기 때문에, 점수 차이가 크지 않기 마련인데요.
난해한 주제였던 만큼 심사 위원 각자의 주관적인 판단이 채점에 크게 반영된 것 같습니다.
특히 이번 실험 대결은…….
끄덕
끄덕

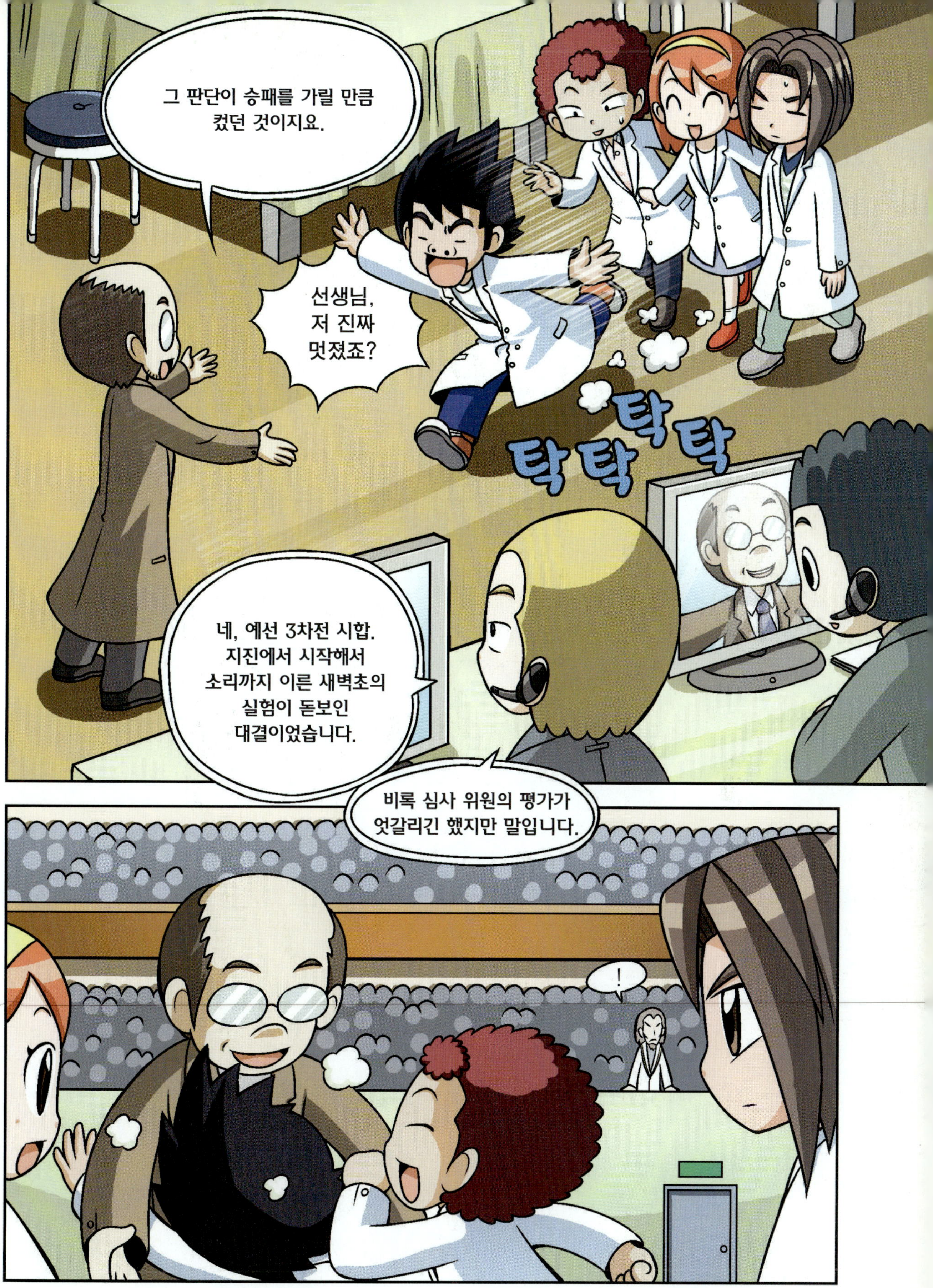

그 판단이 승패를 가릴 만큼 컸던 것이지요.
선생님, 저 진짜 멋졌죠?
탁 탁 탁 탁
네, 예선 3차전 시합. 지진에서 시작해서 소리까지 이른 새벽초의 실험이 돋보인 대결이었습니다.
비록 심사 위원의 평가가 엇갈리긴 했지만 말입니다.
!

후…
그래 정말, 다들 자랑스럽다.
에이, 말로만요?
부비
부비
웅성
웅성
그 덕분에 대결이 한층 더 흥미진진했던 면도 있지요.
그렇군요.
앞으로 새벽초등학교의 실험이 많이 기대됩니다.
웅성
웅성
웅성
저도 그렇습니다.
이번 대회에서 많은 이변을 낳고 있는 새벽초등학교를 계속 지켜보도록 하겠습니다.

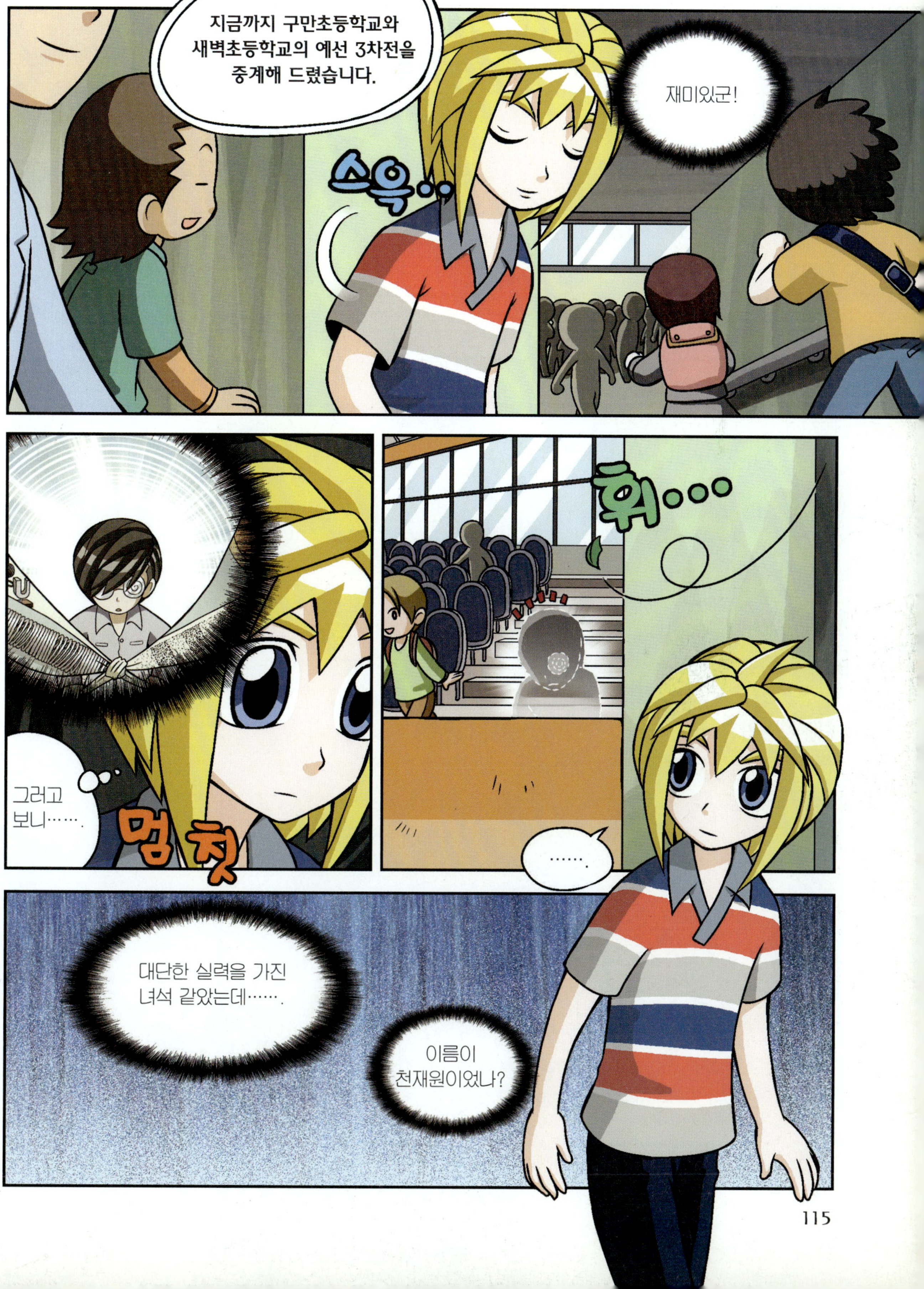
지금까지 구만초등학교와
새벽초등학교의 예선 3차전을
중계해 드렸습니다.
스윽..
재미있군!
그러고
보니…….
멈칫
휘…
…….
대단한 실력을 가진
녀석 같았는데…….
이름이
천재원이었나?

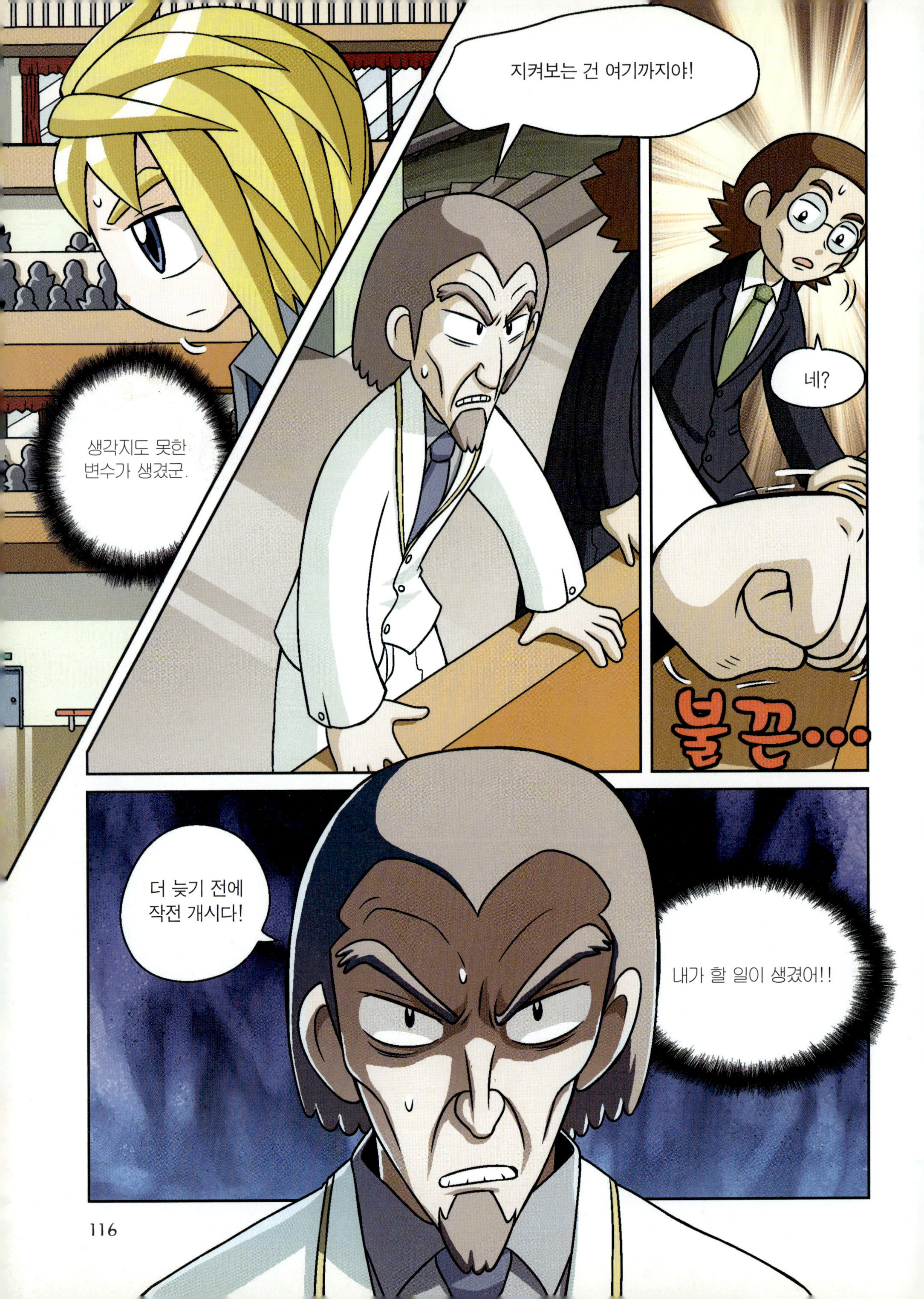
생각지도 못한
변수가 생겼군.
지켜보는 건 여기까지야!
네?
불끈...
더 늦기 전에
작전 개시다!
내가 할 일이 생겼어!!

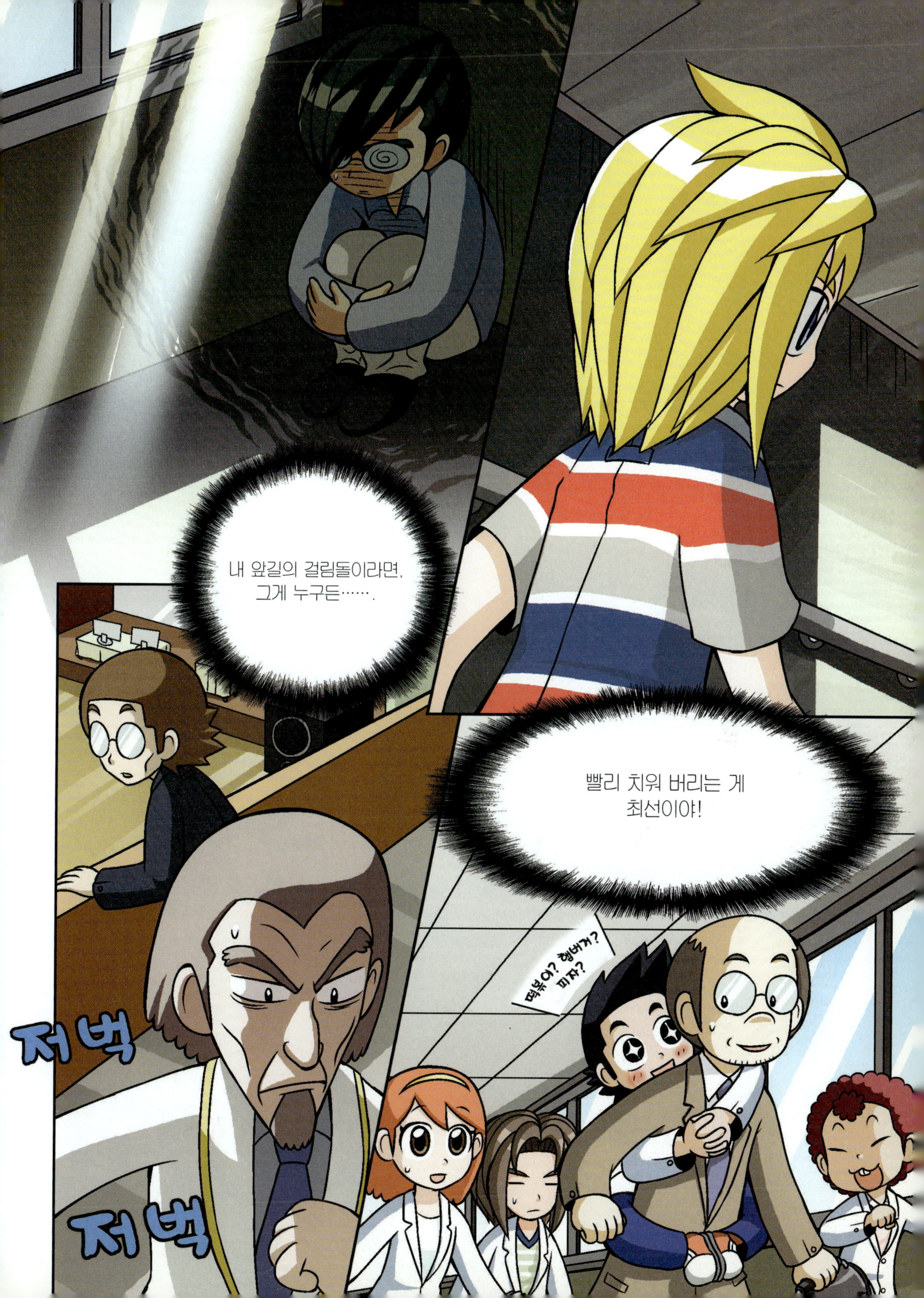
내 앞길의 걸림돌이라면,
그게 누구든…….
빨리 치워 버리는 게
최선이야!
떡볶이? 햄버거? 피자?
저벅
저벅

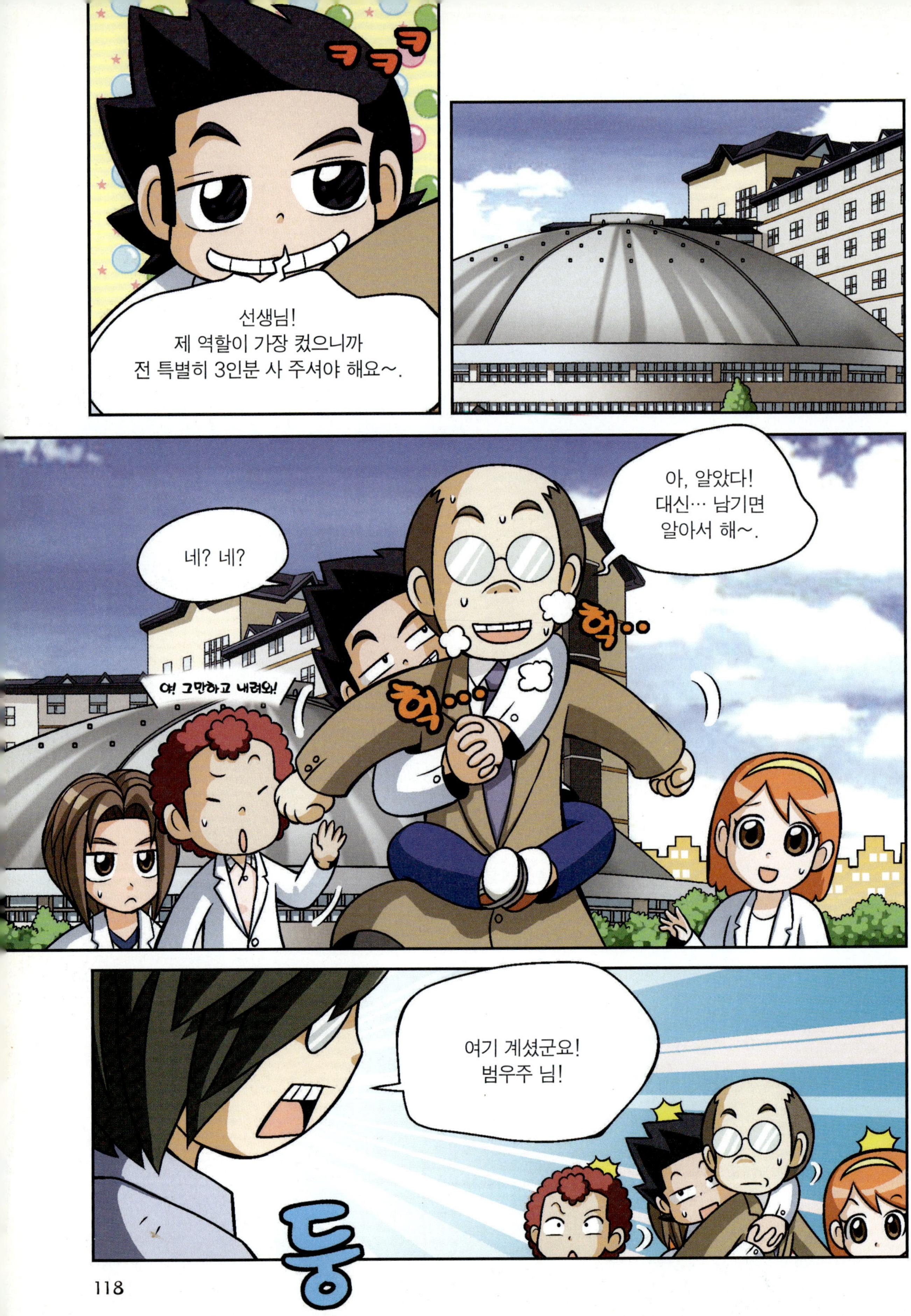
ㅋㅋㅋ
선생님!
제 역할이 가장 컸으니까
전 특별히 3인분 사 주셔야 해요~.
아, 알았다!
대신… 남기면
알아서 해~.
헉…
헉…
네? 네?
야! 그만하고 내려와!
여기 계셨군요!
범우주 님!
둥

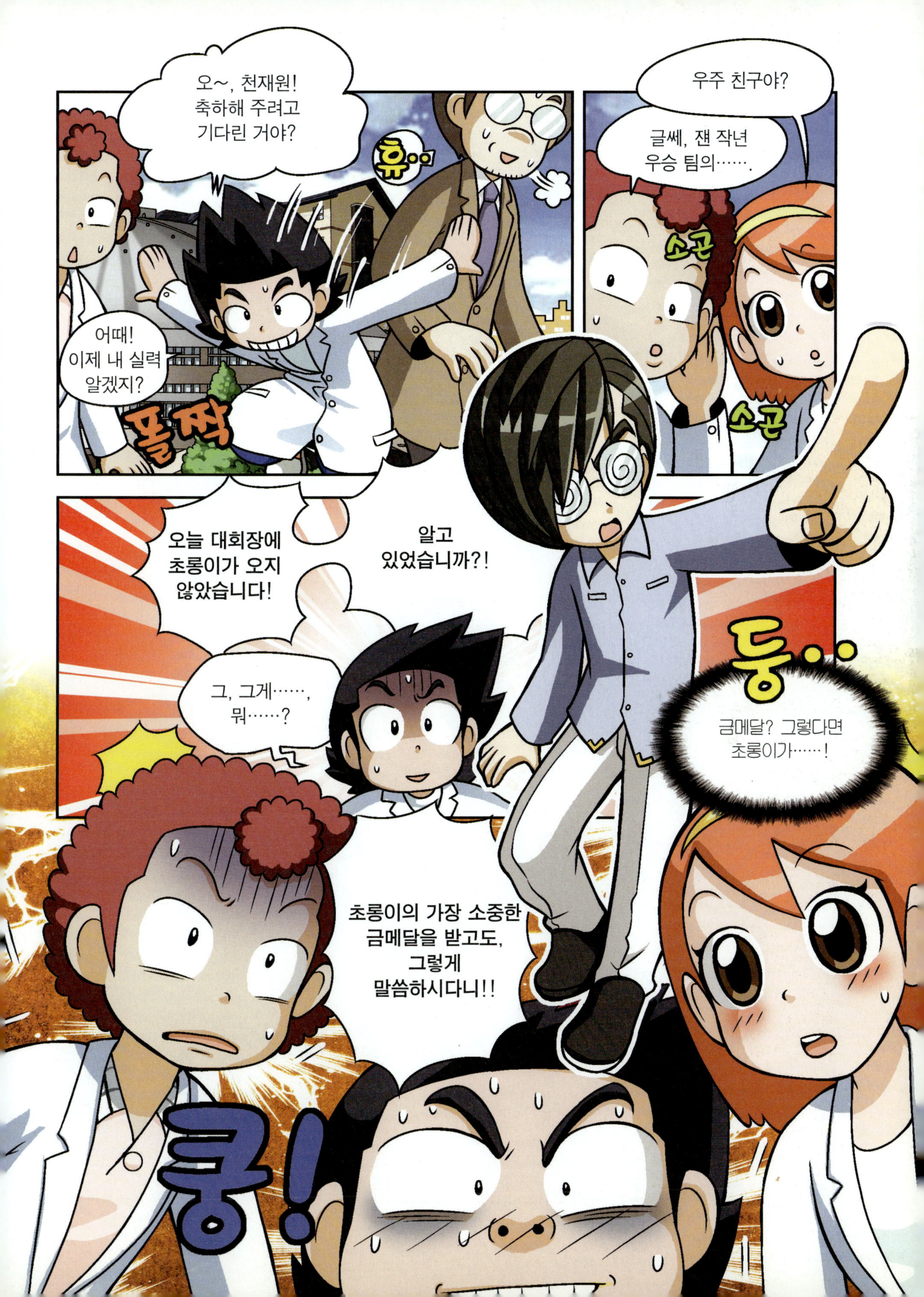
오~, 천재원!
축하해 주려고
기다린 거야?
휴…
어때!
이제 내 실력
알겠지?
폴짝
우주 친구야?
글쎄, 잰 작년
우승 팀의…….
소곤
소곤
오늘 대회장에
초롱이가 오지
않았습니다!
알고
있었습니까?!
그, 그게……,
뭐……?
둥…
금메달? 그렇다면
초롱이가……!
초롱이의 가장 소중한
금메달을 받고도,
그렇게
말씀하시다니!!
쿵!

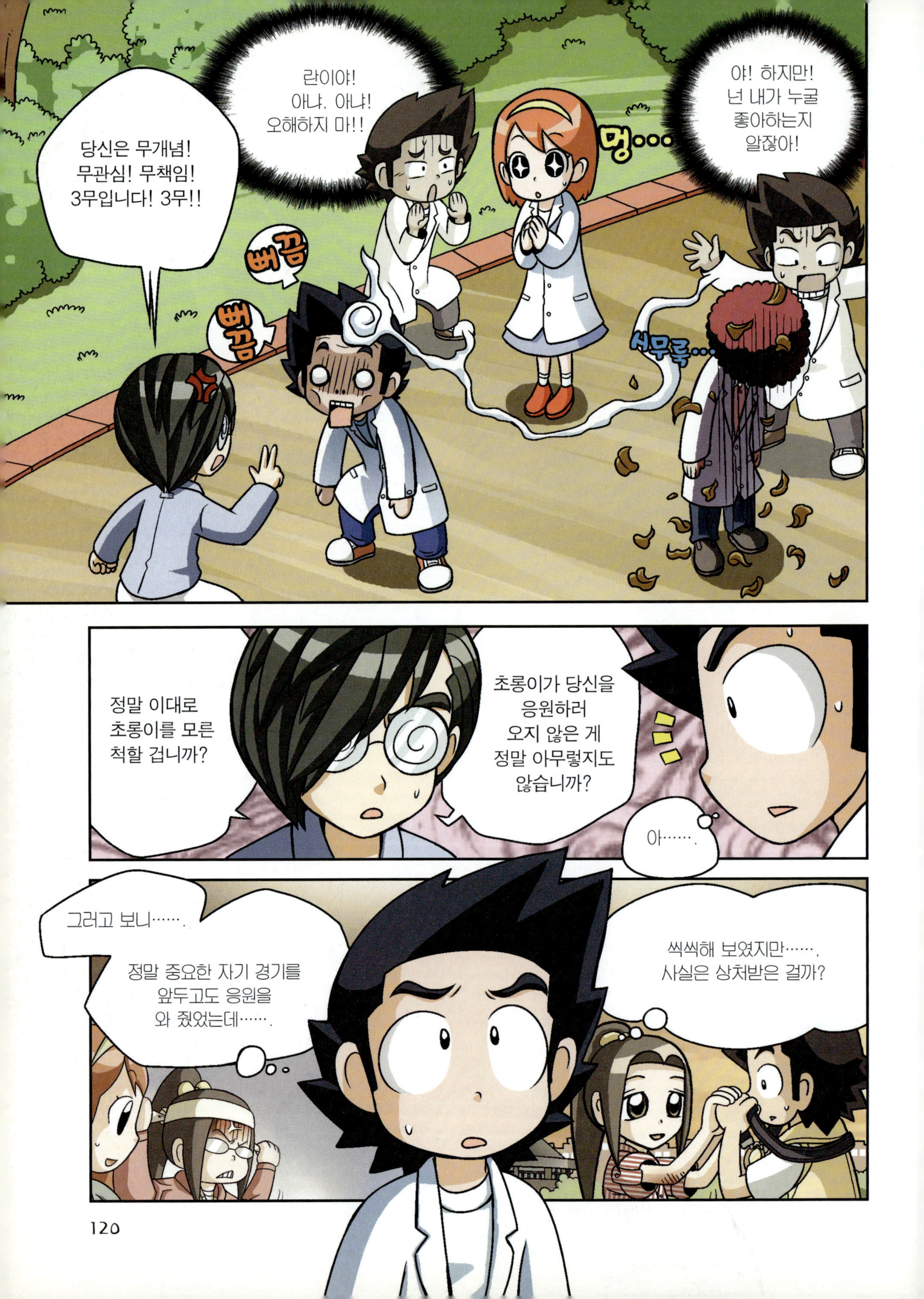

당신은 무개념! 무관심! 무책임! 3무입니다! 3무!!
뻐끔
뻐끔
란이야! 아냐, 아냐! 오해하지 마!!
멍…
야! 하지만! 넌 내가 누굴 좋아하는지 알잖아!
시무룩…
정말 이대로 초롱이를 모른 척할 겁니까?
초롱이가 당신을 응원하러 오지 않은 게 정말 아무렇지도 않습니까?
아…….
그러고 보니…….
정말 중요한 자기 경기를 앞두고도 응원을 와 줬었는데…….
씩씩해 보였지만……, 사실은 상처받은 걸까?

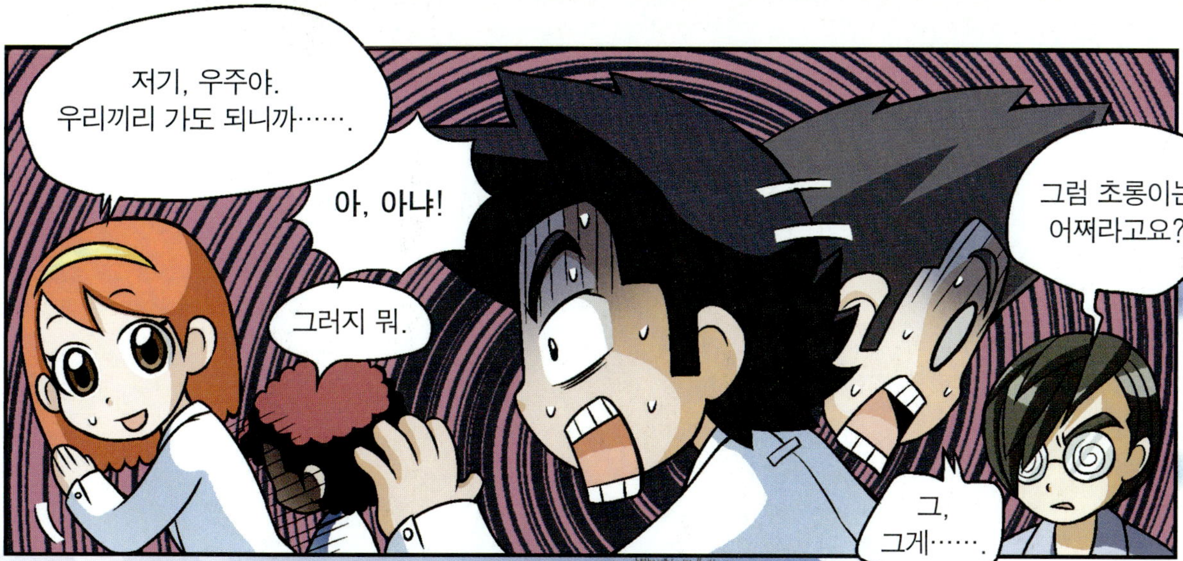
저기, 우주야.
우리끼리 가도 되니까…….
아, 아냐!
그러지 뭐.
그럼 초롱이는
어쩌라고요?
그,
그게…….

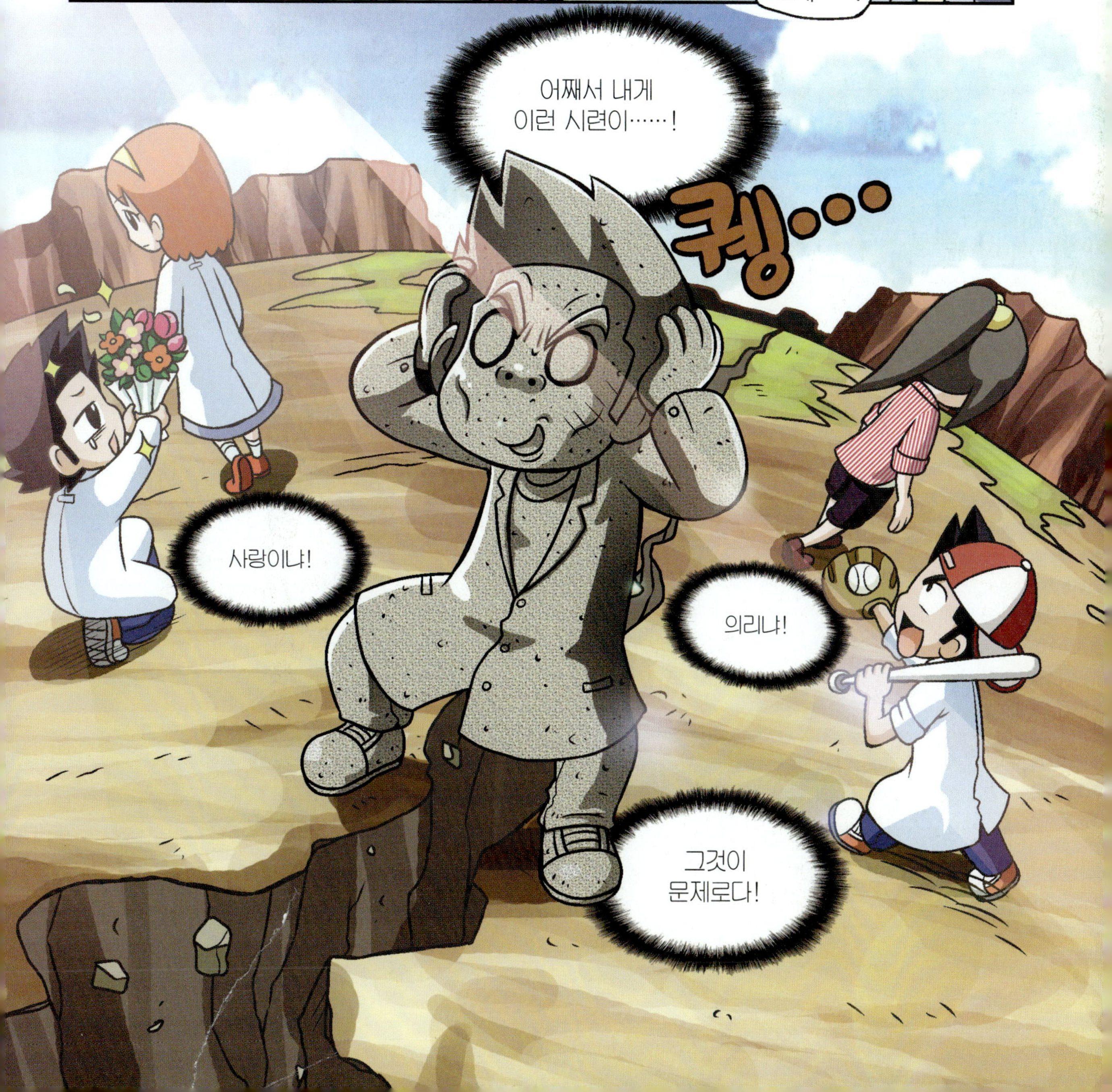
어째서 내게
이런 시련이……!
쿵…
사랑이냐!
의리냐!
그것이
문제로다!

빨대 파동 장치 만들기

실험 보고서	
실험 주제	빨대 파동 장치를 통해 파동 현상을 관찰하고, 파동이 전달되다가 장애물을 만나면 어떻게 되는지 확인할 수 있습니다.
준비물	❶2절 도화지 ❷빨대 50개 ❸압정 ❹클립 ❺접착테이프 ❻철제 스탠드 2개 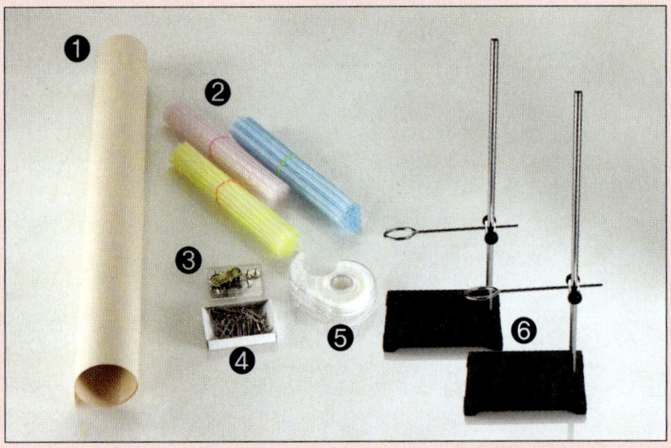
실험 예상	빨대들은 접착테이프에 고정되어 있기 때문에 이동하지 않고 진동만 전달될 것입니다. 또 클립을 끼운 빨대는 일반 빨대보다 진동이 느리게 전달될 것입니다.
주의 사항	❶ 접착테이프에 빨대를 붙일 때 열을 맞춰 붙여야 한쪽으로 기울지 않습니다. ❷ 같은 색의 빨대를 열 개씩 연결하면 파동의 움직임을 관찰하기 쉽습니다. ❸ 도화지에 압정을 꽂을 때 뾰족한 부분에 찔리지 않도록 주의합니다.

❶ 고무판처럼 두께가 있는 판 위에 도화지를 펴고 그 위에 접착테이프의 접착 면을 위로 향하게 놓은 후, 테이프의 양 끝을 압정으로 고정시킵니다.

❷ 빨대를 접착테이프에 1cm 간격으로 열을 맞춰 붙입니다. 이때 접착테이프의 양 끝은 2cm 정도 여유 있게 남깁니다.

❸ 도화지에서 접착테이프를 분리한 후 접착테이프 양 끝을 2개의 스탠드에 각각 고정시킵니다. 이때 테이프가 느슨해지지 않도록 스탠드의 거리를 조정합니다.

❹ 빨대의 한쪽 끝을 가볍게 치고 빨대의 운동을 관찰합니다.

❶ 스탠드에 매단 빨대 50개 중에서, 가운데 10개의 빨대 양쪽 끝에 클립을 끼웁니다.

❷ 클립을 끼우지 않은 빨대 끝을 친 후 빨대의 움직임을 관찰합니다.

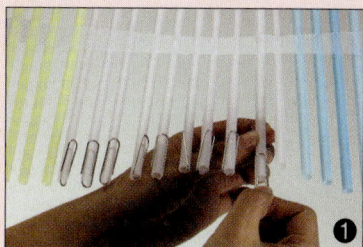

실험 결과 1

❶ 빨대의 진동이 테이프를 타고 수평으로 전달됩니다. 진동이 반대편에 도달하면 원래의 방향으로 되돌아옵니다.

실험 결과 2

❶ 진동 일부는 클립을 끼운 빨대를 통과하고 일부는 되돌아옵니다.

❷ 클립을 끼운 빨대는 클립이 없는 빨대에 비해 파동이 전달되는 속도가 느립니다.

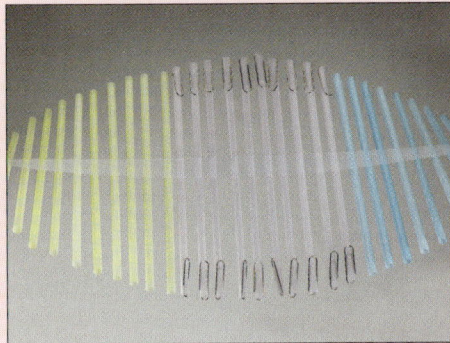

왜 그럴까요?

파동은 한곳에서 일어난 진동이 주위로 퍼져 나가는 현상으로, 파동이 퍼져 나가기 위해서는 파동을 전달하는 물질인 매질이 필요합니다. 이렇게 파동을 전달하는 매질은 진동하기만 할 뿐 실제 이동하지는 않으며, 이 실험에서 매질은 빨대입니다. 파동은 반사, 굴절, 투과, 회절, 간섭 등 다양한 성질을 가지고 있습니다. 실험 방법 2에서 진동 일부가 클립을 끼운 빨대를 통과하지 못하고 되돌아온 것은 파동의 성질을 보여 준 것입니다. 파동의 반사란 진행하던 파동이 다른 성질의 매질을 만나면 전부 또는 일부가 되돌아오는 현상을 말합니다. 이러한 반사 성질은 통화나 인터넷에 활용되는 광통신, 해저 지형을 측정하거나 인체 내부를 찍는 초음파 등에 사용되고 있습니다.

G 박사의 실험실 2

도플러 효과

오랜만에 하는 드라이브라 기분이 남다르군.

허 허 허

드륵 드륵

내가 직접 발명한 무공해 자동차로 드라이브를 즐기니 정말 좋지 않나!

허헉!

끼릭 끼릭 끼릭 끼릭

조수석에만 페달이 있다니 불공평해요!

무슨~

난 운전을 해야지. 앗! 저건?!

삐뽀 삐뽀

응급

구급차가 오는군! 어서 길을 내주게! 속도를 더 내라고!!

저만 속도를 내니까,

삐뽀 삐뽀

균형이 안 맞잖아요!

구급차의 사이렌 소리에는 중요한 파동의 법칙이 숨어 있습니다.

삐뽀 삐뽀

구급차가 다가올 때는 사이렌 소리가 높게 들리고,

멀어지면 낮게 들리죠.

삐..뽀..

삐.. 뽀..

이렇게 구급차 소리가 위치에 따라 높거나 낮게 들리는 이유는 도플러 현상 때문입니다.

음파의 원천인 구급차가 접근해 오면 파장이 짧아져 높은 음으로, 멀어지면 파장이 길어져 낮은 음으로 들리는 원리입니다.

파장

파동의 근원

관측자

이처럼 파동의 근원과 관측자 중 하나 이상이 운동할 경우, 주파수의 변화로 파장이 달라지는 현상을 도플러 효과라고 합니다.

참! 구급차 소리가 들리면 길을 양보하는 거 아시죠?

제5화

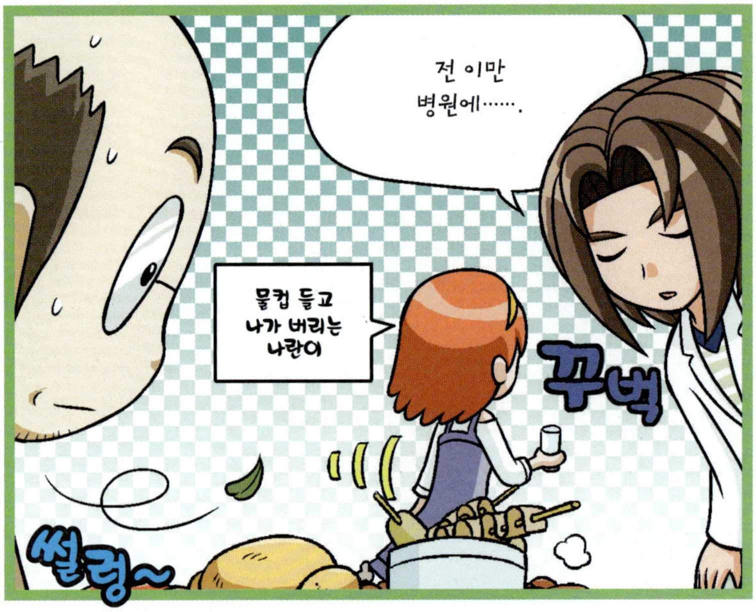
전 이만
병원에…….
물컵 들고
나가 버리는
나란이
꾸벅
썰렁~

우주의 진심

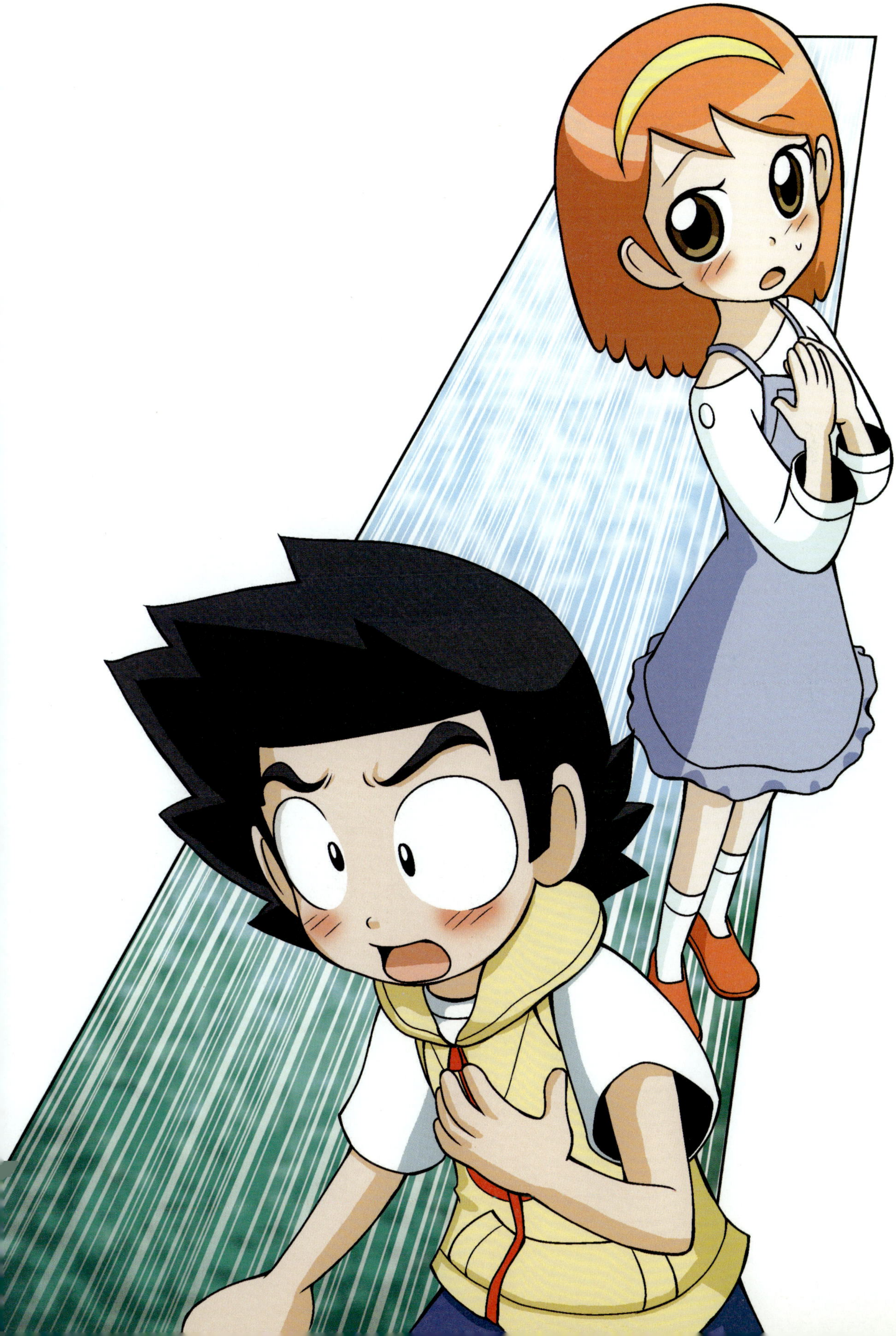

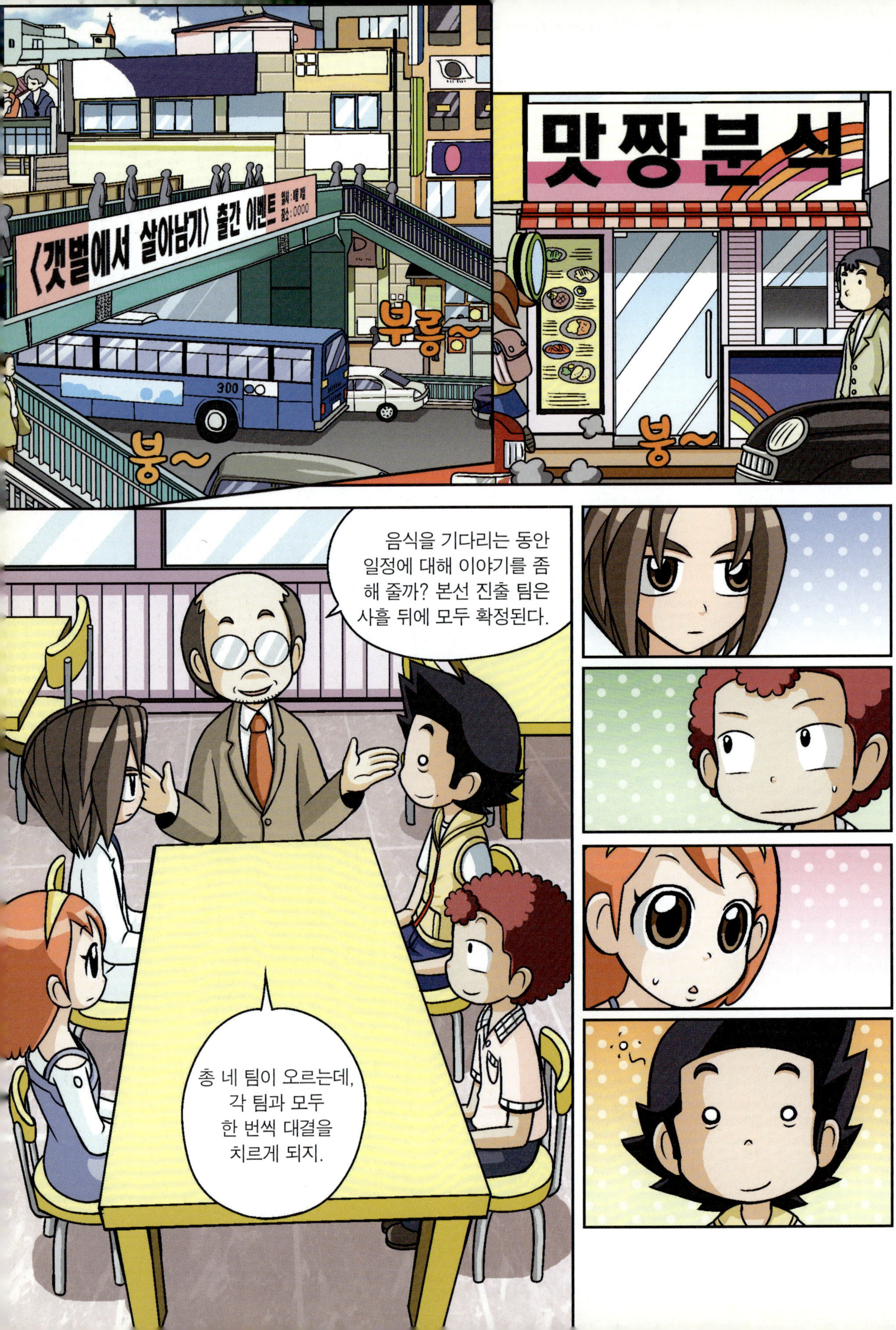
〈갯벌에서 살아남기〉 출간 이벤트
부릉~
붕~
맛짱분식
붕~
음식을 기다리는 동안 일정에 대해 이야기를 좀 해 줄까? 본선 진출 팀은 사흘 뒤에 모두 확정된다.
총 네 팀이 오르는데, 각 팀과 모두 한 번씩 대결을 치르게 되지.

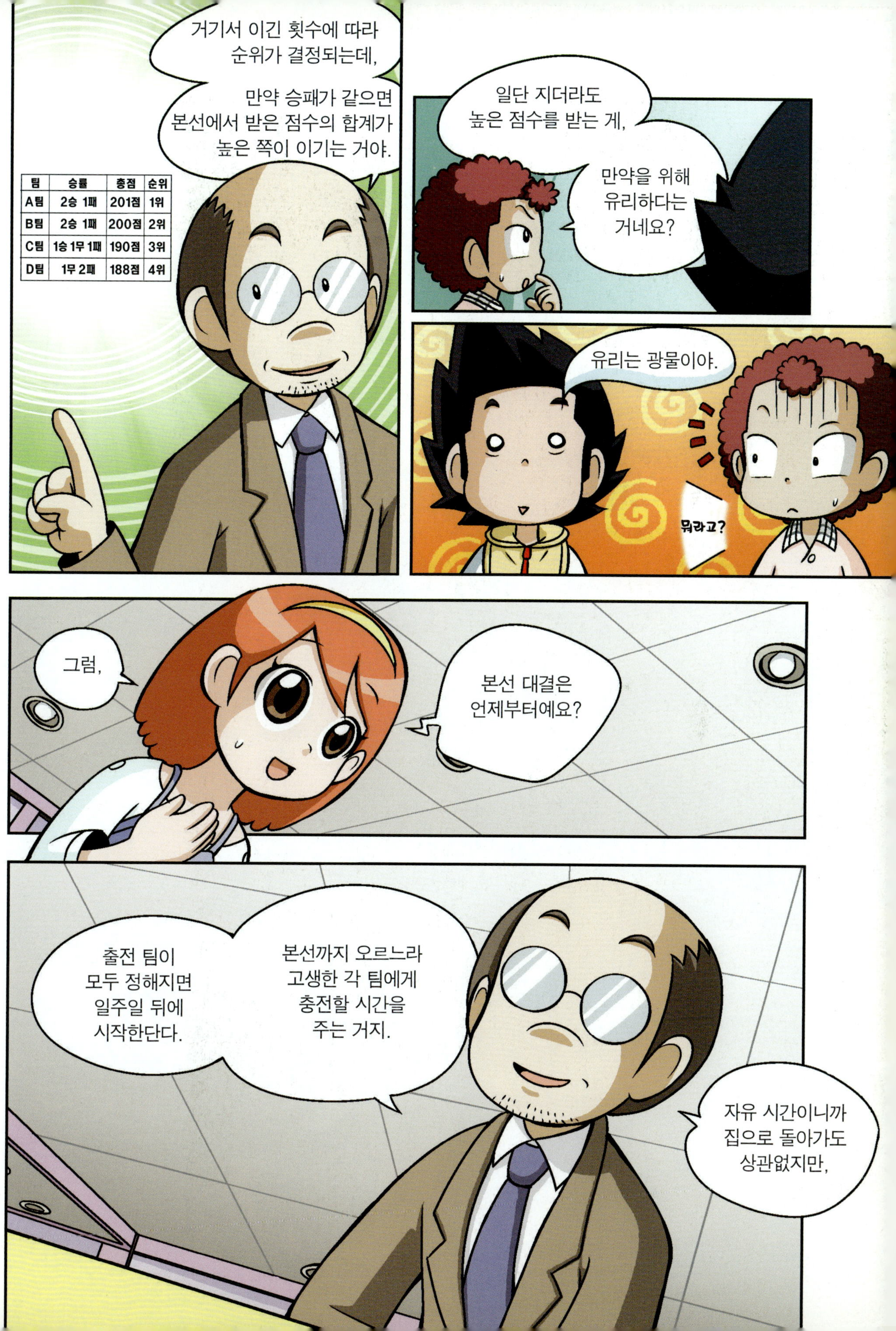
거기서 이긴 횟수에 따라 순위가 결정되는데,
만약 승패가 같으면 본선에서 받은 점수의 합계가 높은 쪽이 이기는 거야.
일단 지더라도 높은 점수를 받는 게,
만약을 위해 유리하다는 거네요?
유리는 광물이야.
뭐라고?
그럼,
본선 대결은 언제부터예요?
출전 팀이 모두 정해지면 일주일 뒤에 시작한단다.
본선까지 오르느라 고생한 각 팀에게 충전할 시간을 주는 거지.
자유 시간이니까 집으로 돌아가도 상관없지만,

팀	승률	총점	순위
A팀	2승 1패	201점	1위
B팀	2승 1패	200점	2위
C팀	1승 1무 1패	190점	3위
D팀	1무 2패	188점	4위

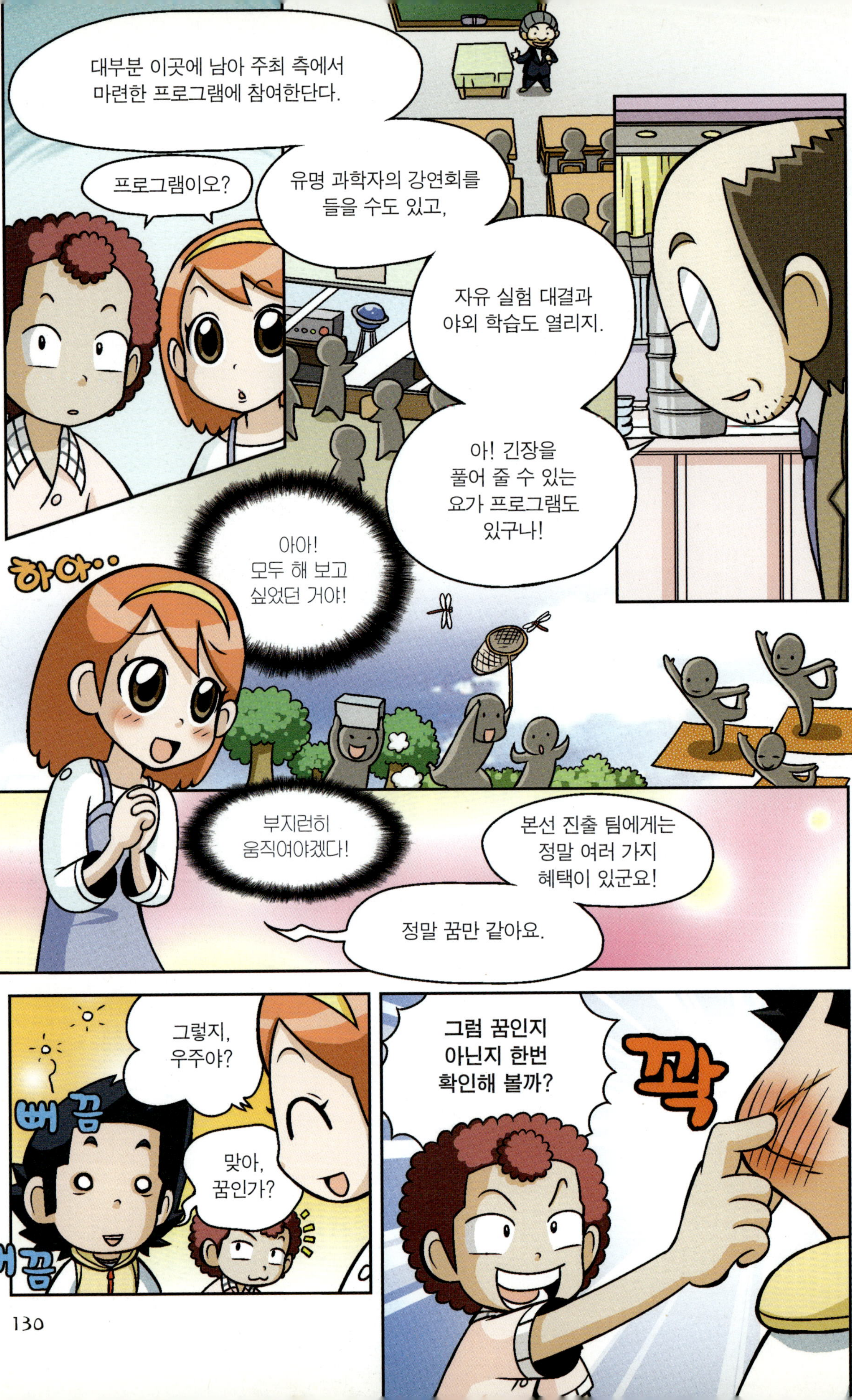
대부분 이곳에 남아 주최 측에서 마련한 프로그램에 참여한단다.
프로그램이오?
유명 과학자의 강연회를 들을 수도 있고,
자유 실험 대결과 야외 학습도 열리지.
아! 긴장을 풀어 줄 수 있는 요가 프로그램도 있구나!
하아··
아아! 모두 해 보고 싶었던 거야!
부지런히 움직여야겠다!
본선 진출 팀에게는 정말 여러 가지 혜택이 있군요!
정말 꿈만 같아요.
그렇지, 우주야?
뻐끔
뻐끔
맞아, 꿈인가?
그럼 꿈인지 아닌지 한번 확인해 볼까?
꼭

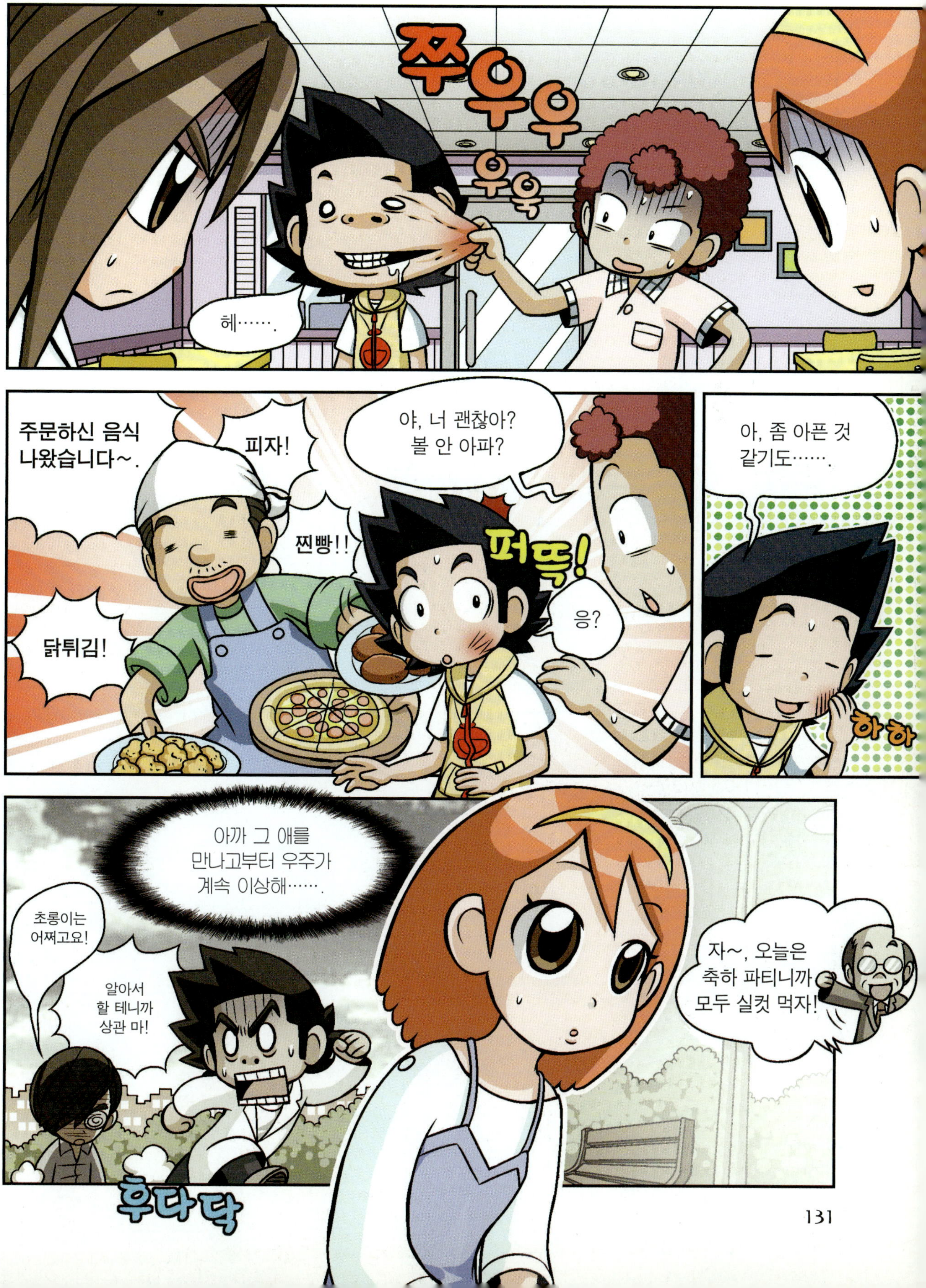
쭈우우
우욱
헤…….
주문하신 음식 나왔습니다~.
피자!
찐빵!!
닭튀김!
야, 너 괜찮아? 볼 안 아파?
퍼뜩!
응?
아, 좀 아픈 것 같기도…….
하하
아까 그 애를
만나고부터 우주가
계속 이상해…….
초롱이는 어쩌고요!
알아서 할 테니까 상관 마!
자~, 오늘은 축하 파티니까 모두 실컷 먹자!
후다닥

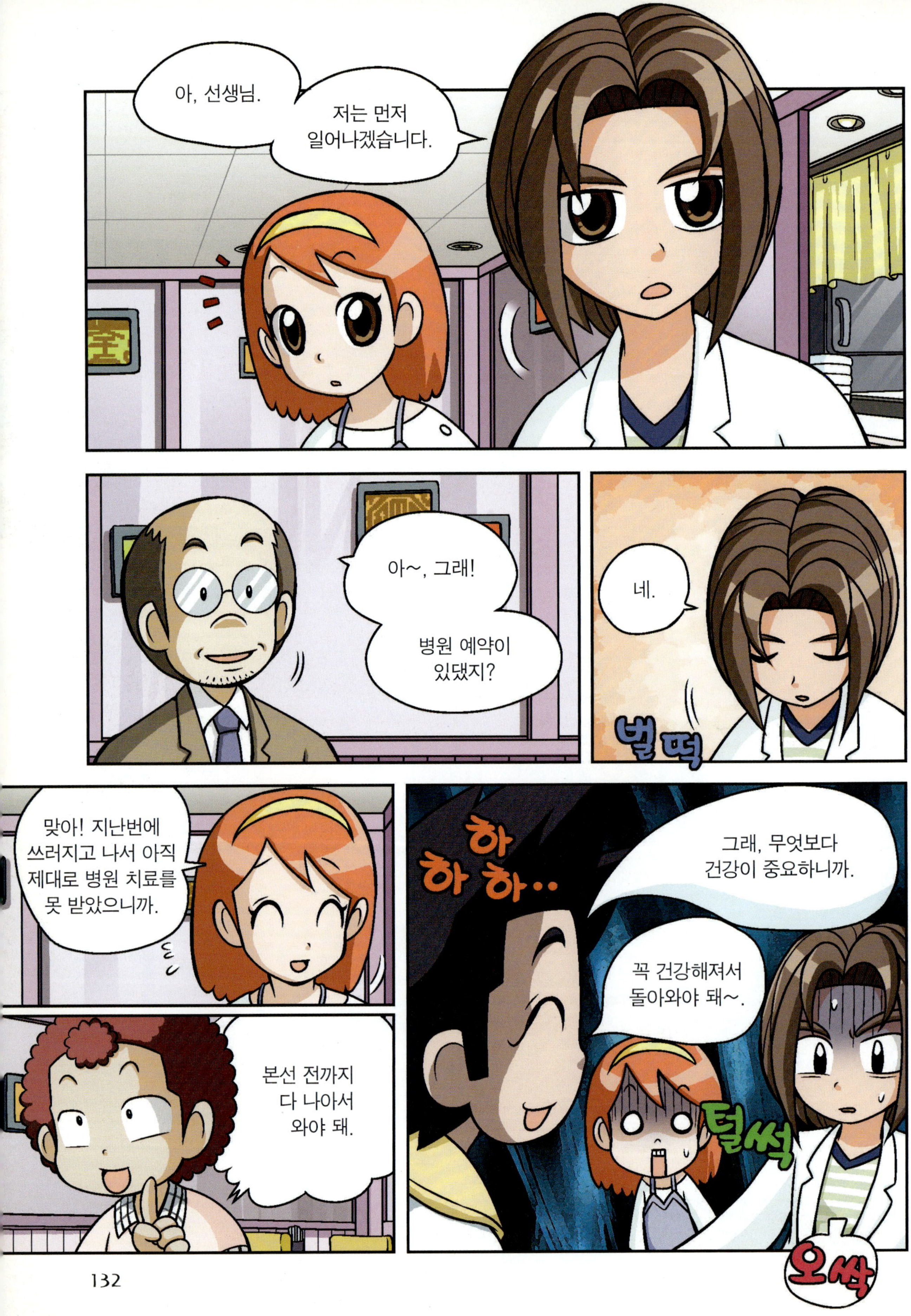

아, 선생님.
저는 먼저 일어나겠습니다.
아~, 그래!
병원 예약이 있댔지?
네.
벌떡
맞아! 지난번에 쓰러지고 나서 아직 제대로 병원 치료를 못 받았으니까.
본선 전까지 다 나아서 와야 돼.
하하하..
그래, 무엇보다 건강이 중요하니까.
꼭 건강해져서 돌아와야 돼~.
털썩
오싹

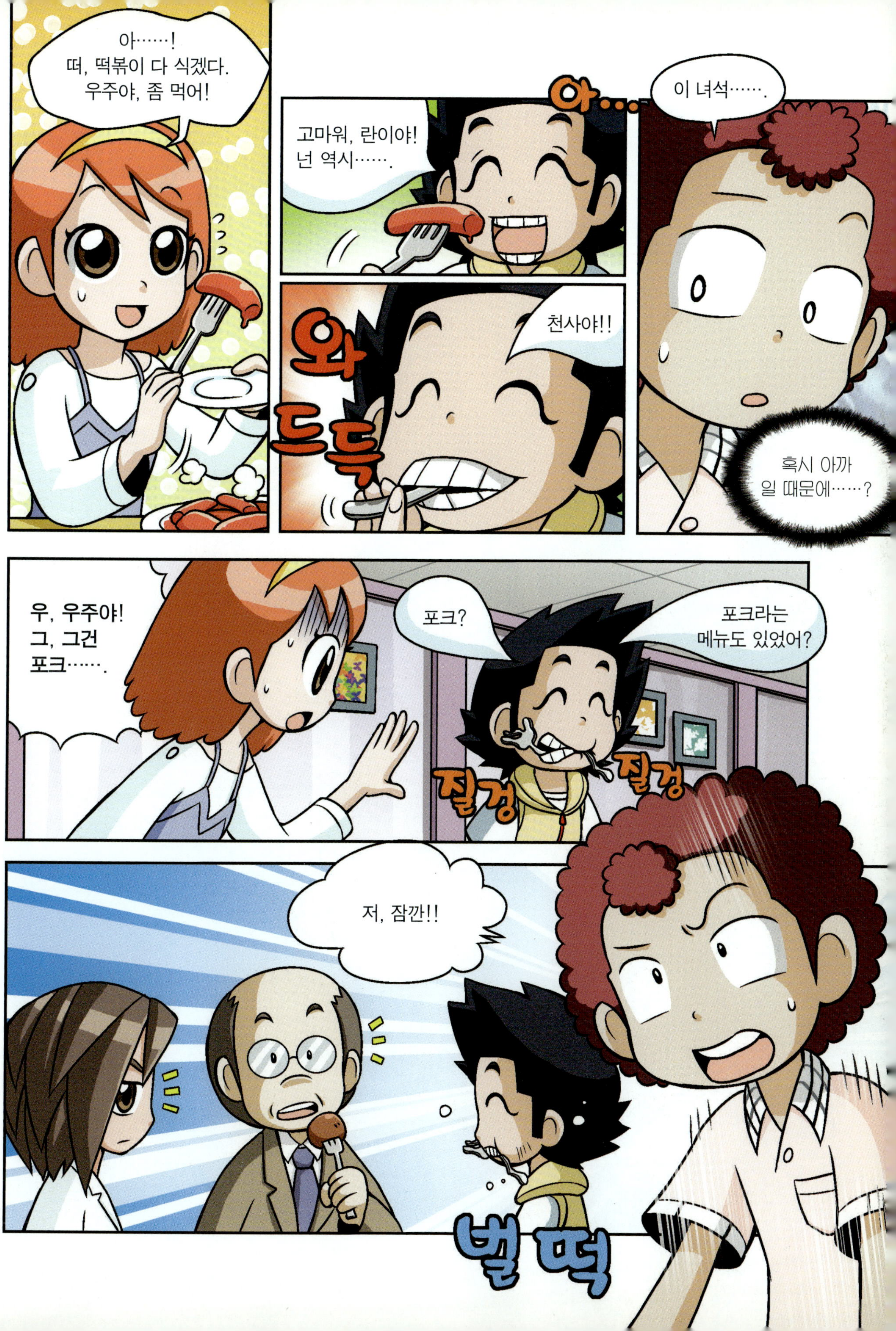

아……!
떠, 떡볶이 다 식겠다.
우주야, 좀 먹어!
고마워, 란이야!
넌 역시…….
아…
이 녀석…….
와드득
천사야!!
혹시 아까
일 때문에……?
우, 우주야!
그, 그건
포크…….
포크?
포크라는
메뉴도 있었어?
질겅 질겅
저, 잠깐!!
벌떡

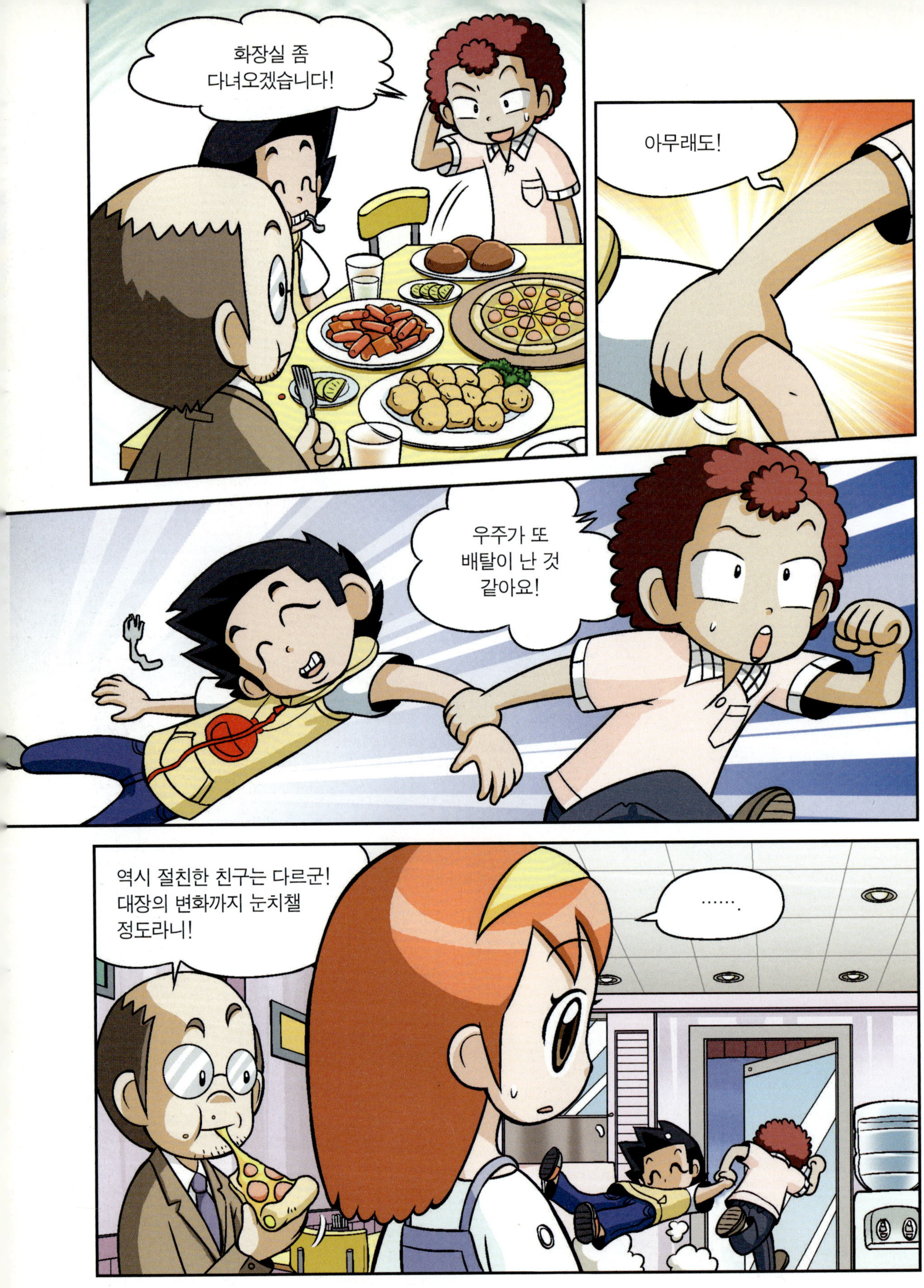
화장실 좀
다녀오겠습니다!
아무래도!
우주가 또
배탈이 난 것
같아요!
역시 절친한 친구는 다르군!
대장의 변화까지 눈치챌
정도라니!
…….

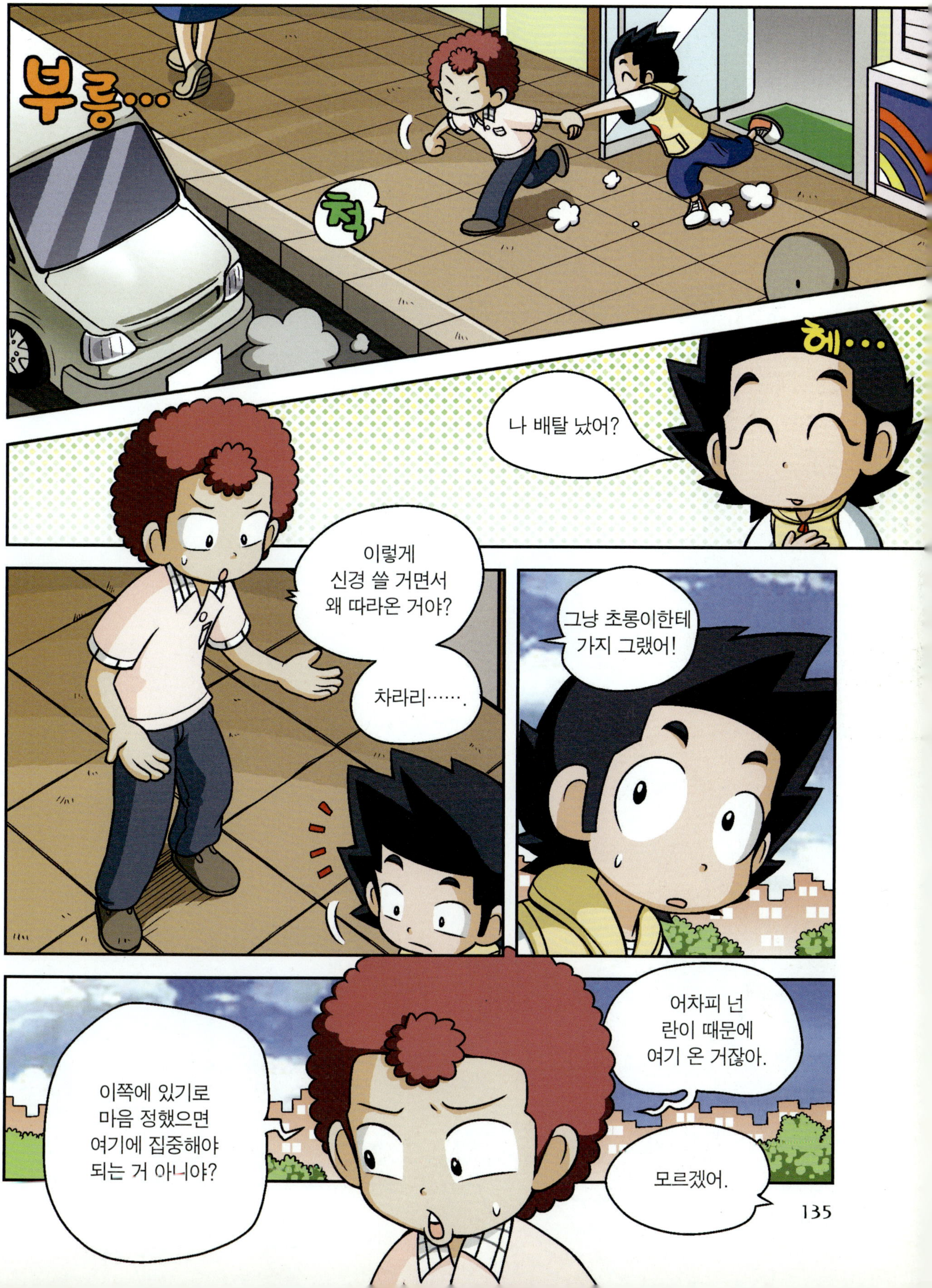
부릉…
척
헤…
나 배탈 났어?
이렇게 신경 쓸 거면서 왜 따라온 거야?
차라리…….
그냥 초롱이한테 가지 그랬어!
어차피 넌 란이 때문에 여기 온 거잖아.
이쪽에 있기로 마음 정했으면 여기에 집중해야 되는 거 아니야?
모르겠어.

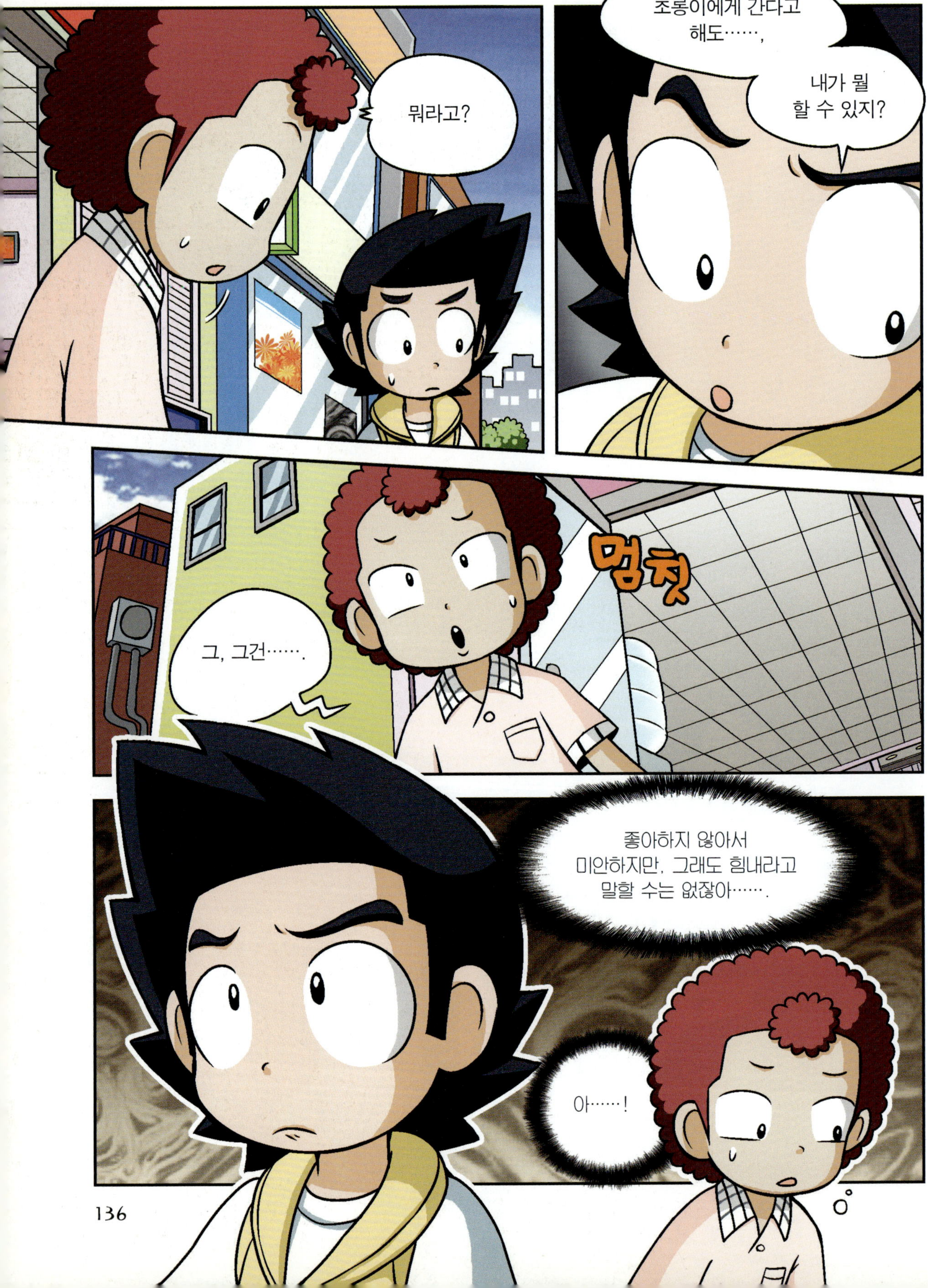
뭐라고?
초롱이에게 간다고 해도……,
내가 뭘 할 수 있지?
멈칫
그, 그건…….
좋아하지 않아서 미안하지만, 그래도 힘내라고 말할 수는 없잖아…….
아……!

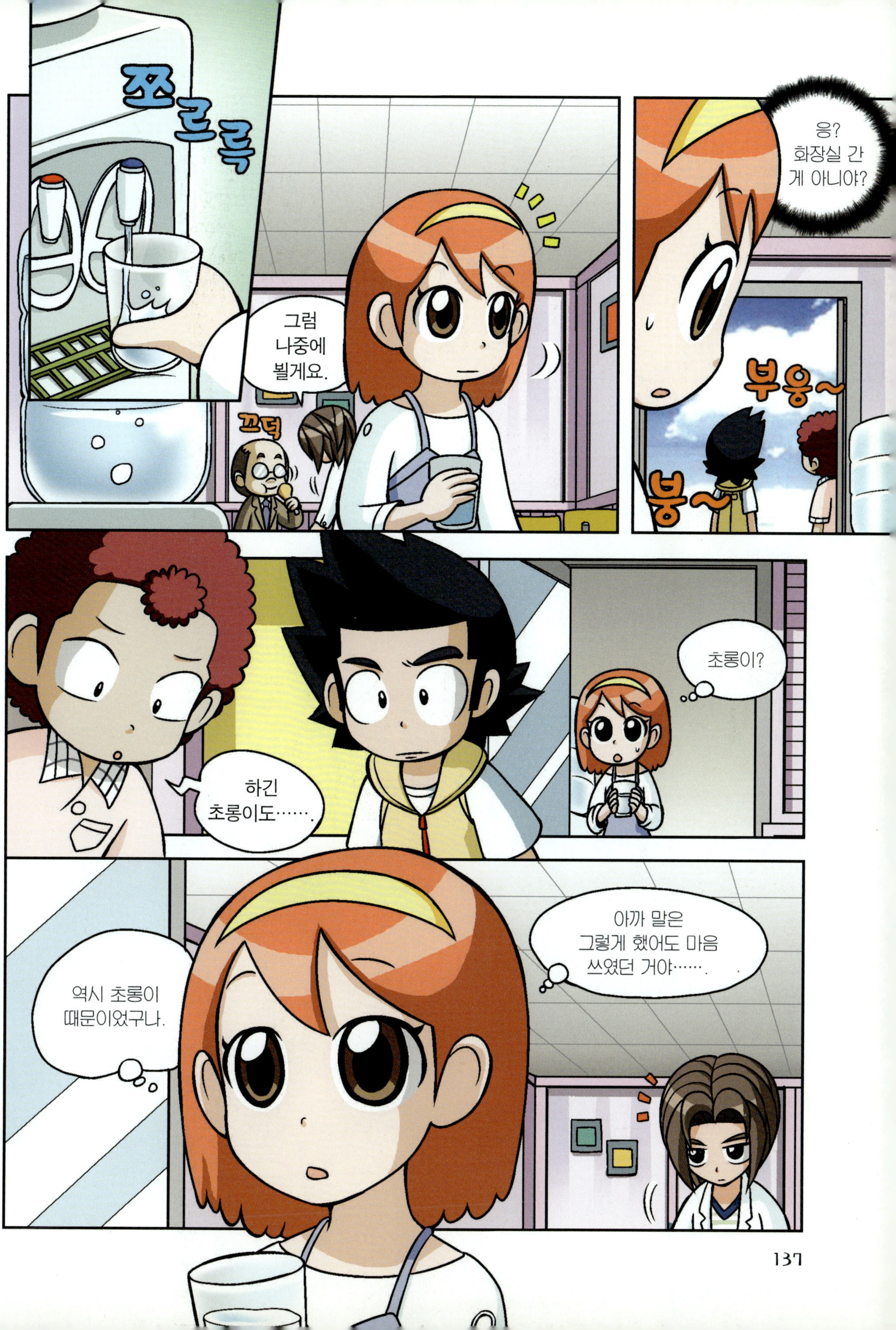

쪼르륵
그럼 나중에 뵐게요.
끄덕
응? 화장실 간 게 아니야?
부웅~
붕~
하긴 초롱이도…….
초롱이?
역시 초롱이 때문이었구나.
아까 말은 그렇게 했어도 마음 쓰였던 거야…….

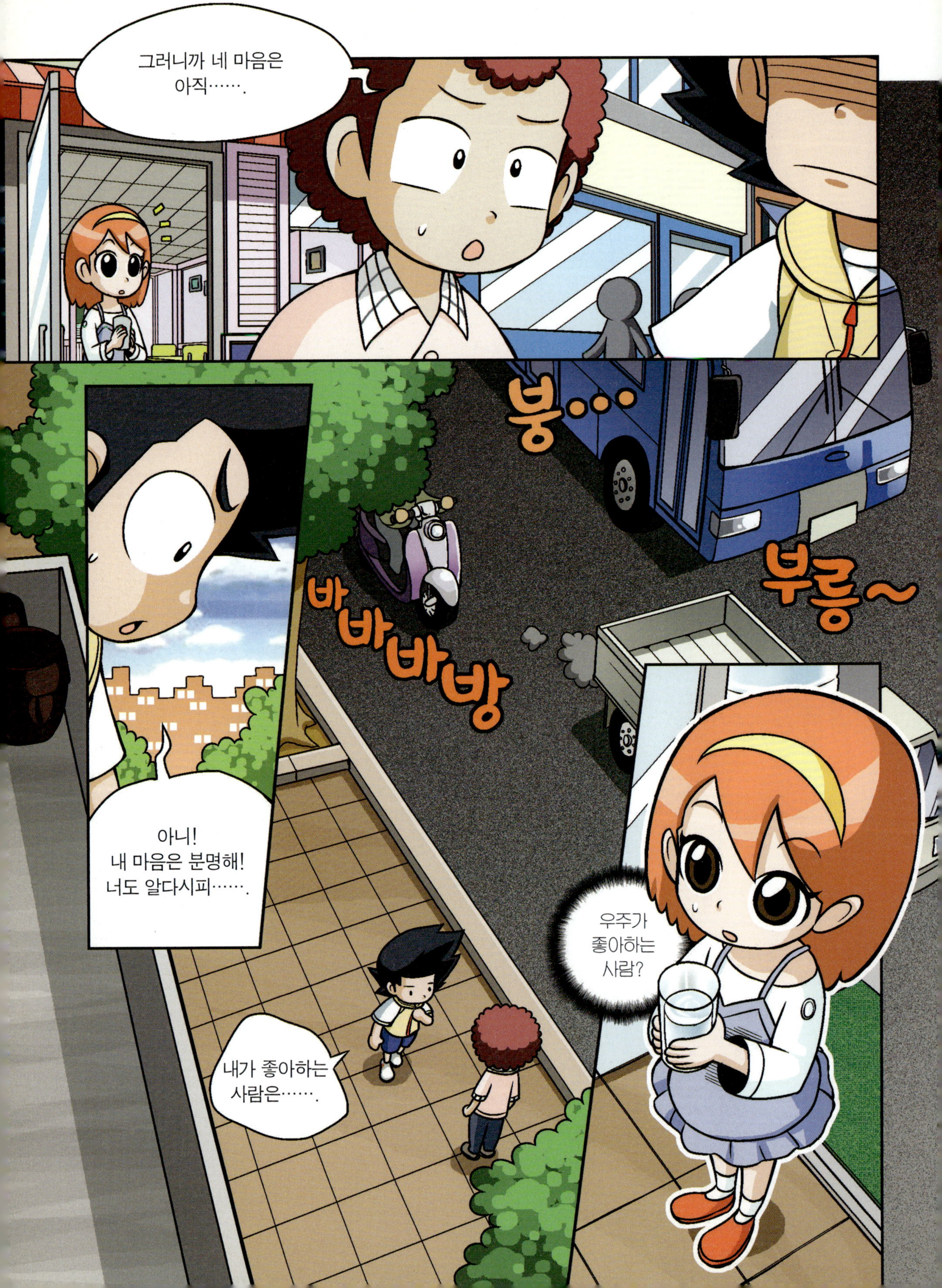
그러니까 네 마음은 아직…….
붕…
바바바방
부릉~
아니! 내 마음은 분명해! 너도 알다시피…….
우주가 좋아하는 사람?
내가 좋아하는 사람은…….

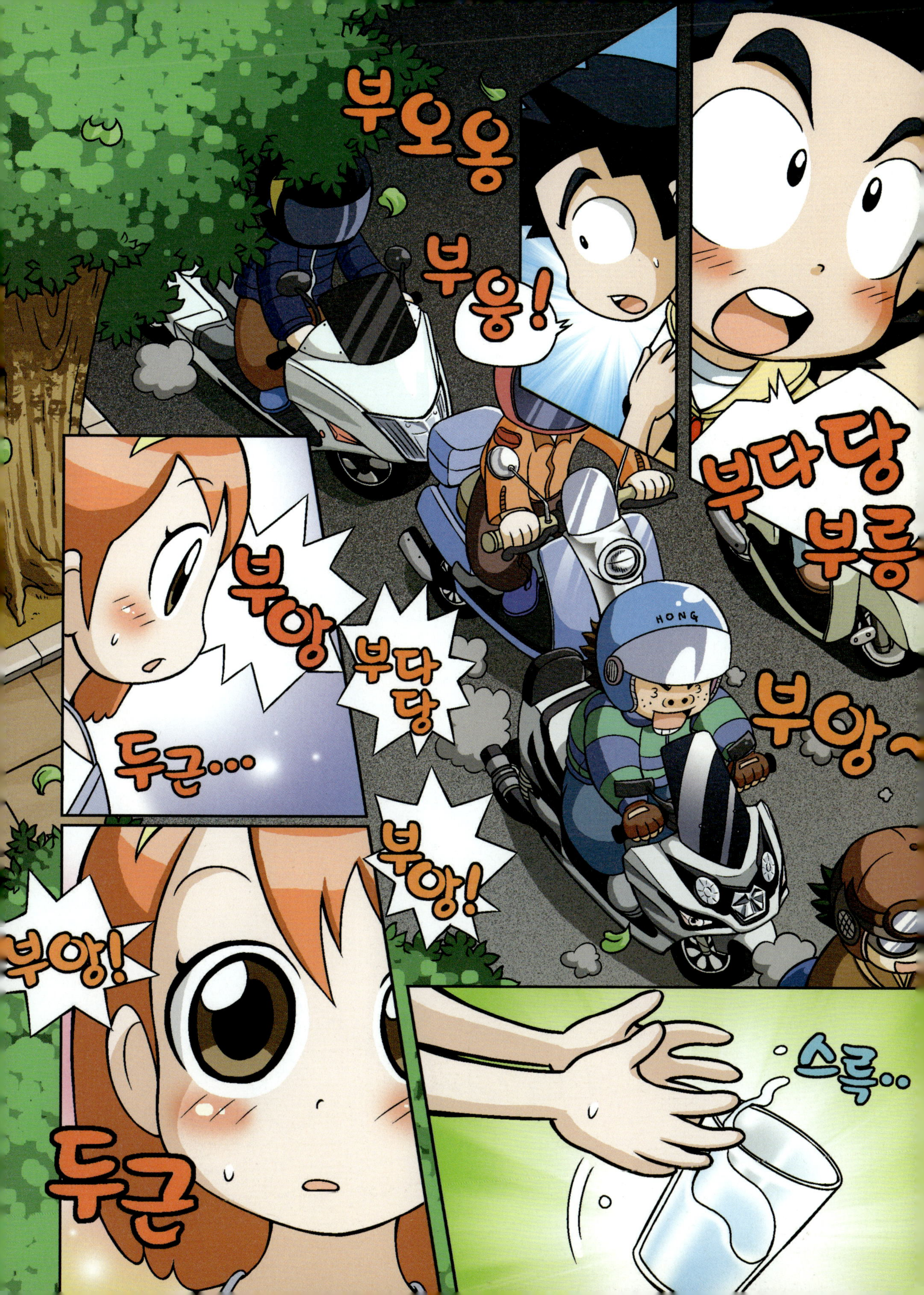
부오옹
부웅!
부다당
부릉
부앙
부다당
두근…
부앙~
부앙!
부앙!
두근
스륵..

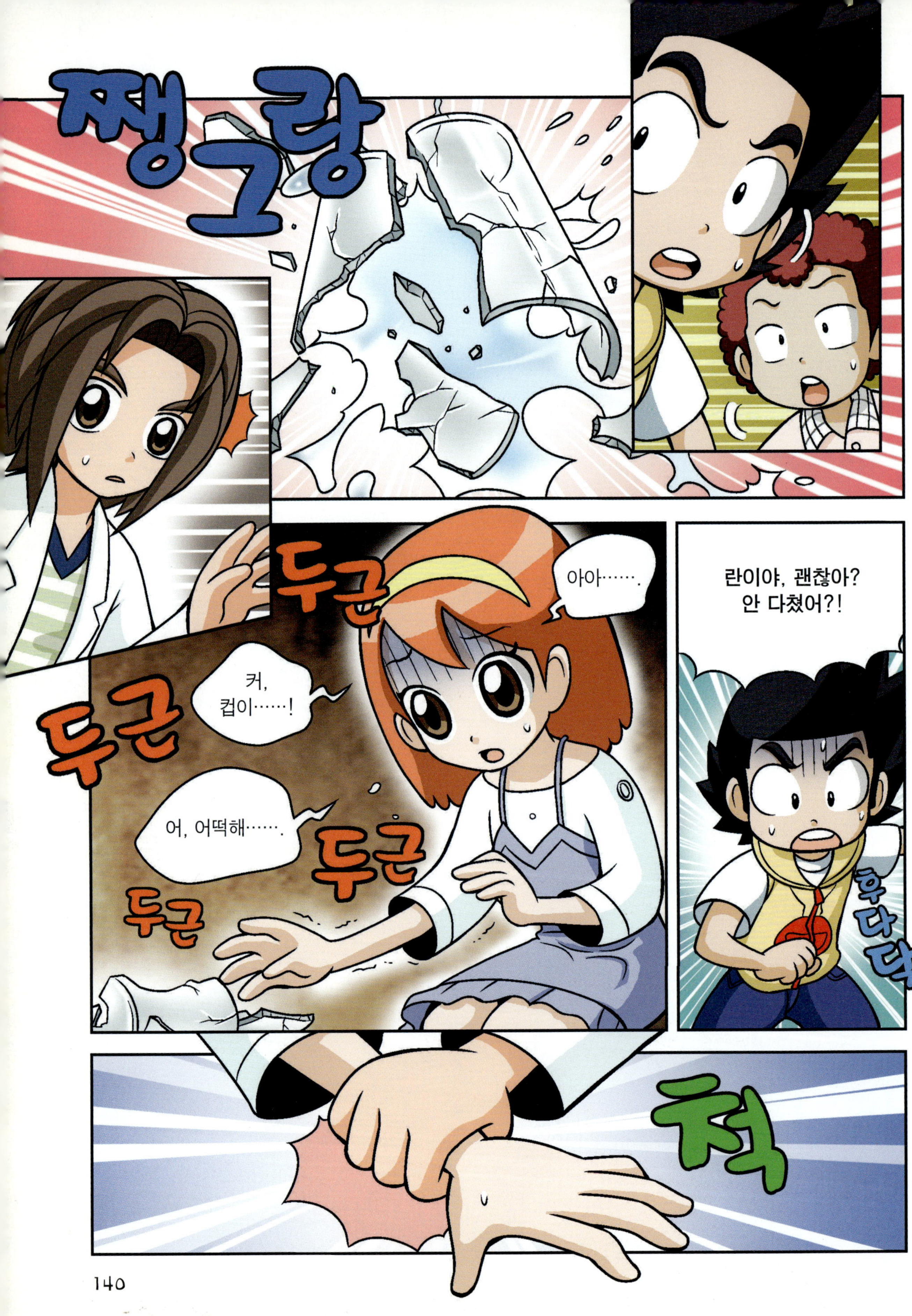
쨍그랑
두근
아아…….
커,
컵이……!
두근
어, 어떡해…….
두근
두근
란이야, 괜찮아?
안 다쳤어?!
후다닥
척

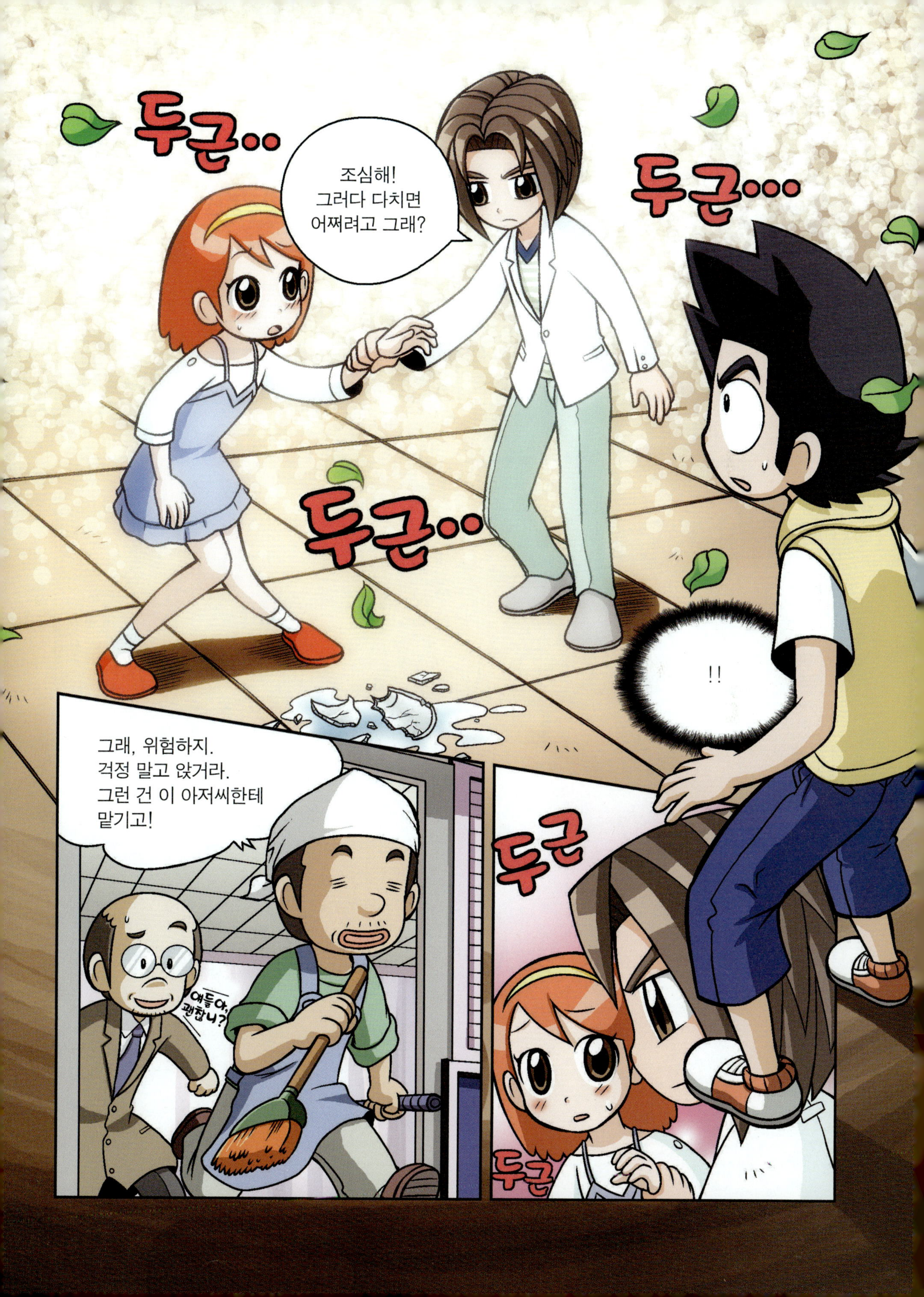
두근..
조심해! 그러다 다치면 어쩌려고 그래?
두근...
두근..
!!
그래, 위험하지. 걱정 말고 앉거라. 그런 건 이 아저씨한테 맡기고!
얘들아, 괜찮니?
두근
두근

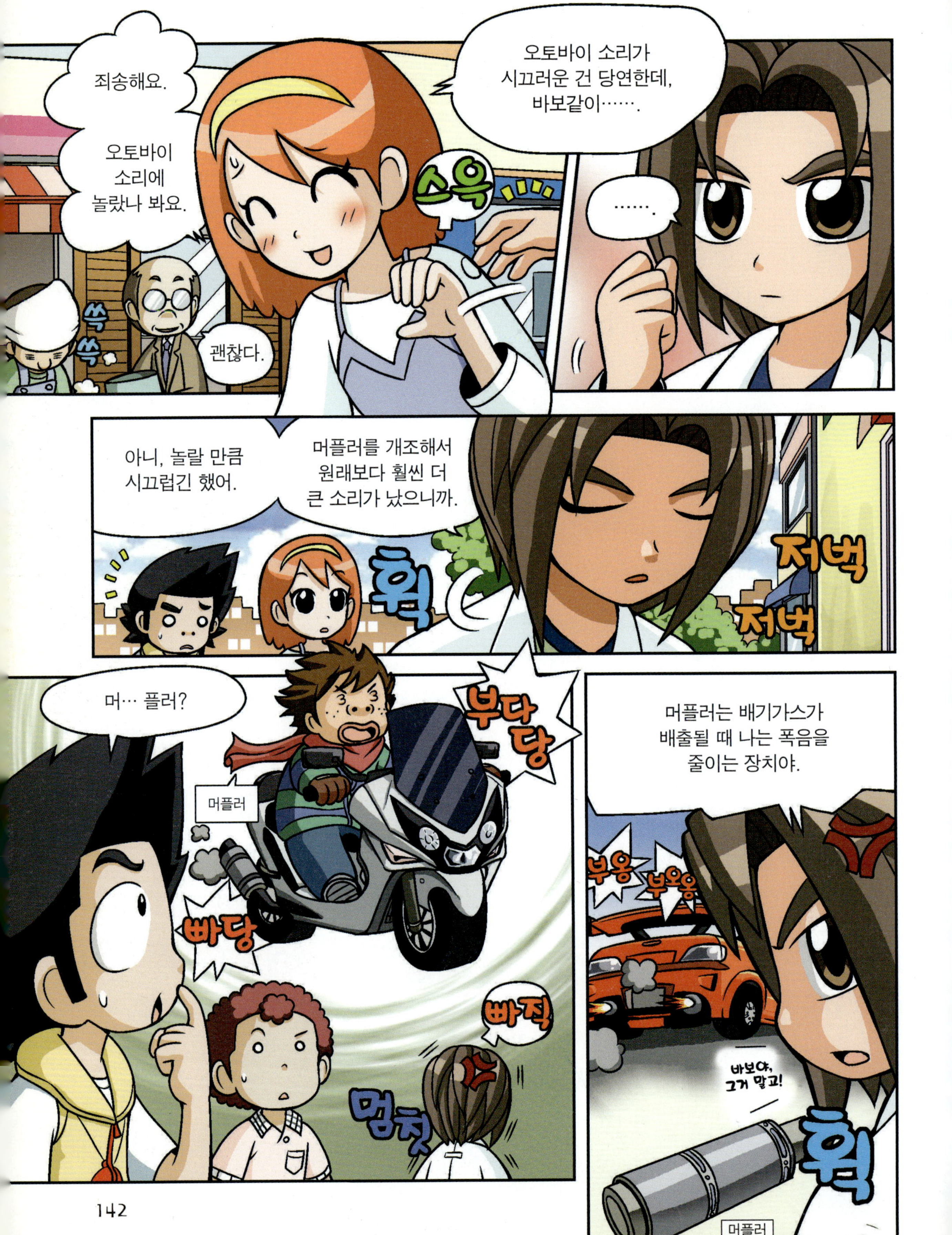
죄송해요.
오토바이 소리에 놀랐나 봐요.
스윽
쓱
쓱
괜찮다.
오토바이 소리가 시끄러운 건 당연한데, 바보같이…….
…….
아니, 놀랄 만큼 시끄럽긴 했어.
머플러를 개조해서 원래보다 훨씬 더 큰 소리가 났으니까.
휙
저벅
저벅
머… 플러?
부다당
머플러
빠당
빠직
멈칫
머플러는 배기가스가 배출될 때 나는 폭음을 줄이는 장치야.
부웅
부오웅
바보야, 그거 말고!
휙
머플러

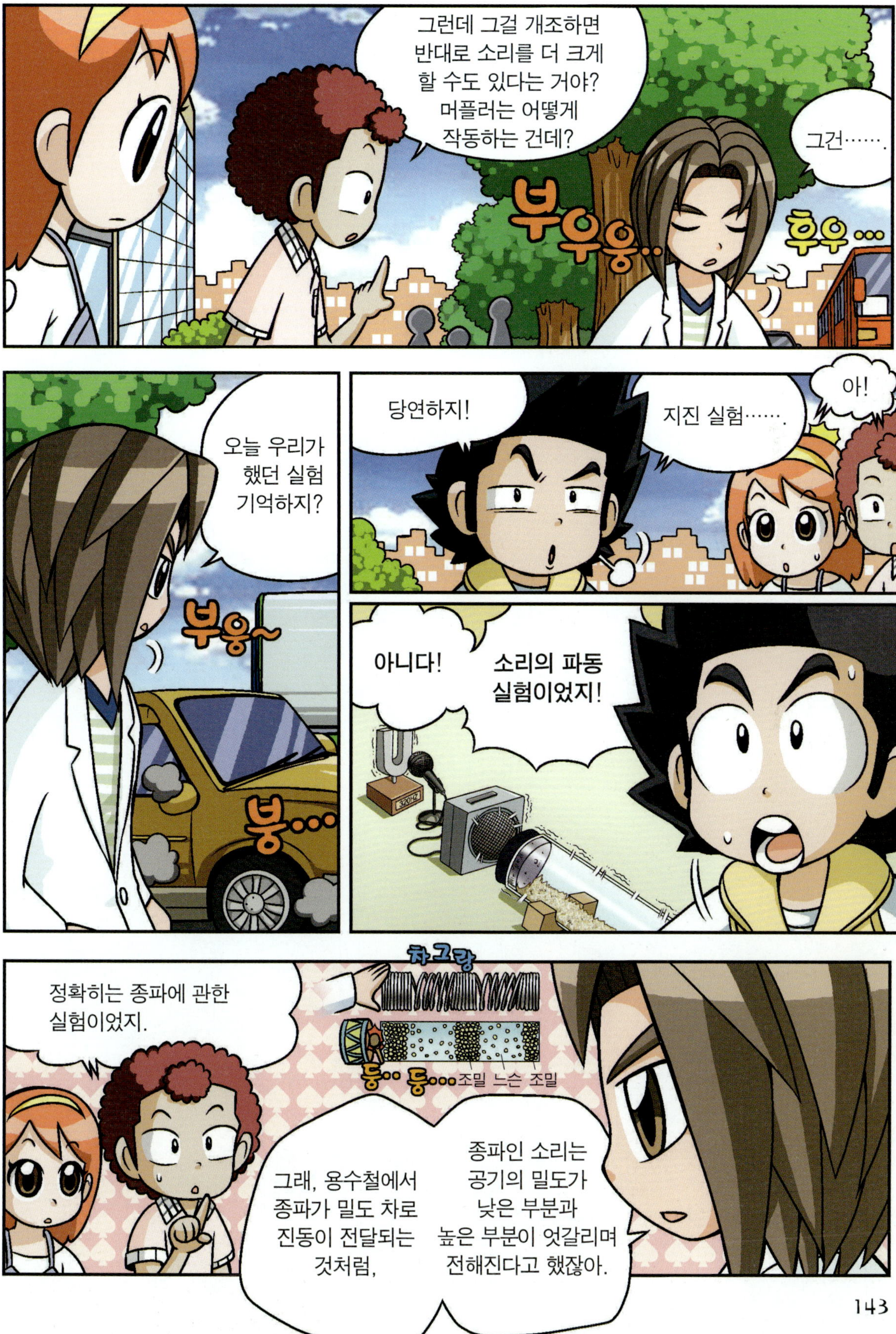

그런데 그걸 개조하면 반대로 소리를 더 크게 할 수도 있다는 거야? 머플러는 어떻게 작동하는 건데?
그건…….
부우웅…
후우…
오늘 우리가 했던 실험 기억하지?
부웅~
붕…
당연하지!
지진 실험…….
아!
아니다!
소리의 파동 실험이었지!
320Hz
정확히는 종파에 관한 실험이었지.
차그랑
둥·· 둥···
조밀 느슨 조밀
그래, 용수철에서 종파가 밀도 차로 진동이 전달되는 것처럼,
종파인 소리는 공기의 밀도가 낮은 부분과 높은 부분이 엇갈리며 전해진다고 했잖아.

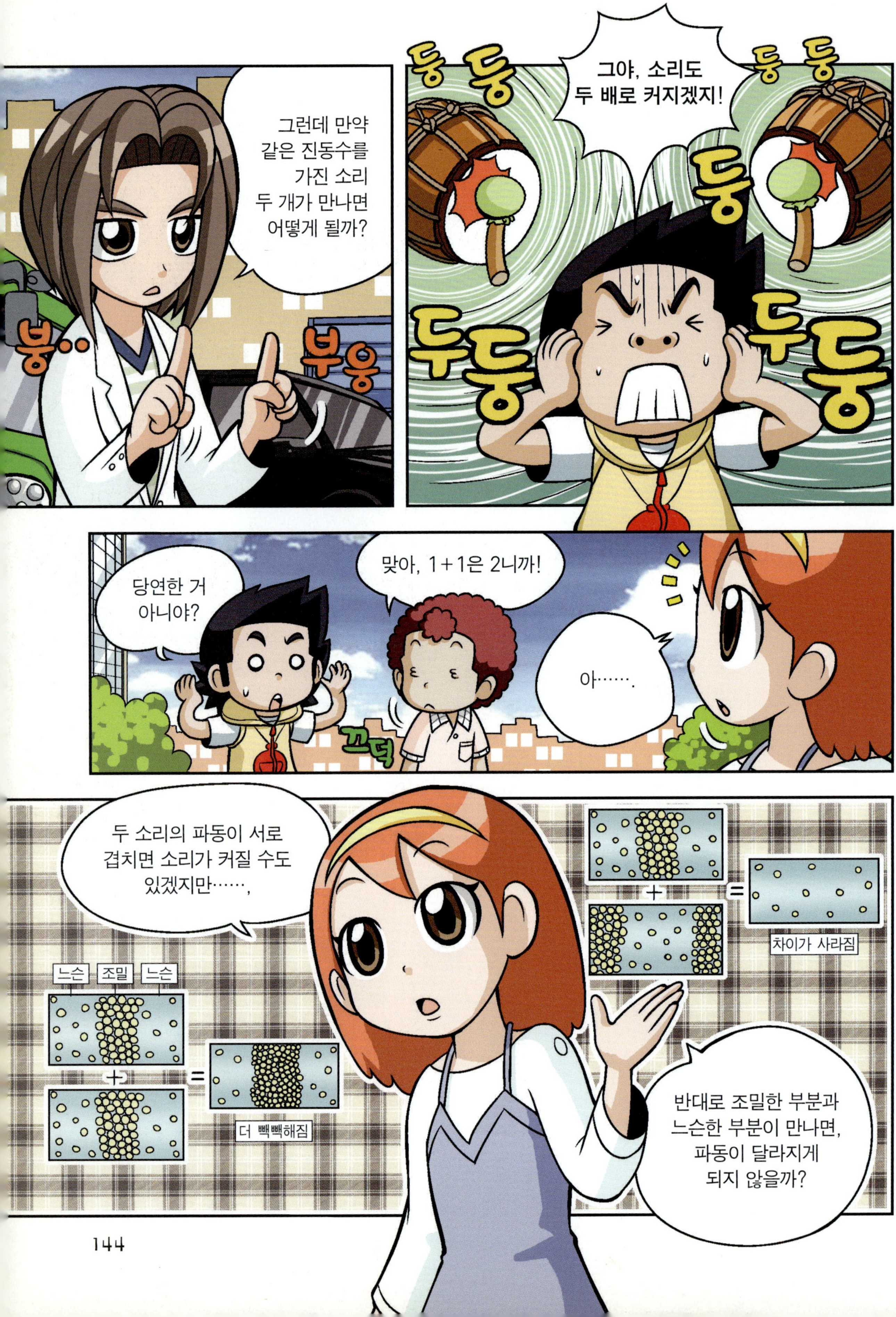
그런데 만약 같은 진동수를 가진 소리 두 개가 만나면 어떻게 될까?
붕··
부웅
그야, 소리도 두 배로 커지겠지!
둥 둥
둥 둥
둥
두둥
두둥
당연한 거 아니야?
맞아, 1+1은 2니까!
끄덕
아…….
두 소리의 파동이 서로 겹치면 소리가 커질 수도 있겠지만……,
느슨
조밀
느슨
더 빽빽해짐
차이가 사라짐
반대로 조밀한 부분과 느슨한 부분이 만나면, 파동이 달라지게 되지 않을까?

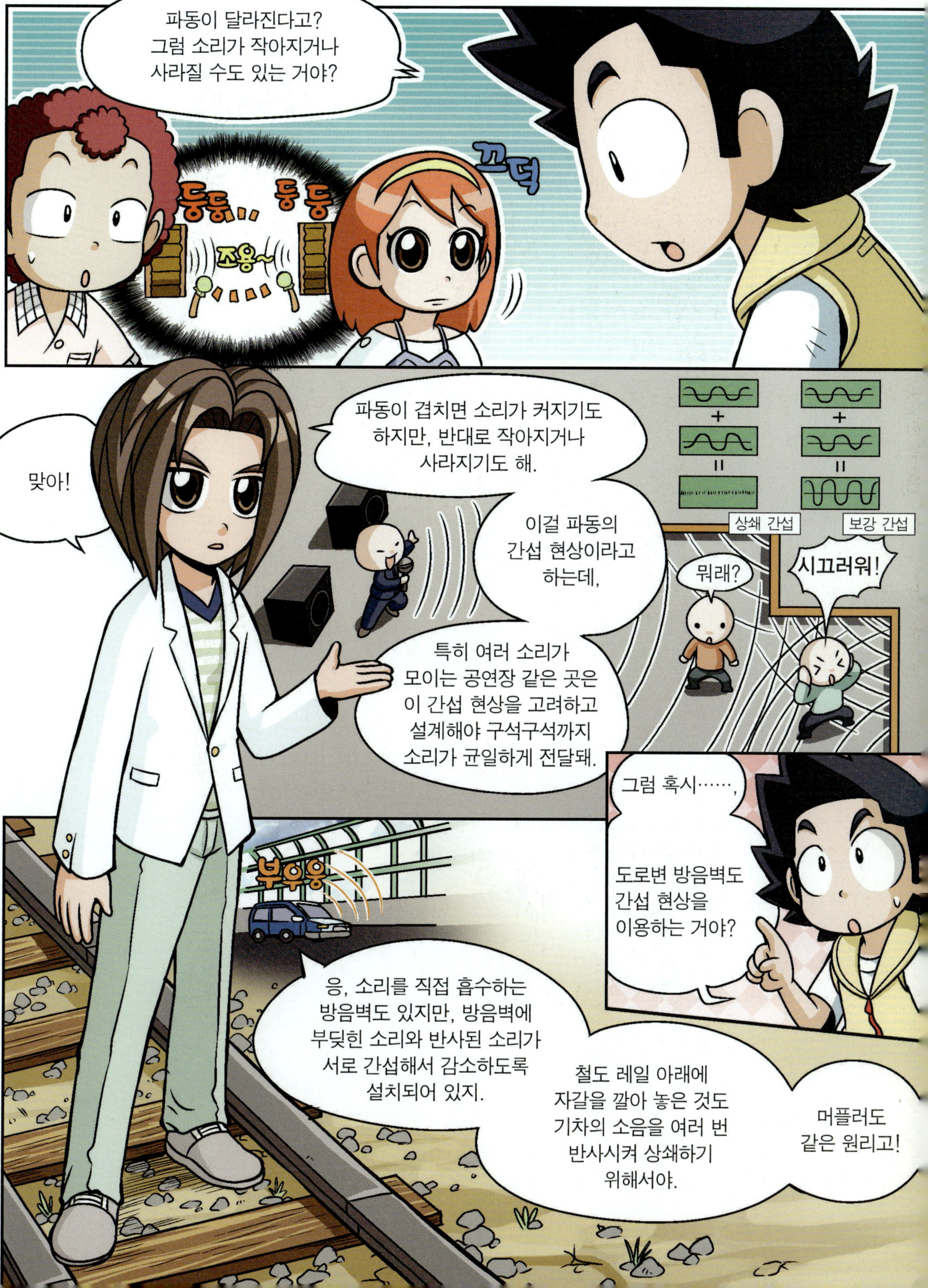

파동이 달라진다고? 그럼 소리가 작아지거나 사라질 수도 있는 거야?
둥둥,,, 둥둥
조용~
끄덕
맞아!
파동이 겹치면 소리가 커지기도 하지만, 반대로 작아지거나 사라지기도 해.
이걸 파동의 간섭 현상이라고 하는데,
상쇄 간섭
보강 간섭
뭐래?
시끄러워!
특히 여러 소리가 모이는 공연장 같은 곳은 이 간섭 현상을 고려하고 설계해야 구석구석까지 소리가 균일하게 전달돼.
그럼 혹시……,
도로변 방음벽도 간섭 현상을 이용하는 거야?
부우웅
응, 소리를 직접 흡수하는 방음벽도 있지만, 방음벽에 부딪힌 소리와 반사된 소리가 서로 간섭해서 감소하도록 설치되어 있지.
철도 레일 아래에 자갈을 깔아 놓은 것도 기차의 소음을 여러 번 반사시켜 상쇄하기 위해서야.
머플러도 같은 원리고!

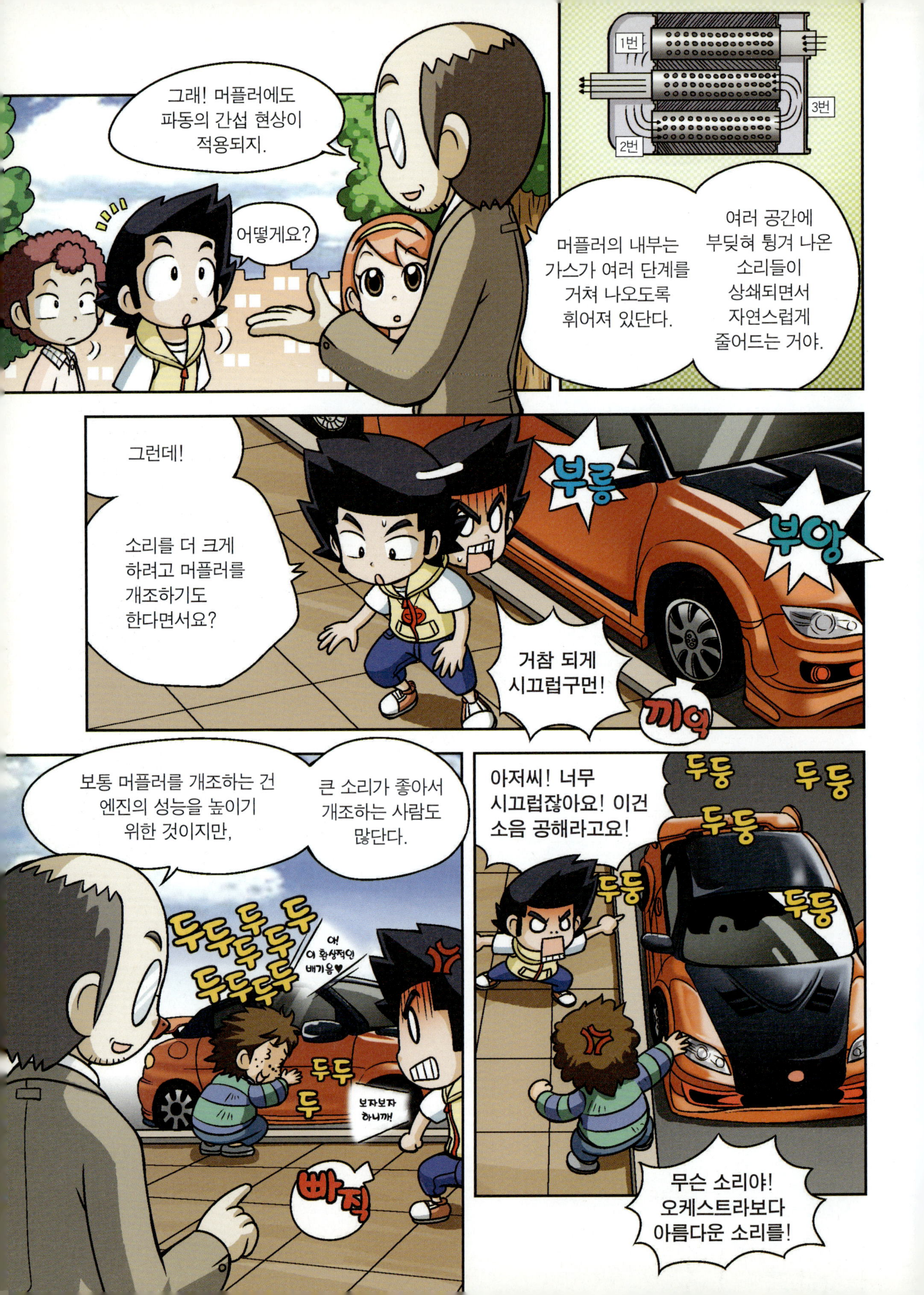
그래! 머플러에도 파동의 간섭 현상이 적용되지.
어떻게요?
1번
3번
2번
머플러의 내부는 가스가 여러 단계를 거쳐 나오도록 휘어져 있단다.
여러 공간에 부딪혀 튕겨 나온 소리들이 상쇄되면서 자연스럽게 줄어드는 거야.
그런데!
소리를 더 크게 하려고 머플러를 개조하기도 한다면서요?
부릉
부앙
거참 되게 시끄럽구먼!
끼익
보통 머플러를 개조하는 건 엔진의 성능을 높이기 위한 것이지만,
큰 소리가 좋아서 개조하는 사람도 많단다.
두두두두두두두두두두두
아! 이 환상적인 배기음♥
두두두
보자보자 하니까!
빠직
아저씨! 너무 시끄럽잖아요! 이건 소음 공해라고요!
두둥 두둥 두둥 두둥 두둥
무슨 소리야! 오케스트라보다 아름다운 소리를!

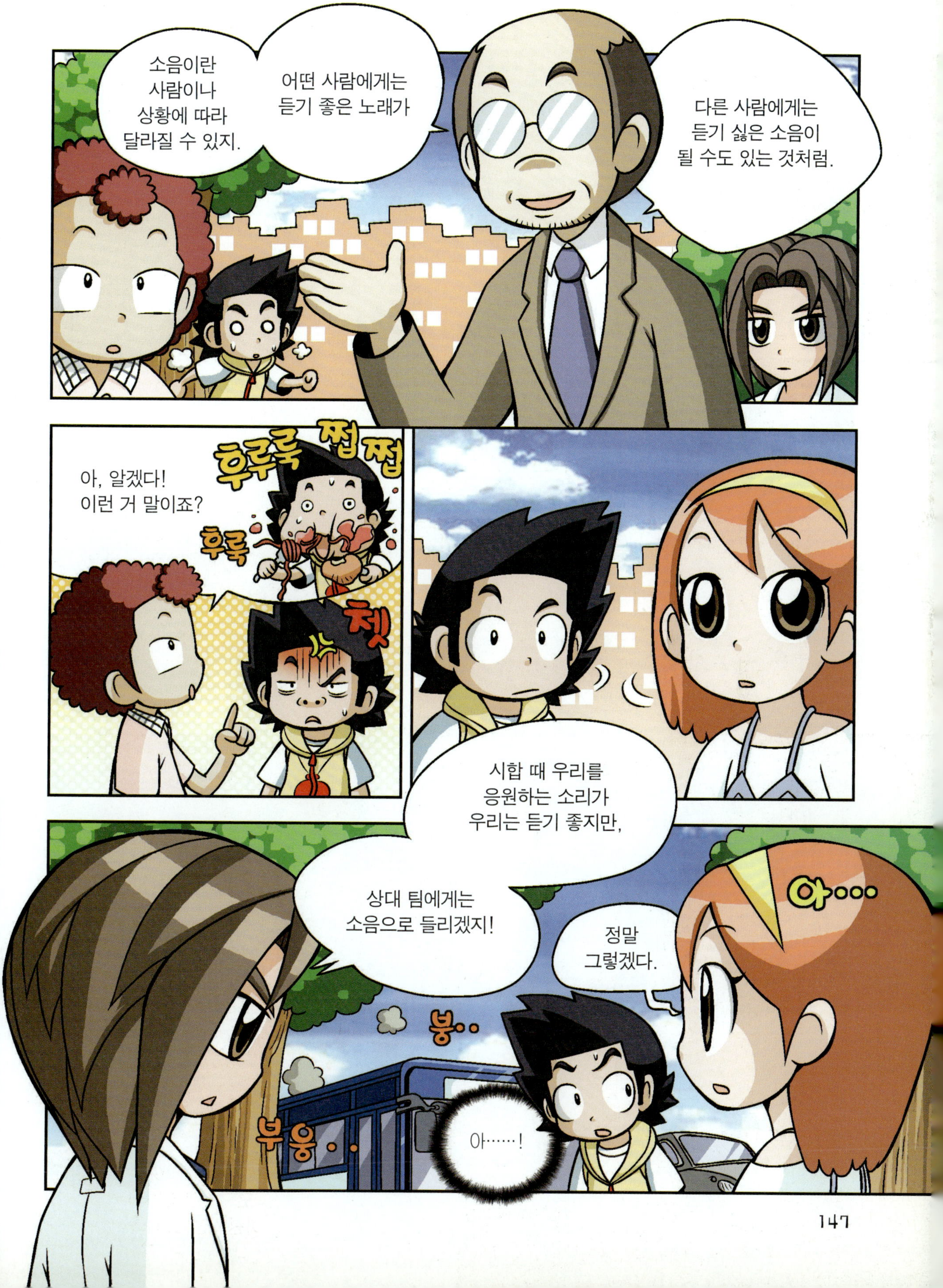
소음이란 사람이나 상황에 따라 달라질 수 있지.
어떤 사람에게는 듣기 좋은 노래가
다른 사람에게는 듣기 싫은 소음이 될 수도 있는 것처럼.
아, 알겠다! 이런 거 말이죠?
후루룩 쩝쩝
후룩
쳇
시합 때 우리를 응원하는 소리가 우리는 듣기 좋지만,
상대 팀에게는 소음으로 들리겠지!
정말 그렇겠다.
아…
붕..
부웅..
아……!

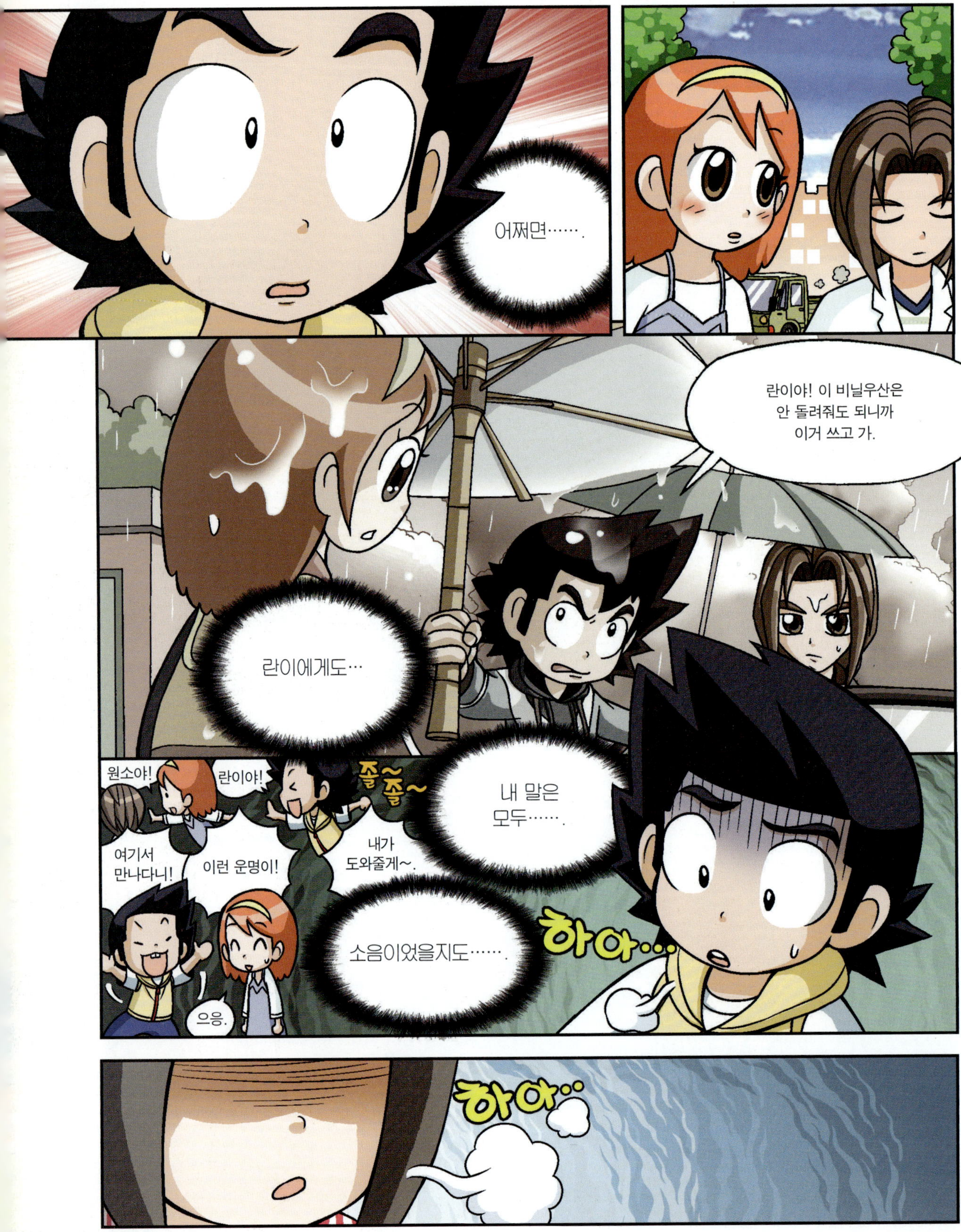
어쩌면…….
란이야! 이 비닐우산은 안 돌려줘도 되니까 이거 쓰고 가.
란이에게도…
원소야!
란이야!
졸~졸~
여기서 만나다니!
이런 운명이!
내가 도와줄게~.
으응.
내 말은 모두…….
소음이었을지도…….
하아…
하아…

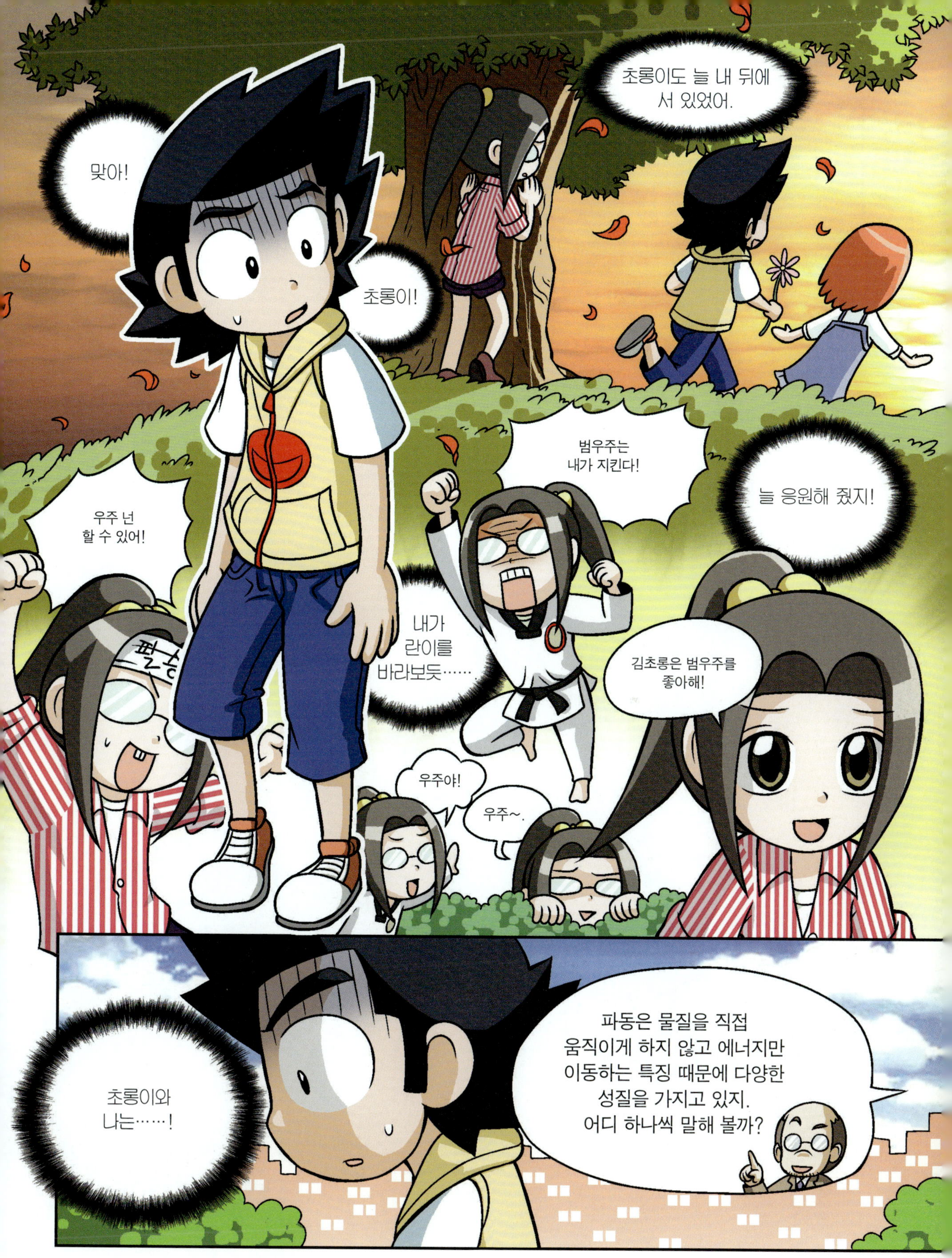

맞아!
초롱이!
초롱이도 늘 내 뒤에 서 있었어.
우주 넌 할 수 있어!
필승
범우주는 내가 지킨다!
늘 응원해 줬지!
내가 란이를 바라보듯……
김초롱은 범우주를 좋아해!
우주야!
우주~.
초롱이와 나는……!
파동은 물질을 직접 움직이게 하지 않고 에너지만 이동하는 특징 때문에 다양한 성질을 가지고 있지. 어디 하나씩 말해 볼까?

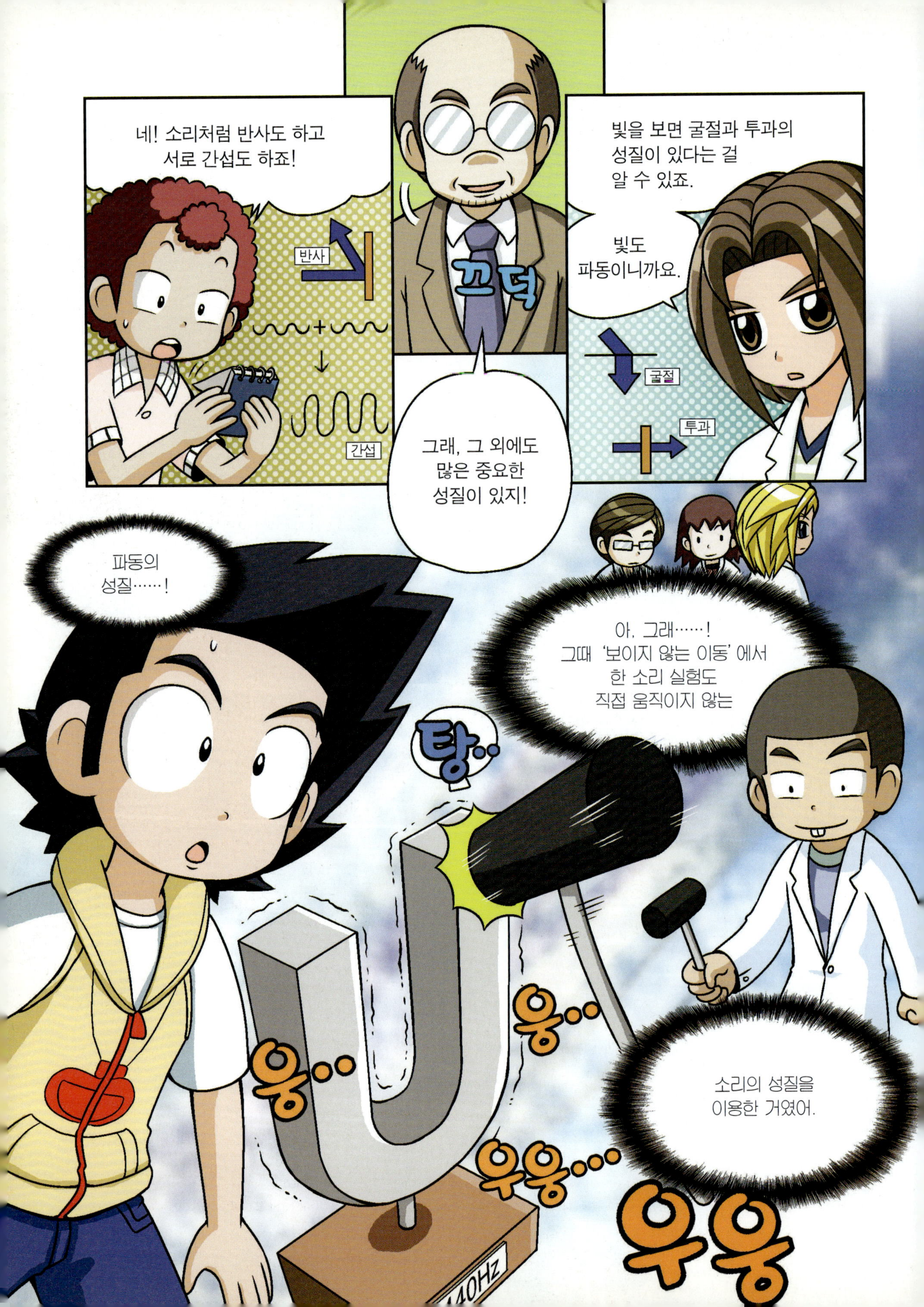
네! 소리처럼 반사도 하고 서로 간섭도 하죠!
반사
간섭
끄덕
빛을 보면 굴절과 투과의 성질이 있다는 걸 알 수 있죠.
빛도 파동이니까요.
굴절
투과
그래, 그 외에도 많은 중요한 성질이 있지!
파동의 성질……!
아, 그래……! 그때 '보이지 않는 이동'에서 한 소리 실험도 직접 움직이지 않는
탕..
소리의 성질을 이용한 거였어.
웅..
웅..
우웅…
우웅
440Hz

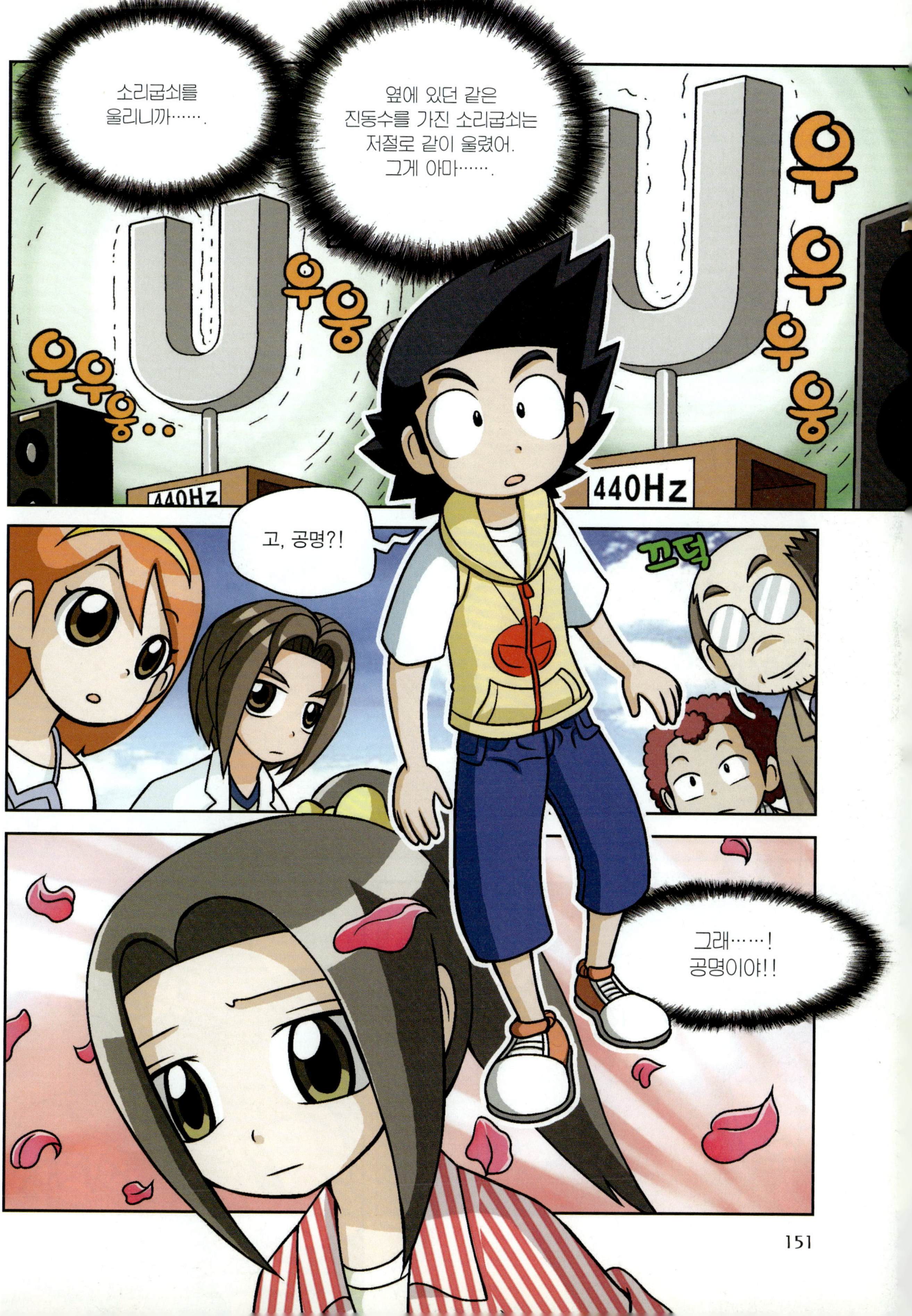
소리굽쇠를
울리니까…….
옆에 있던 같은
진동수를 가진 소리굽쇠는
저절로 같이 울렸어.
그게 아마…….
우우웅..
우웅
우우우웅
440Hz
440Hz
고, 공명?!
끄덕
그래……!
공명이야!!

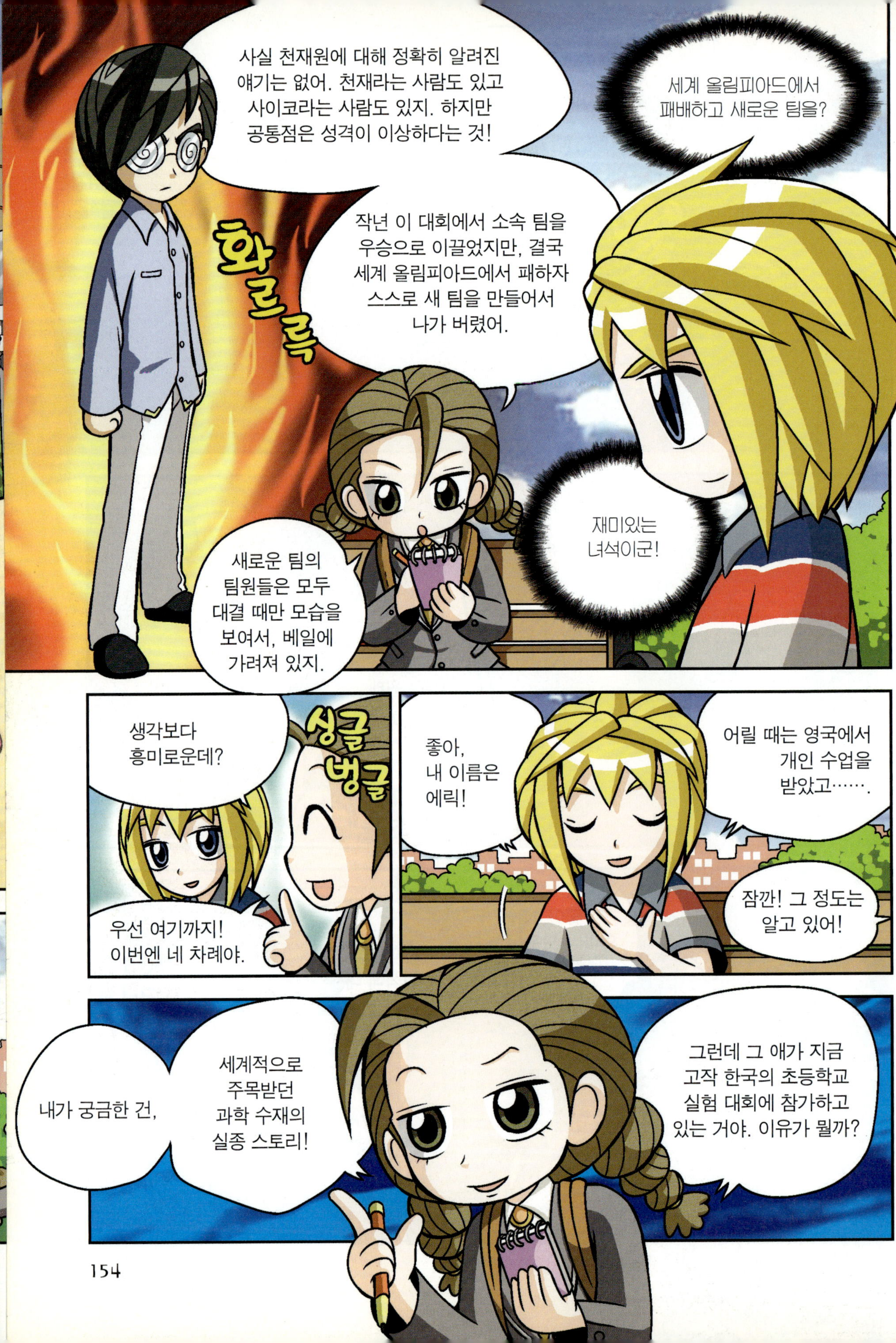

사실 천재원에 대해 정확히 알려진 얘기는 없어. 천재라는 사람도 있고 사이코라는 사람도 있지. 하지만 공통점은 성격이 이상하다는 것!
세계 올림피아드에서 패배하고 새로운 팀을?
화르륵
작년 이 대회에서 소속 팀을 우승으로 이끌었지만, 결국 세계 올림피아드에서 패하자 스스로 새 팀을 만들어서 나가 버렸어.
재미있는 녀석이군!
새로운 팀의 팀원들은 모두 대결 때만 모습을 보여서, 베일에 가려져 있지.
생각보다 흥미로운데?
싱글벙글
우선 여기까지! 이번엔 네 차례야.
좋아, 내 이름은 에릭!
어릴 때는 영국에서 개인 수업을 받았고…….
잠깐! 그 정도는 알고 있어!
내가 궁금한 건,
세계적으로 주목받던 과학 수재의 실종 스토리!
그런데 그 애가 지금 고작 한국의 초등학교 실험 대회에 참가하고 있는 거야. 이유가 뭘까?

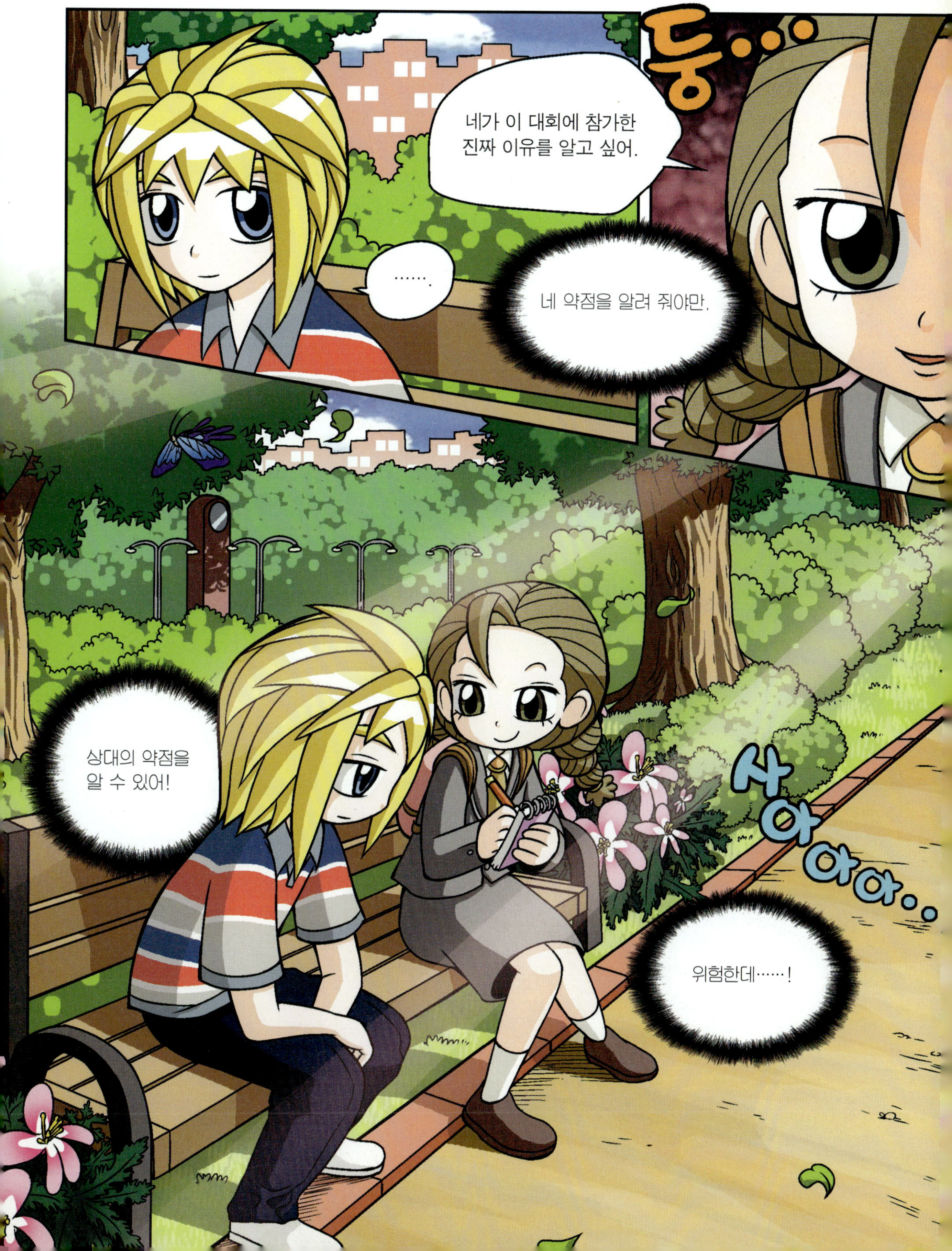
네가 이 대회에 참가한
진짜 이유를 알고 싶어.
둥…
…….
네 약점을 알려 줘야만.
상대의 약점을
알 수 있어!
샤아아아..
위험한데……!

쿤트의 실험

실험 보고서	
실험 주제	전기식 쿤트 실험기를 이용하여 소리가 공기라는 매질을 통해 전달되는 과정을 관찰해 봅니다.
준비물	● 전기식 쿤트 실험기 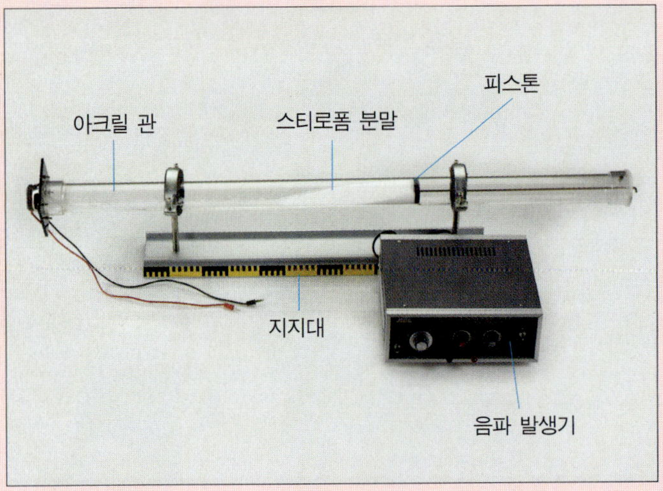 피스톤 아크릴 관 스티로폼 분말 지지대 음파 발생기
실험 예상	❶ 음파 발생기를 작동시키면 아크릴 관 속 스티로폼 분말의 모양이 변할 것입니다. ❷ 음파 발생기의 주파수를 달리하면 아크릴 관 속 분말 모양이 달라질 것입니다.
주의 사항	❶ 전기식 쿤트 실험기를 이용할 때에는 반드시 어른과 같이 합니다. ❷ 스티로폼 분말을 들이마시지 않도록 주의합니다.

❶ 피스톤을 움직여 아크릴 관 속
   스티로폼 분말을 평평하게 만듭니다.

❷ 음파 발생기와 아크릴 관을 연결한 후,
   전원 스위치를 켜고 주파수 볼륨을
   300~400Hz에 맞춥니다.

❸ 스피커의 볼륨을 천천히 올리며 아크릴
   관 속 분말의 움직임을 관찰합니다.

❹ 주파수 볼륨을 700~800Hz에 맞추어
   같은 방식으로 실험하고 관찰합니다.

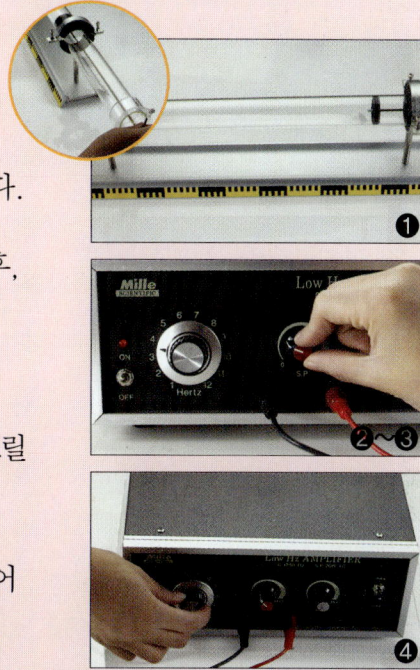

*주파수 볼륨의 1은 100Hz를 의미합니다.

실험 결과

❶ 스티로폼 분말이 일정한 간격의 줄무늬
   모양으로 튀어 오릅니다.

❷ 주파수 볼륨을 높이면 스티로폼 분말의
   줄무늬 간격이 좁아집니다.

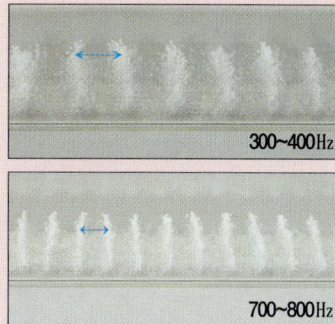

300~400Hz

700~800Hz

왜 그럴까요?

소리는 매질의 진동을 통해 퍼져 나가는 파동으로, 소리의 매질인 공기 입자가
앞뒤로 압축과 팽창을 반복하면서 전달되는 종파입니다. 실험에서 스티로폼 분말이
소리의 진행 방향과 수직인 방향으로 일정한 간격을 두고 튀어 오른 이유는 음파
발생기에서 발생한 소리가 유리관 속에서 압축과 팽창을 반복하는 공기 입자에
밀렸기 때문입니다. 분말 줄무늬의 간격은 소리의 파장을 의미하며, 이를 통해
진동수(Hz)가 높을수록 파장이 짧아진다는 것을 알 수 있습니다.

제6화

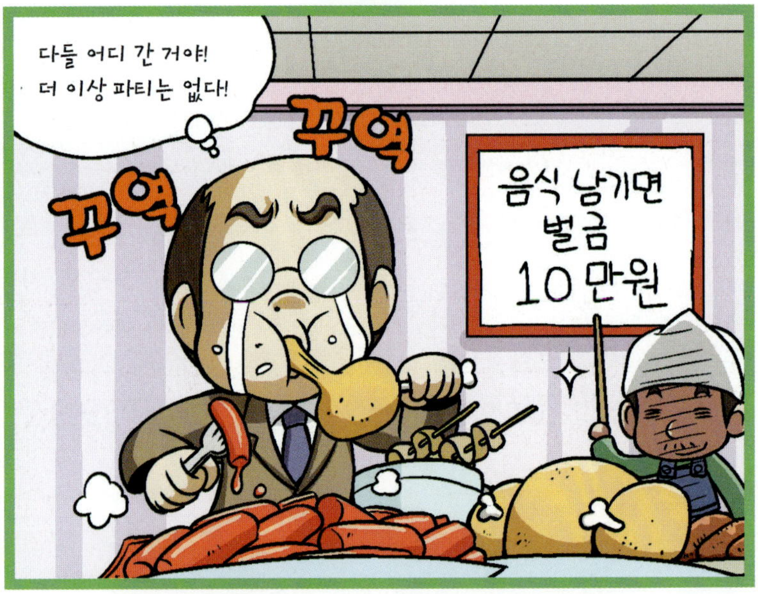
다들 어디 간 거야!
더 이상 파티는 없다!
꾸역
꾸역
음식 남기면
벌금
10 만원

마음의 주파수

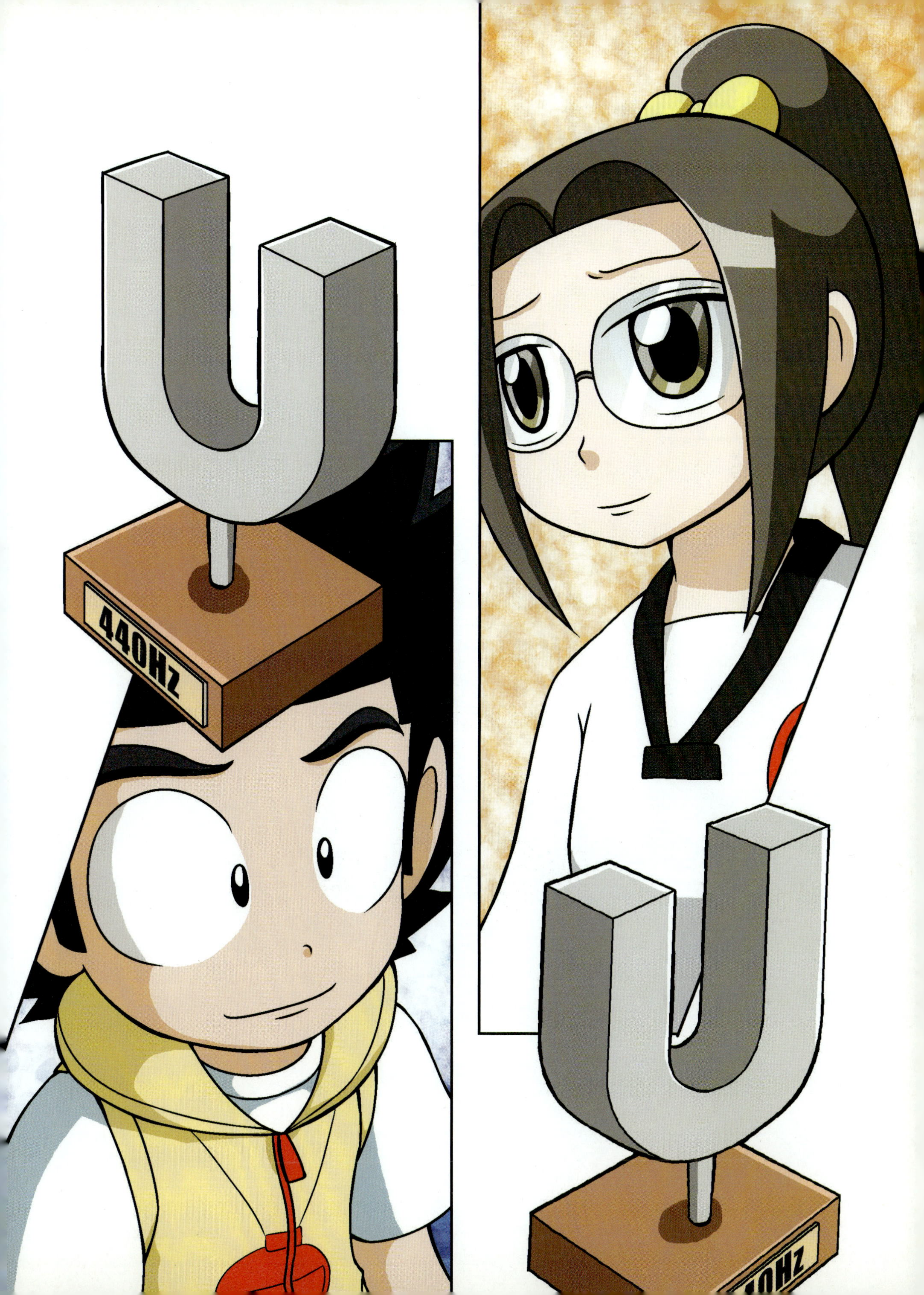
440Hz

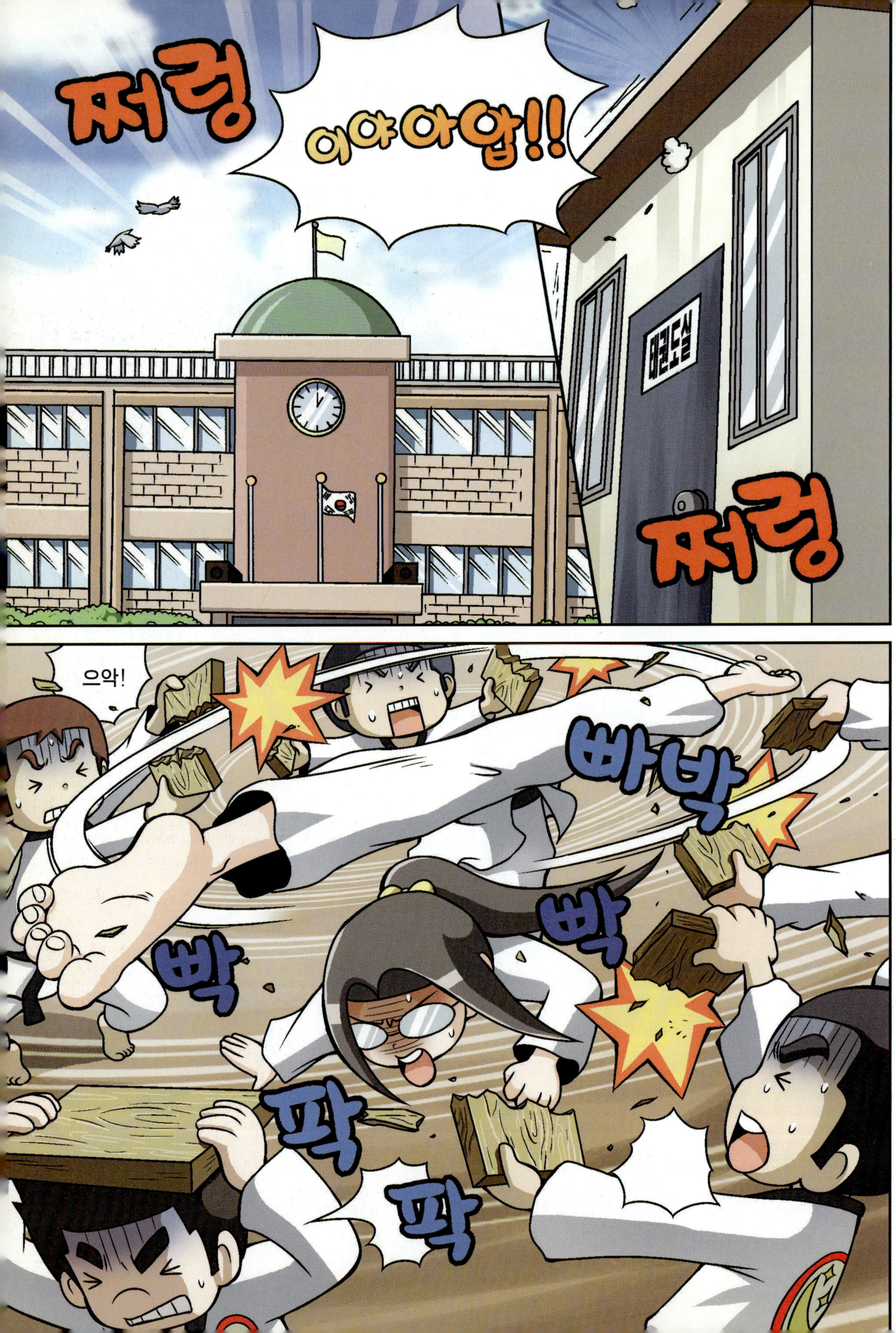
쩌렁
이야아압!!
태권도실
쩌렁
으악!
빠박
빡
빡
팍
팍

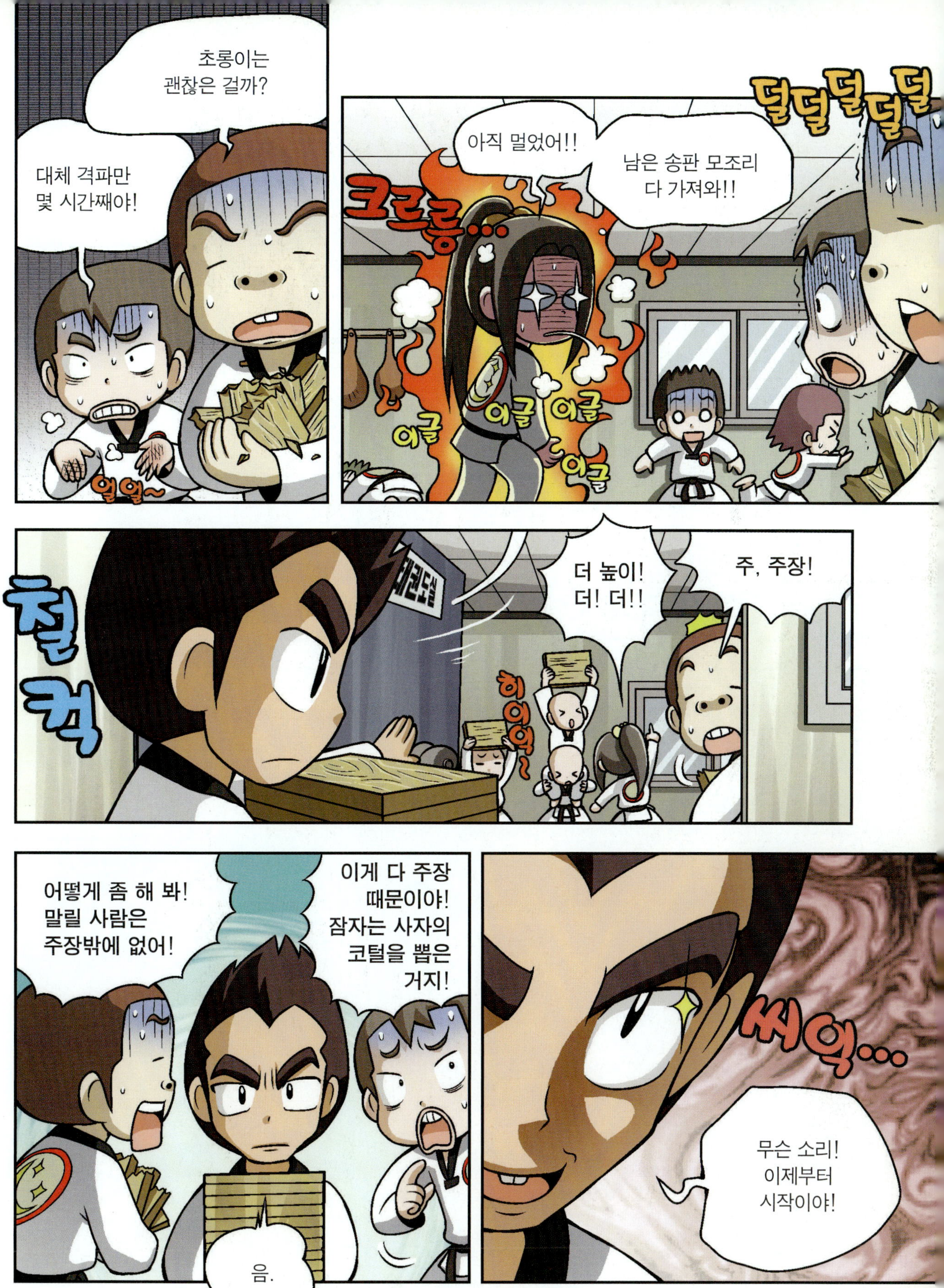

초롱이는
괜찮은 걸까?
대체 격파만
몇 시간째야!
얼얼~
덜덜덜덜덜
아직 멀었어!!
남은 송판 모조리
다 가져와!!
크르릉…
이글 이글 이글 이글
철컥
태권도실
더 높이!
더! 더!!
주, 주장!
히이익~
어떻게 좀 해 봐!
말릴 사람은
주장밖에 없어!
이게 다 주장
때문이야!
잠자는 사자의
코털을 뽑은
거지!
음.
씨익…
무슨 소리!
이제부터
시작이야!

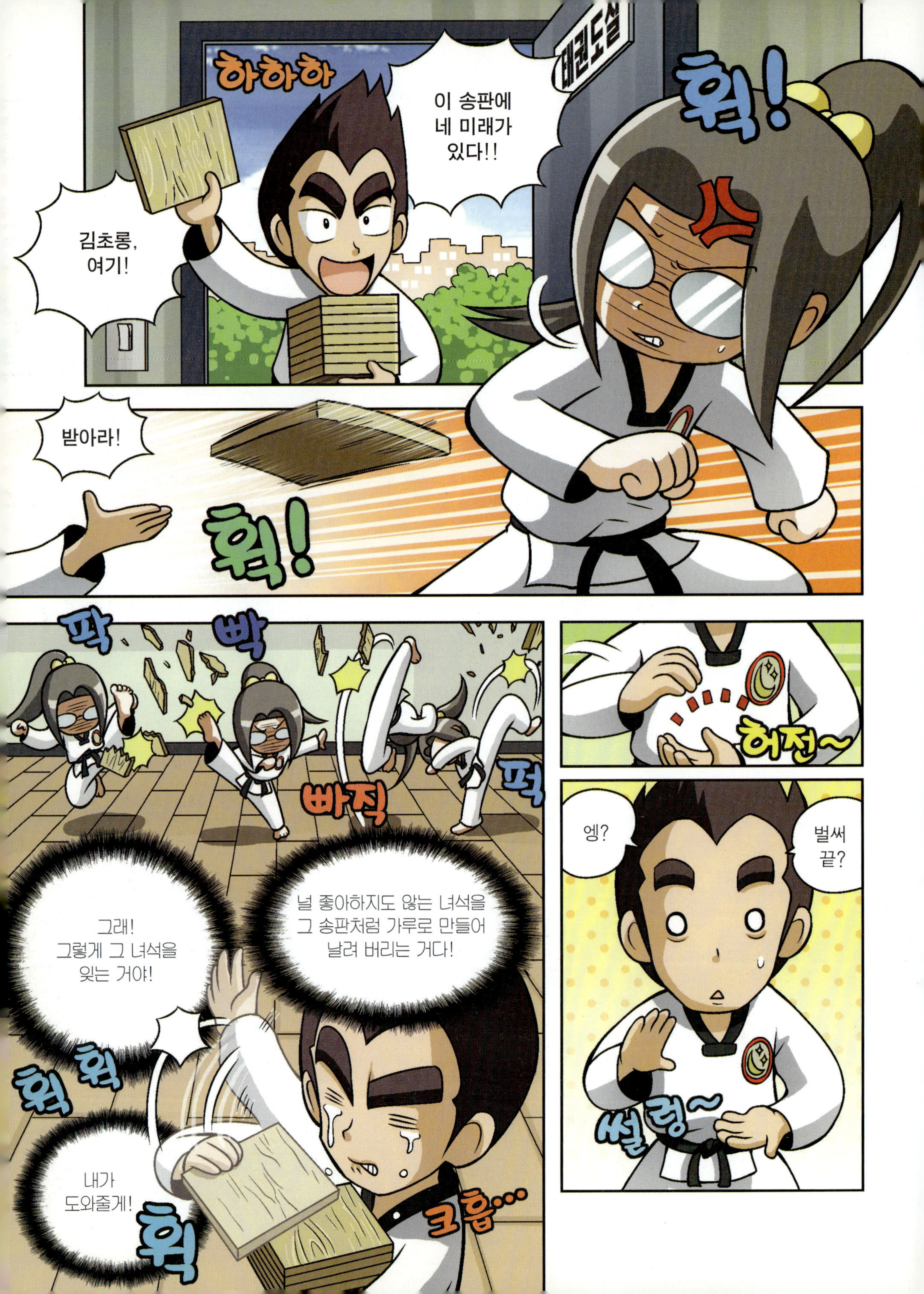
태권도실
하하하
이 송판에 네 미래가 있다!!
김초롱, 여기!
휙!
받아라!
휙!
팍
빡
빠직
퍽
허전~
엥?
벌써 끝?
그래! 그렇게 그 녀석을 잊는 거야!
널 좋아하지도 않는 녀석을 그 송판처럼 가루로 만들어 날려 버리는 거다!
휙 휙
내가 도와줄게!
휙
크흡…
썰렁~

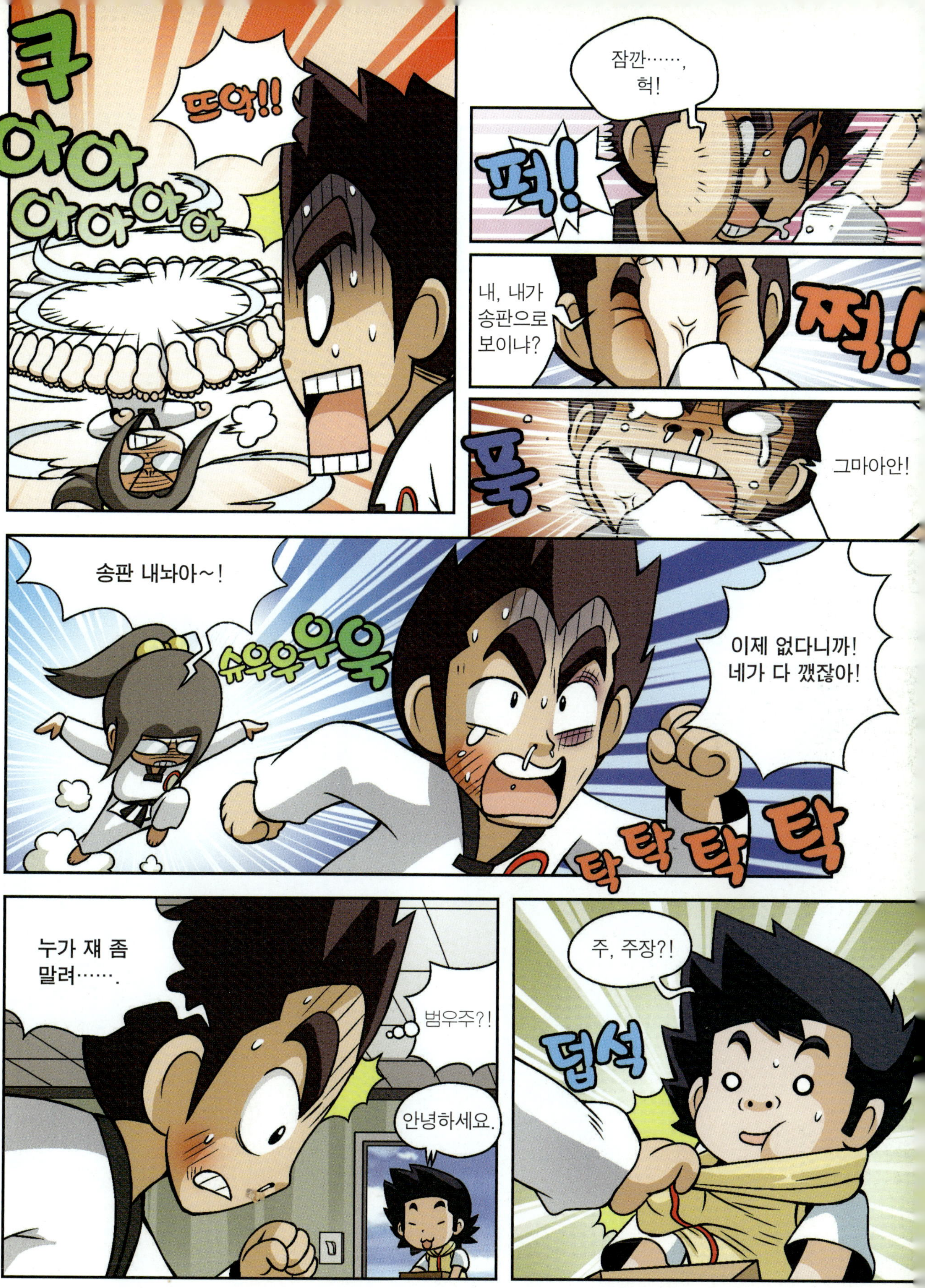
쿠
아아
아아아아
뜨악!!
잠깐……,
헉!
퍽!
내, 내가
송판으로
보이냐?
쩍!
푹
그마아안!
송판 내놔아~!
슈우우우욱
이제 없다니까!
네가 다 깼잖아!
탁탁탁탁
누가 쟤 좀
말려…….
범우주?!
안녕하세요.
주, 주장?!
덥석

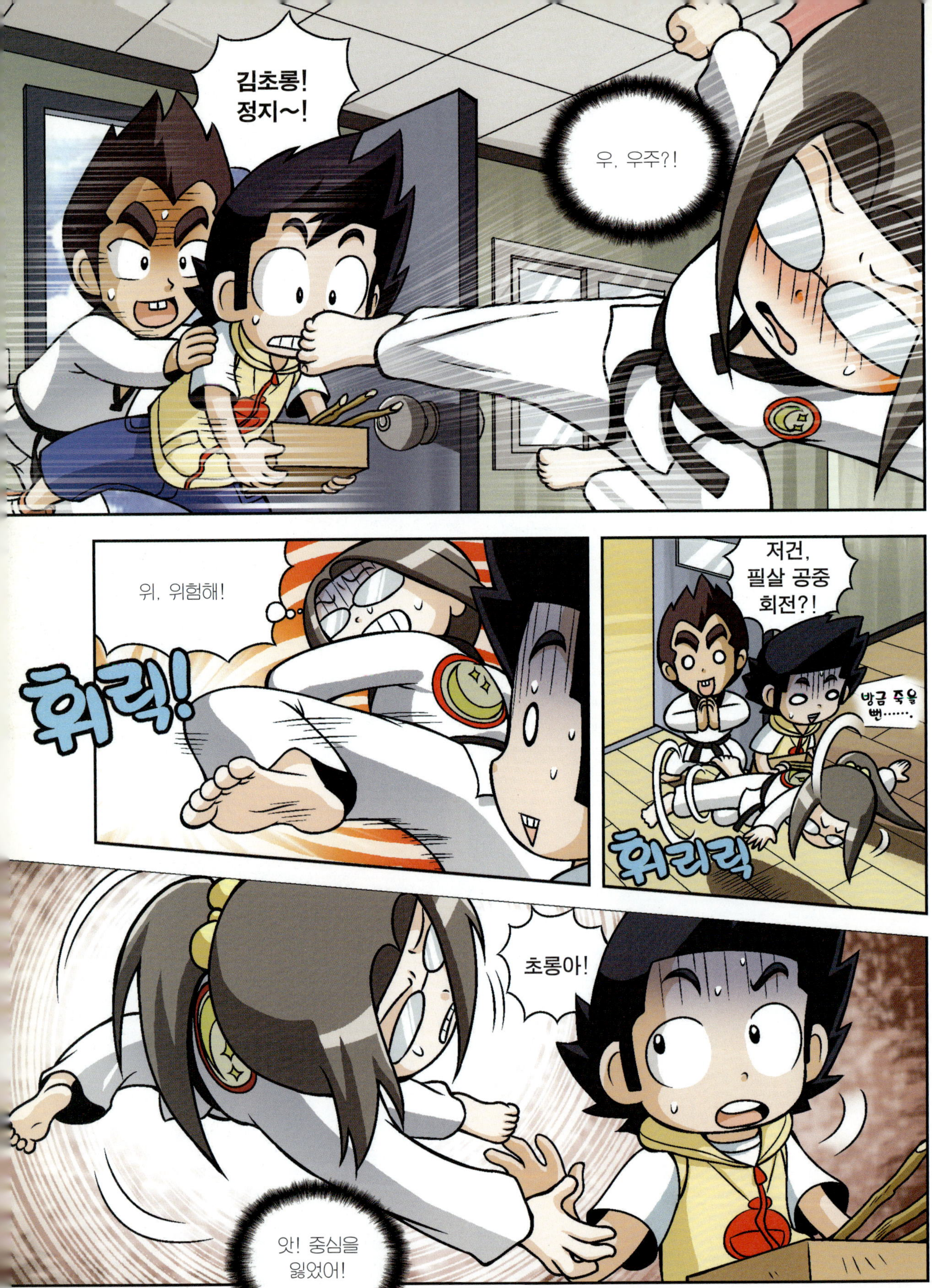
김초롱!
정지~!
우, 우주?!
위, 위험해!
휘릭!
저건,
필살 공중
회전?!
방금 죽을
뻔……
휘리릭
초롱아!
앗! 중심을
잃었어!

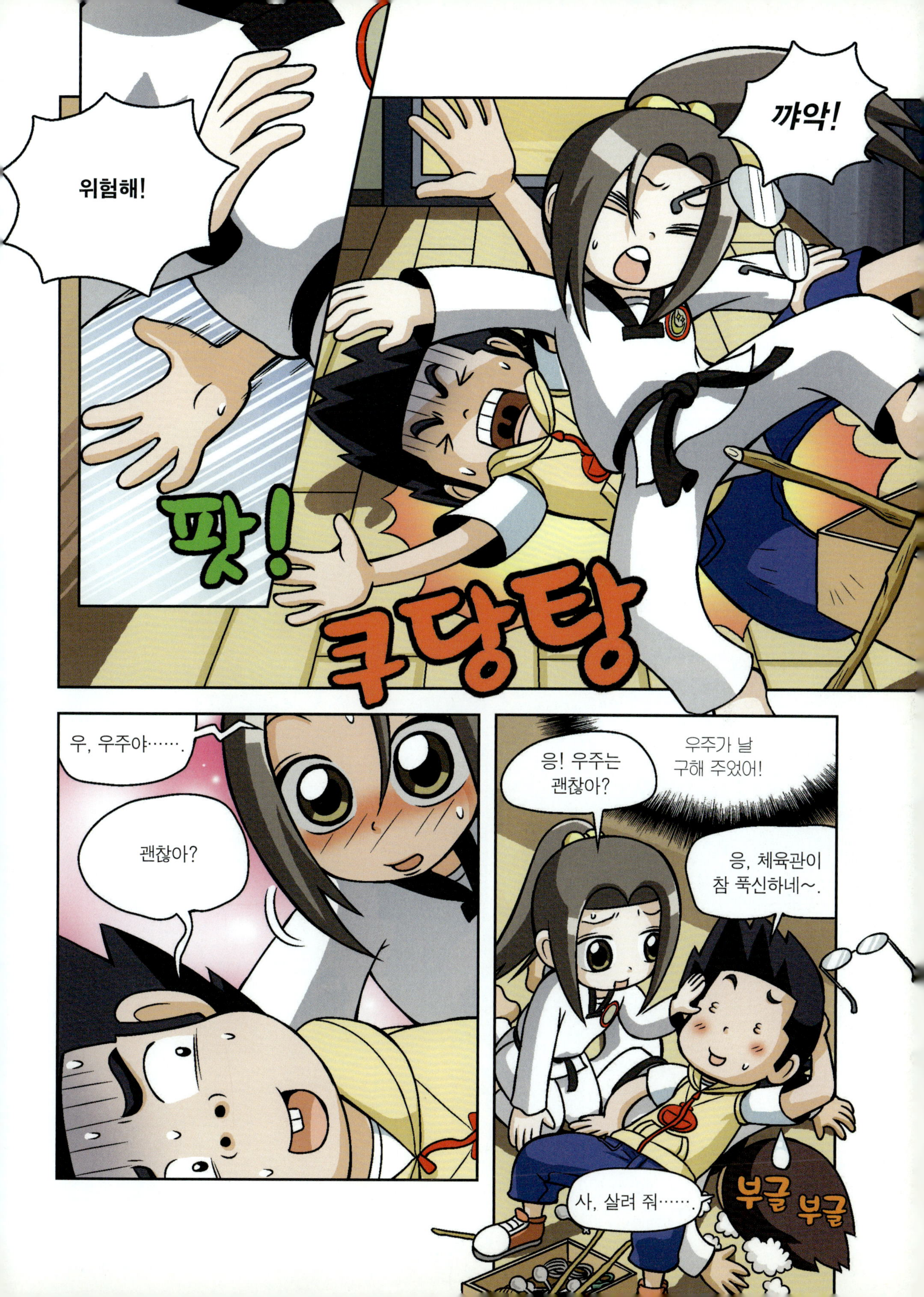

꺄악!
위험해!
팟!
쿠당탕
우, 우주야…….
괜찮아?
우주가 날
구해 주었어!
응! 우주는
괜찮아?
응, 체육관이
참 푹신하네~.
사, 살려 줘…….
부글 부글

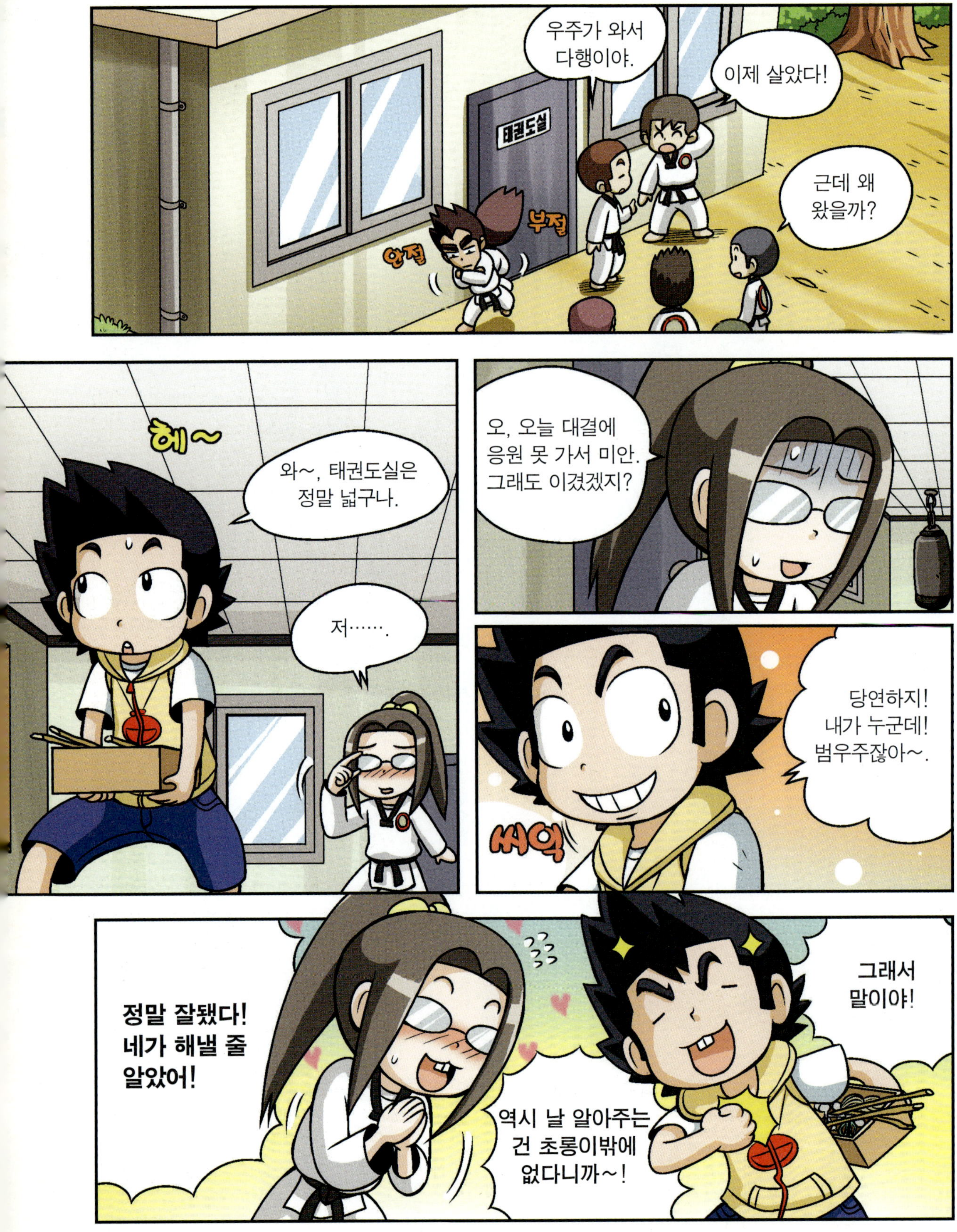
태권도실
우주가 와서 다행이야.
이제 살았다!
근데 왜 왔을까?
부절
안절
헤~
와~, 태권도실은 정말 넓구나.
저…….
오, 오늘 대결에 응원 못 가서 미안. 그래도 이겼겠지?
당연하지! 내가 누군데! 범우주잖아~.
씨익
그래서 말이야!
정말 잘됐다! 네가 해낼 줄 알았어!
역시 날 알아주는 건 초롱이밖에 없다니까~!

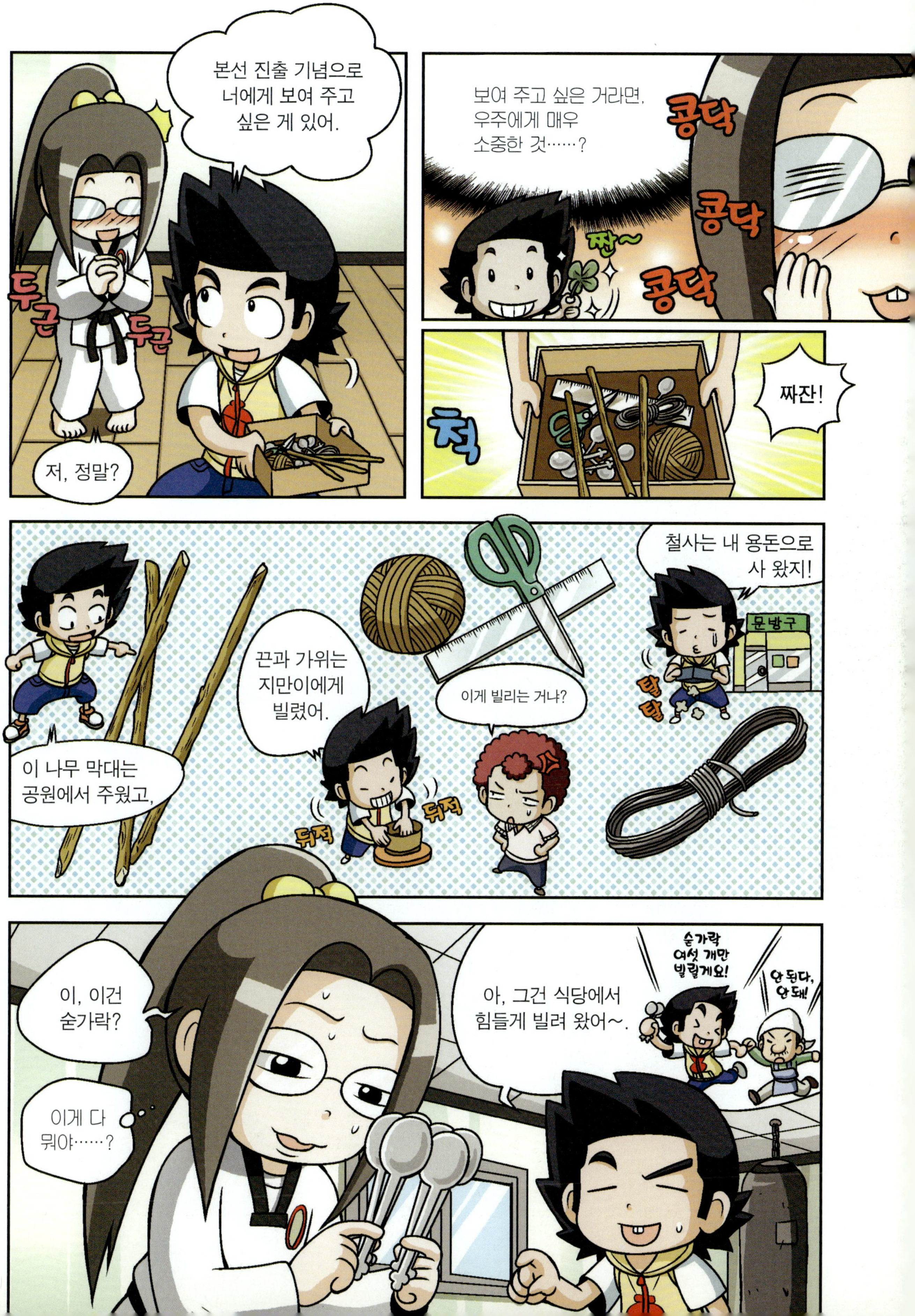

본선 진출 기념으로
너에게 보여 주고
싶은 게 있어.
두근
두근
저, 정말?
보여 주고 싶은 거라면,
우주에게 매우
소중한 것……?
콩닥
콩닥
콩닥
짠~
척
짜잔!
철사는 내 용돈으로
사 왔지!
문방구
탈
탈
끈과 가위는
지만이에게
빌렸어.
이게 빌리는 거냐?
뒤적
뒤적
이 나무 막대는
공원에서 주웠고,
이, 이건
숟가락?
이게 다
뭐야……?
아, 그건 식당에서
힘들게 빌려 왔어~.
숟가락
여섯 개만
빌릴게요!
안 된다,
안 돼!

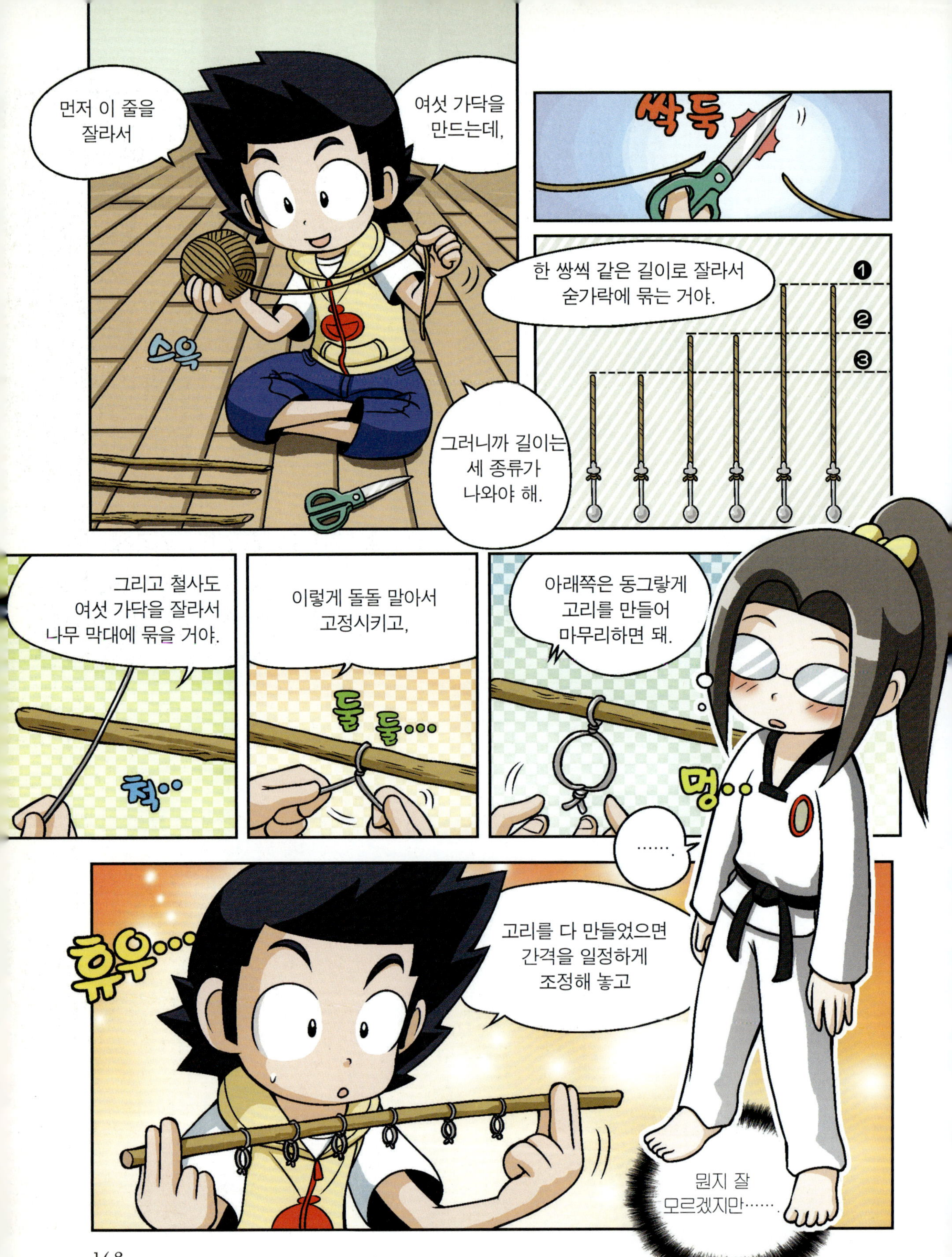

먼저 이 줄을 잘라서
여섯 가닥을 만드는데,
스윽
싹둑
한 쌍씩 같은 길이로 잘라서 숟가락에 묶는 거야.
❶
❷
❸
그러니까 길이는 세 종류가 나와야 해.
그리고 철사도 여섯 가닥을 잘라서 나무 막대에 묶을 거야.
척…
이렇게 돌돌 말아서 고정시키고,
돌 돌…
아래쪽은 동그랗게 고리를 만들어 마무리하면 돼.
멍…
……
휴우…
고리를 다 만들었으면 간격을 일정하게 조정해 놓고
뭔지 잘 모르겠지만……

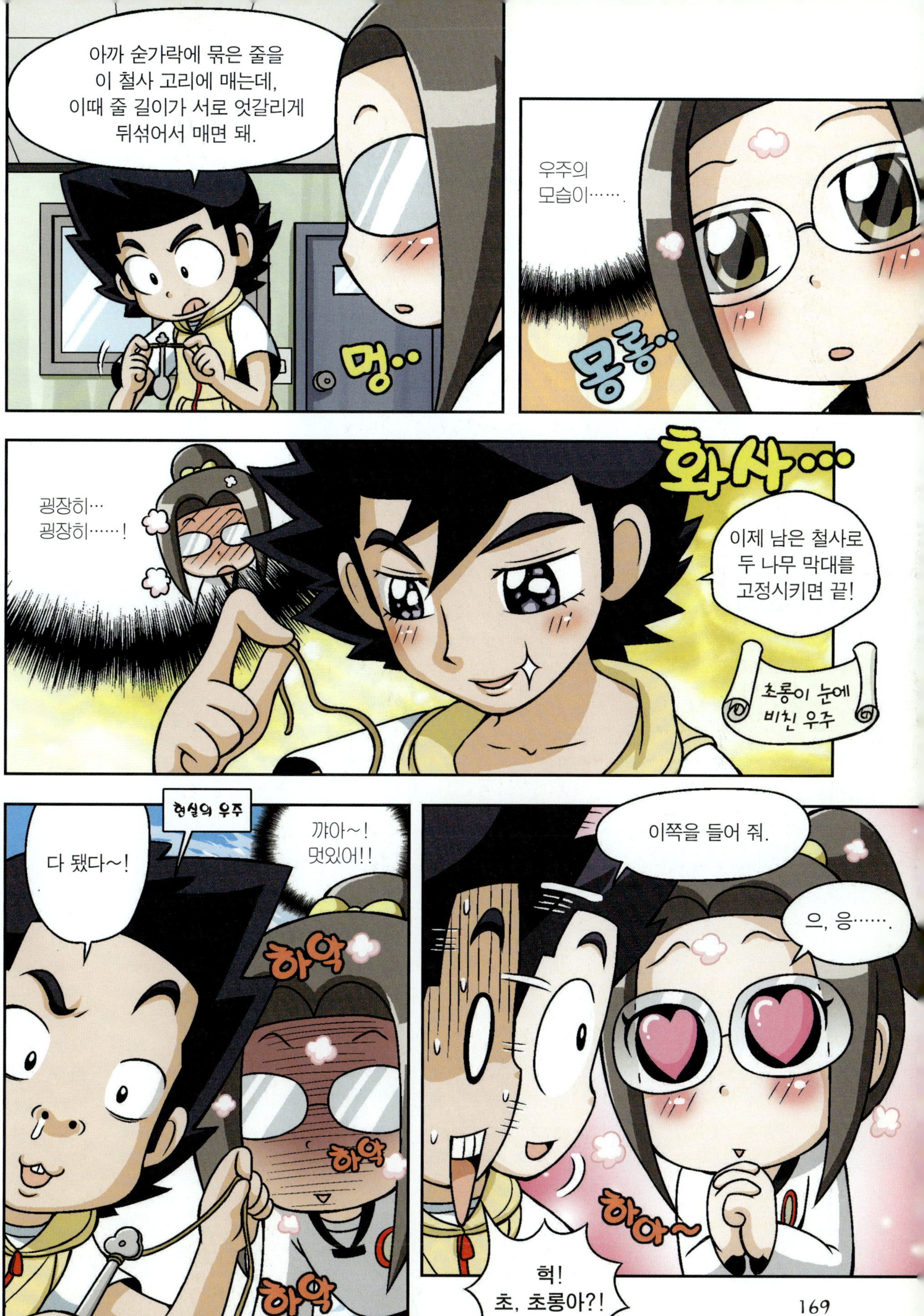
아까 숟가락에 묶은 줄을 이 철사 고리에 매는데, 이때 줄 길이가 서로 엇갈리게 뒤섞어서 매면 돼.
멍‥
우주의 모습이…….
몽롱‥
화사…
굉장히… 굉장히……!
이제 남은 철사로 두 나무 막대를 고정시키면 끝!
초롱이 눈에 비친 우주
현실의 우주
다 됐다~!
꺄아~! 멋있어!!
하악
하악
하악
이쪽을 들어 줘.
으, 응…….
하아~
헉! 초, 초롱아?!

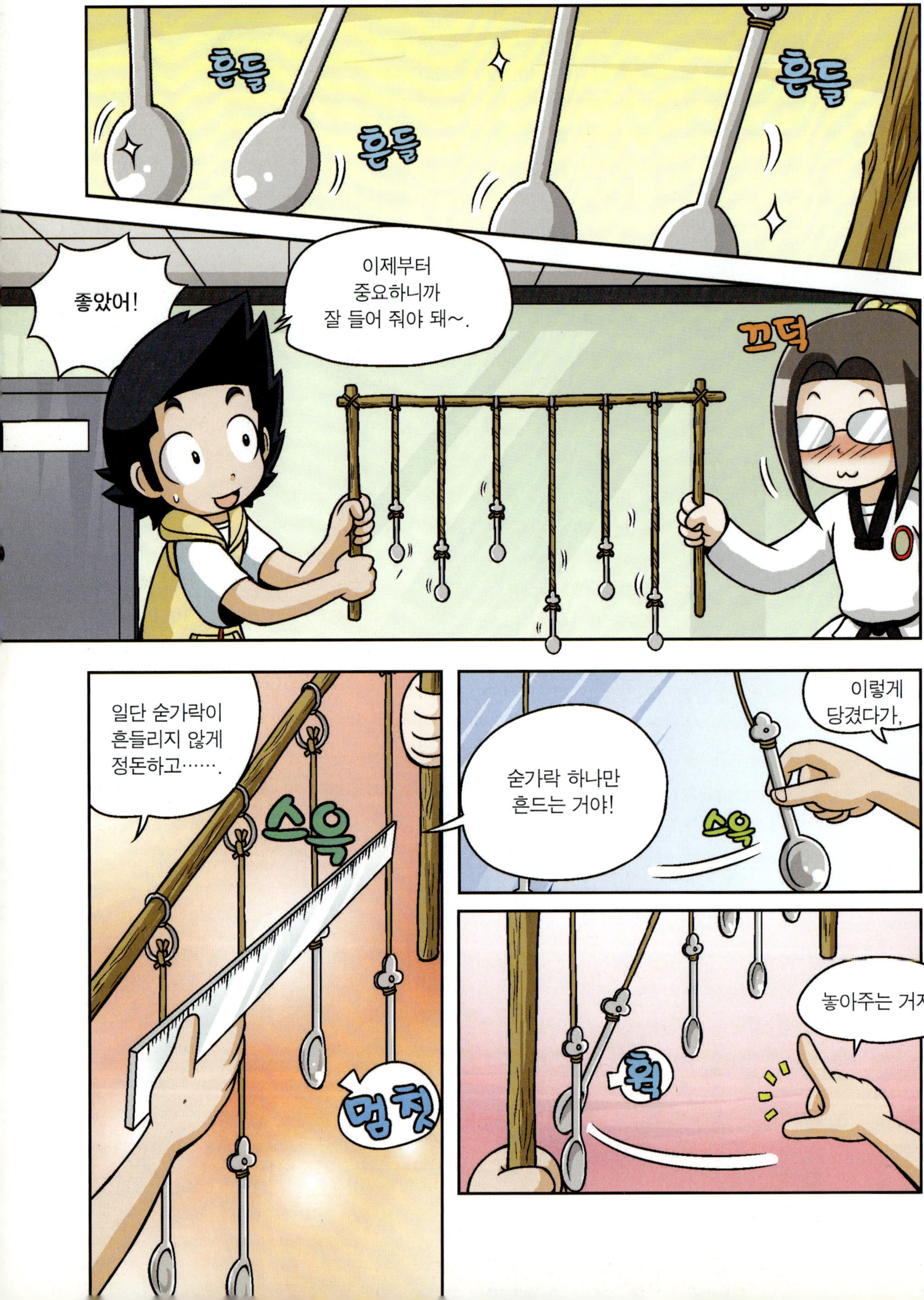
흔들
흔들
흔들
좋았어!
이제부터 중요하니까 잘 들어 줘야 돼~.
끄덕
일단 숟가락이 흔들리지 않게 정돈하고…….
스윽
멈칫
이렇게 당겼다가,
숟가락 하나만 흔드는 거야!
스윽
놓아주는 거지.
휙

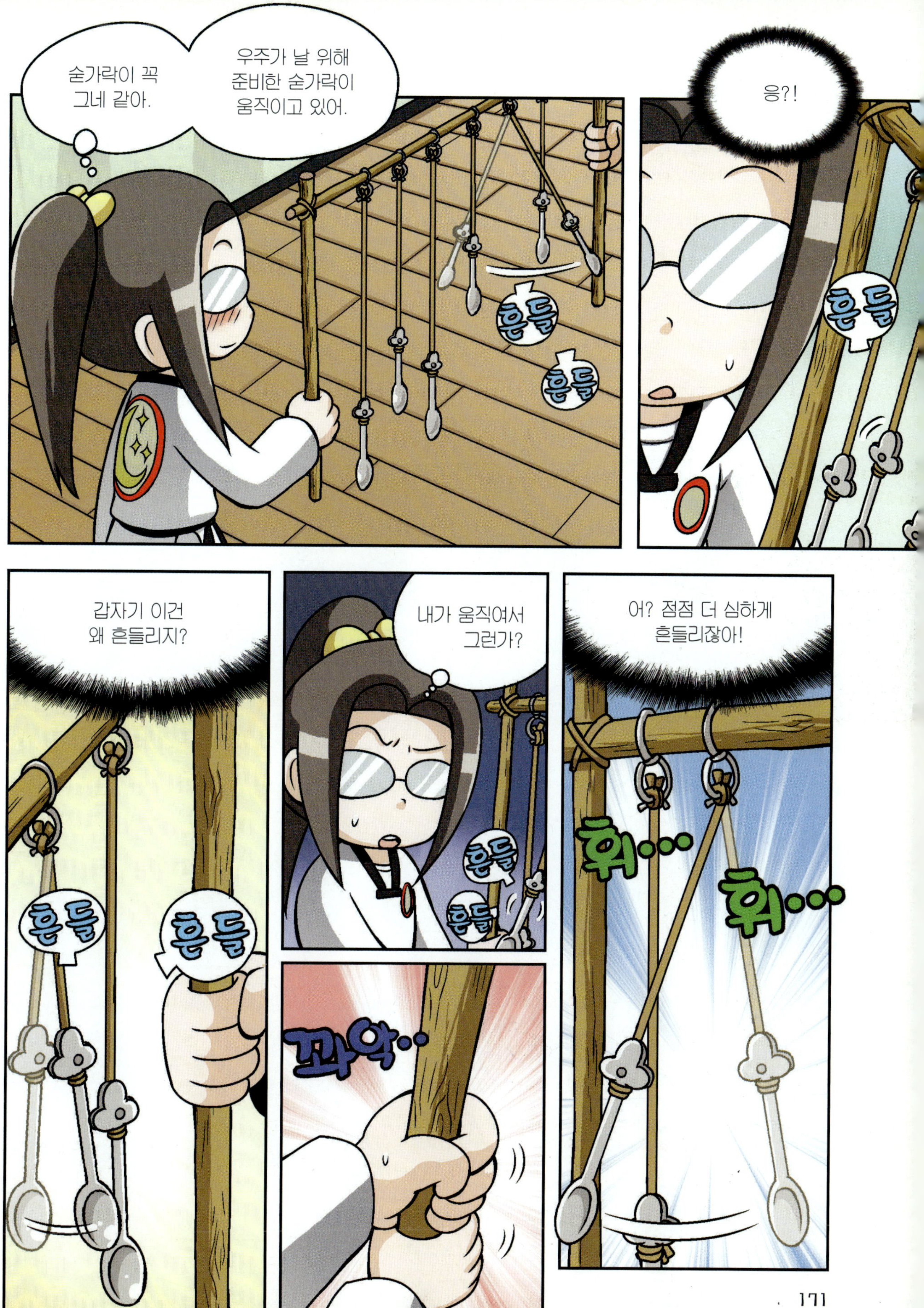
숟가락이 꼭
그네 같아.
우주가 날 위해
준비한 숟가락이
움직이고 있어.
흔들
흔들
응?!
흔들
갑자기 이건
왜 흔들리지?
흔들
흔들
내가 움직여서
그런가?
흔들
흔들
꽈악··
어? 점점 더 심하게
흔들리잖아!
휘···
휘···

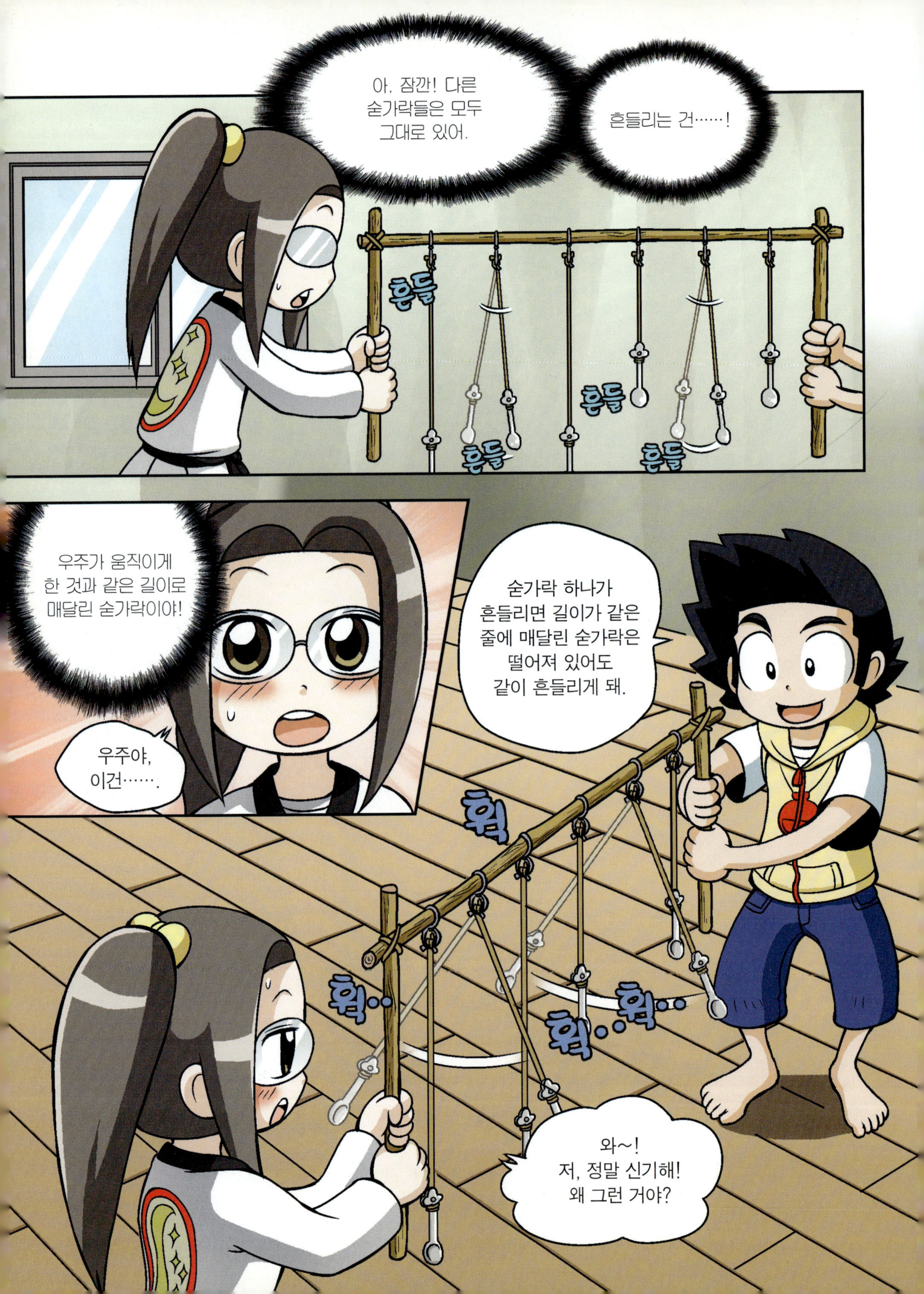
아, 잠깐! 다른 숟가락들은 모두 그대로 있어.
흔들리는 건……!
흔들
흔들
흔들
흔들
우주가 움직이게 한 것과 같은 길이로 매달린 숟가락이야!
우주야, 이건…….
숟가락 하나가 흔들리면 길이가 같은 줄에 매달린 숟가락은 떨어져 있어도 같이 흔들리게 돼.
훡
훡..
훡..훡..
와~! 저, 정말 신기해! 왜 그런 거야?

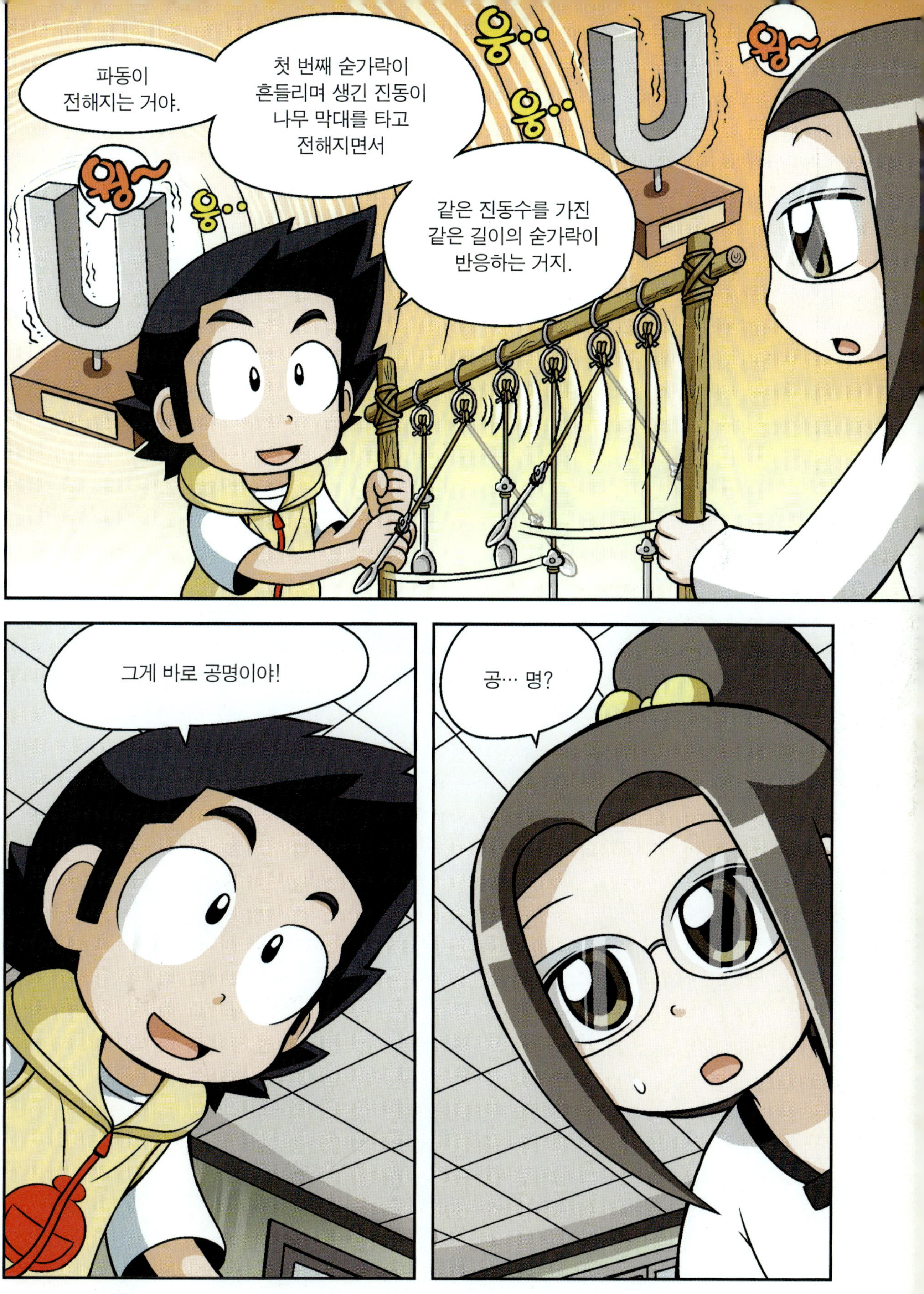
웅··
웡~
웡~
웅··
웅··
파동이 전해지는 거야.
첫 번째 숟가락이 흔들리며 생긴 진동이 나무 막대를 타고 전해지면서
같은 진동수를 가진 같은 길이의 숟가락이 반응하는 거지.
그게 바로 공명이야!
공… 명?

같은 진동수를 가진 물체는 떨어져 있어도 함께 진동하게 돼.
우리 둘 다 다른 사람을 좋아하는 사람을 바라보고 있으니까
같은 진동수……?
우리는 같은 마음의 진동수를 가진 거야.
그래서 서로를 잘 이해할 수 있어.
네 마음을 받을 수는 없지만, 네 마음이 얼마나 소중한지는……
나도 잘 아니까.

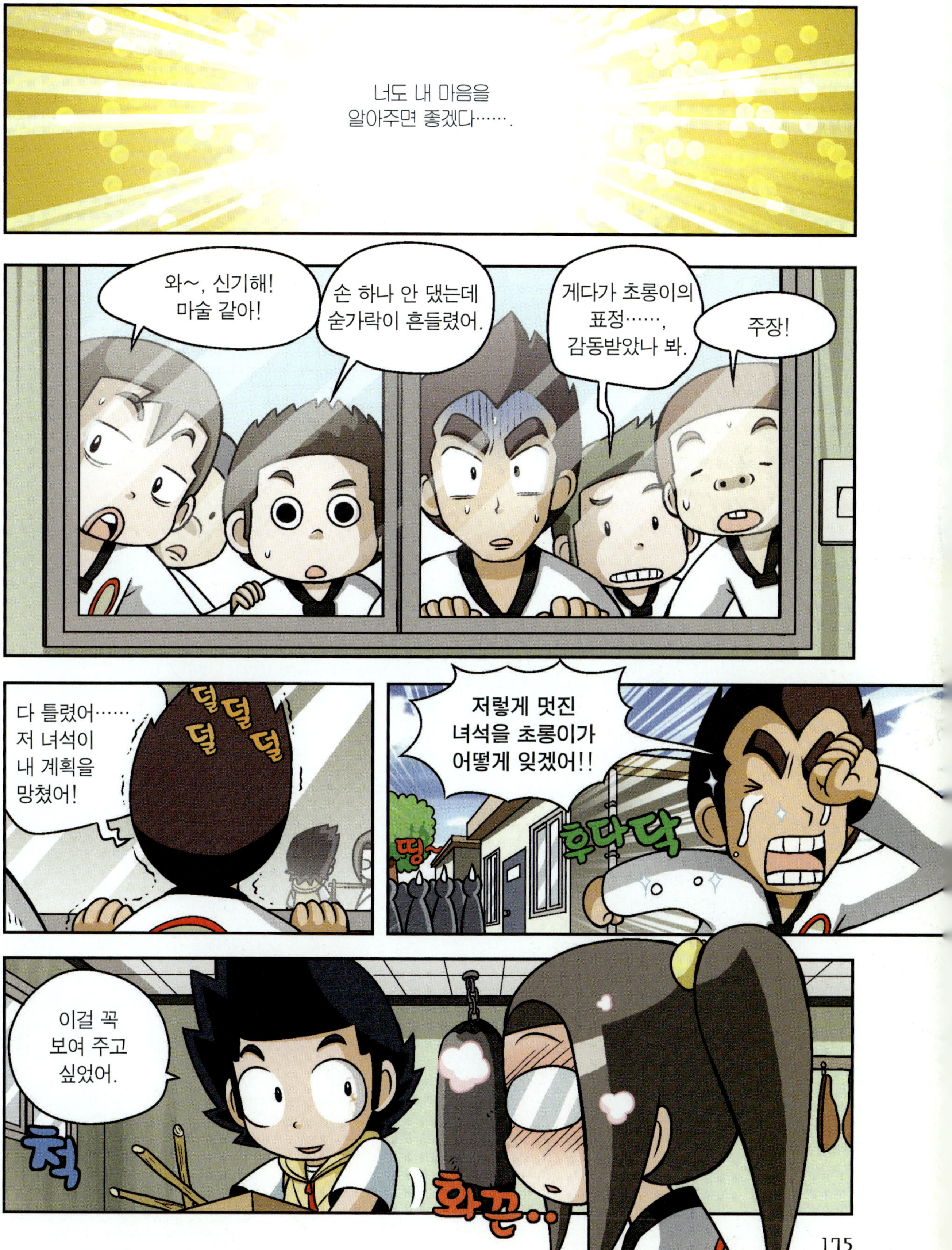

너도 내 마음을
알아주면 좋겠다…….
와~, 신기해!
마술 같아!
손 하나 안 댔는데
숟가락이 흔들렸어.
게다가 초롱이의
표정……,
감동받았나 봐.
주장!
다 틀렸어……
저 녀석이
내 계획을
망쳤어!
덜덜
덜덜
저렇게 멋진
녀석을 초롱이가
어떻게 잊겠어!!
띵~
후다닥
이걸 꼭
보여 주고
싶었어.
척
화끈..

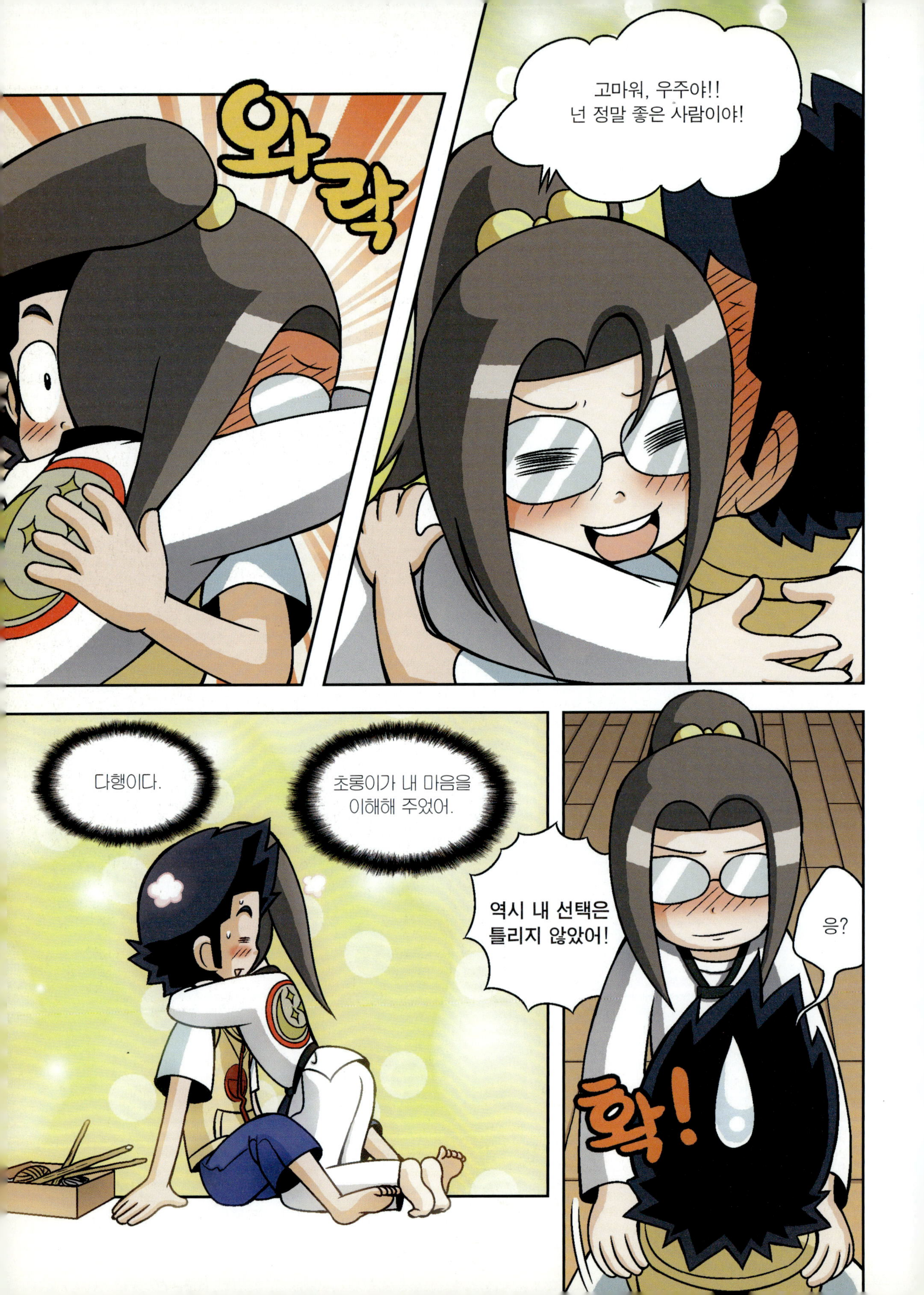
와락
고마워, 우주야!!
넌 정말 좋은 사람이야!
다행이다.
초롱이가 내 마음을
이해해 주었어.
역시 내 선택은
틀리지 않았어!
응?
확!

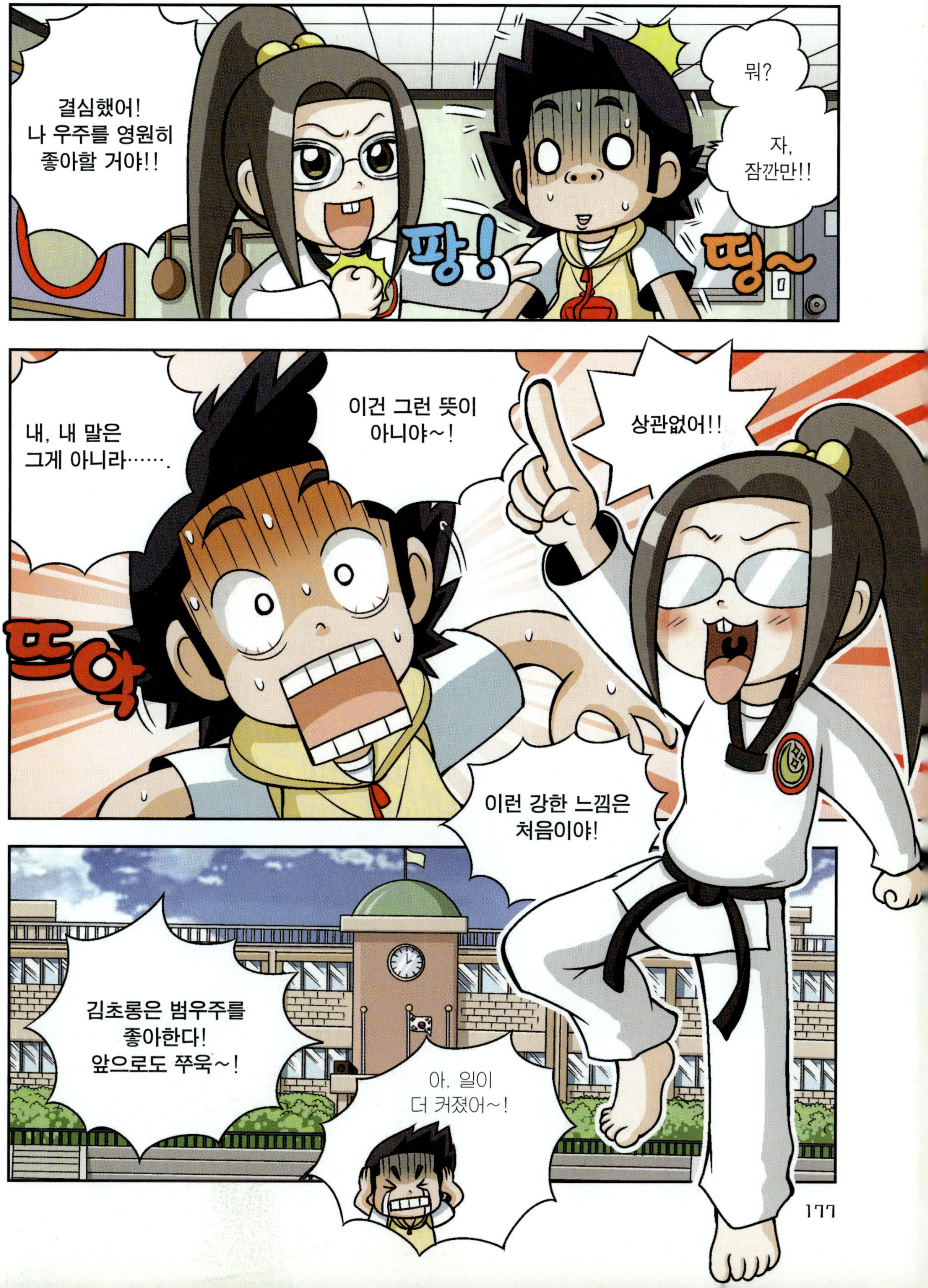
결심했어!
나 우주를 영원히
좋아할 거야!!
팡!
뭐?
자,
잠깐만!!
띵~
내, 내 말은
그게 아니라…….
이건 그런 뜻이
아니야~!
뜨악
상관없어!!
이런 강한 느낌은
처음이야!
김초롱은 범우주를
좋아한다!
앞으로도 쭈욱~!
아, 일이
더 커졌어~!

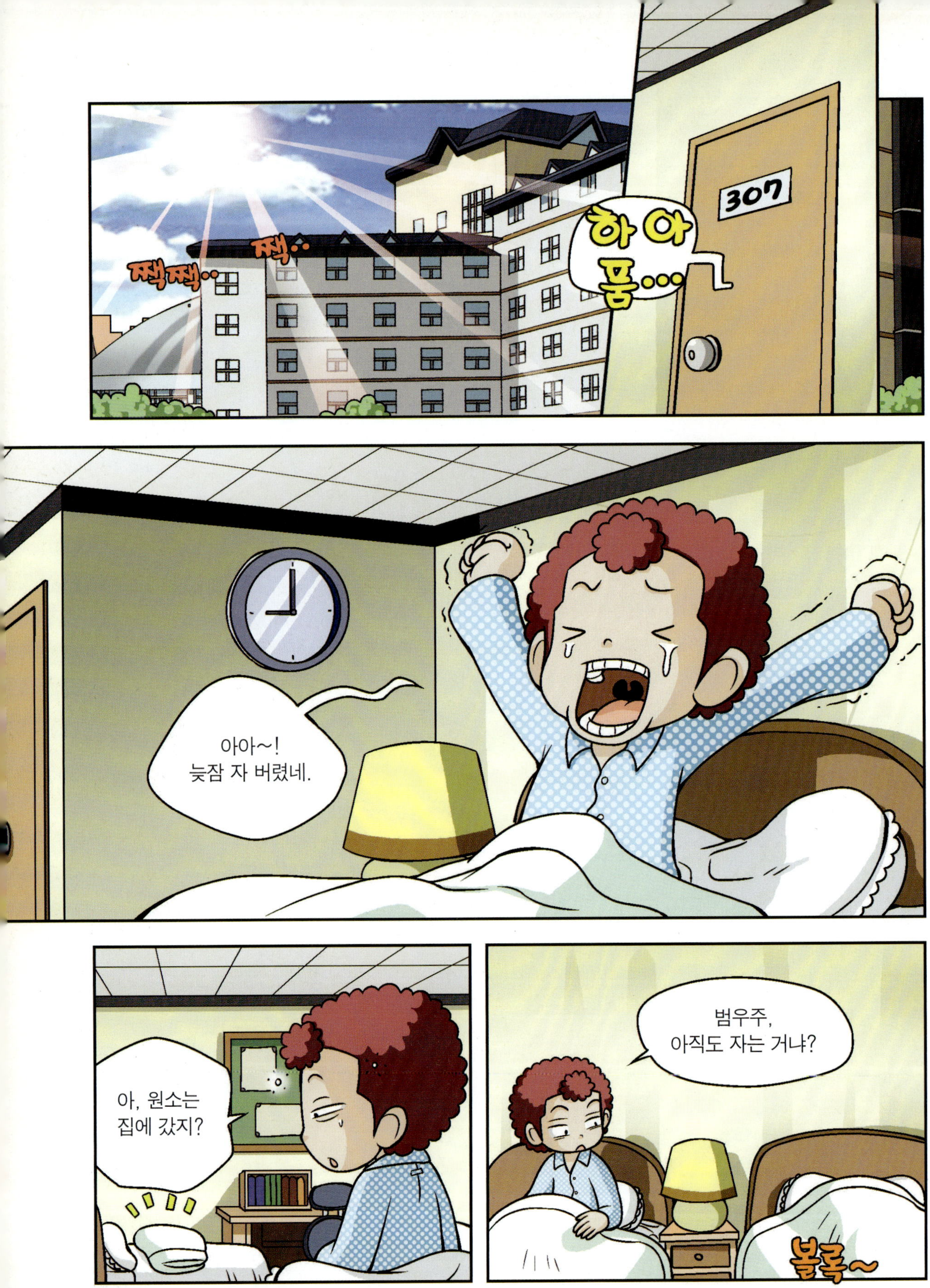
짹짹..
짹..
하아품...
아아~!
늦잠 자 버렸네.
아, 원소는
집에 갔지?
범우주,
아직도 자는 거냐?
불룩~

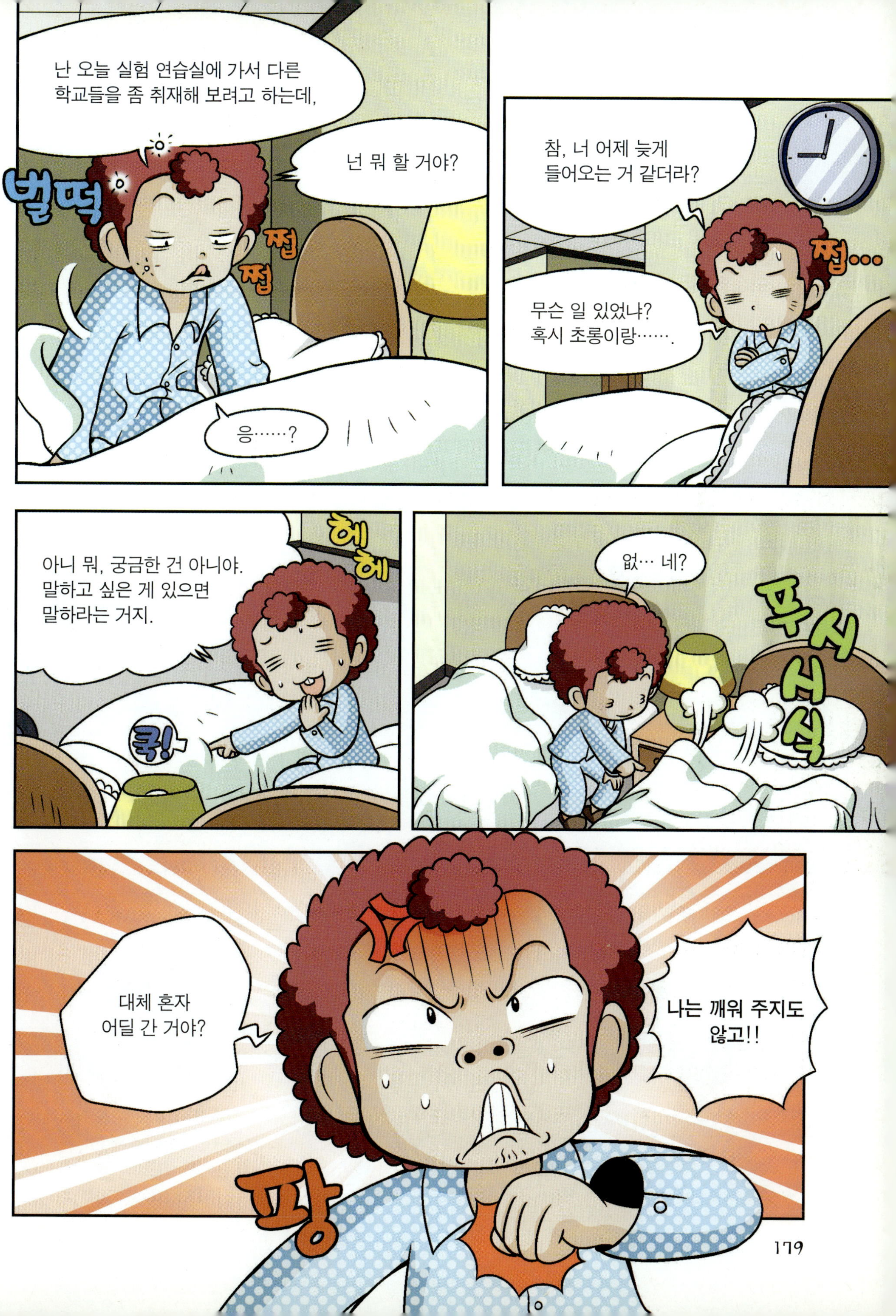
난 오늘 실험 연습실에 가서 다른 학교들을 좀 취재해 보려고 하는데,
벌떡
넌 뭐 할 거야?
쩝
쩝
응……?
참, 너 어제 늦게 들어오는 거 같더라?
쩝…
무슨 일 있었냐? 혹시 초롱이랑…….
아니 뭐, 궁금한 건 아니야. 말하고 싶은 게 있으면 말하라는 거지.
헤헤
쿡!
없… 네?
푸시시식
대체 혼자 어딜 간 거야?
나는 깨워 주지도 않고!!
쾅

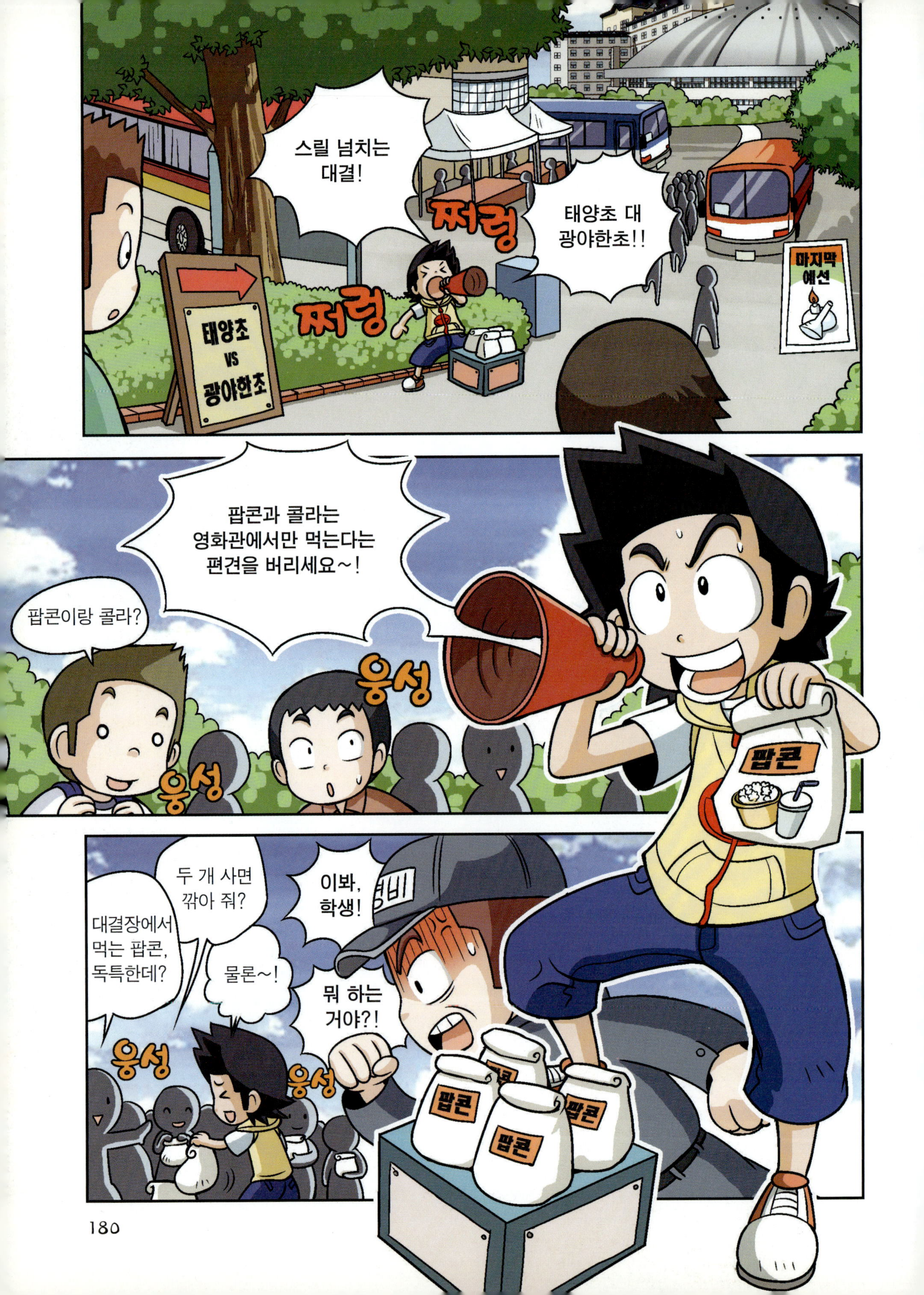
스릴 넘치는 대결!
찌렁
태양초 대 광야한초!!
찌렁
태양초 vs 광야한초
마지막 예선
팝콘과 콜라는 영화관에서만 먹는다는 편견을 버리세요~!
팝콘이랑 콜라?
웅성
웅성
팝콘
두 개 사면 깎아 줘?
대결장에서 먹는 팝콘, 독특한데?
물론~!
이봐, 학생!
뭐 하는 거야?!
웅성
웅성
팝콘
팝콘
팝콘

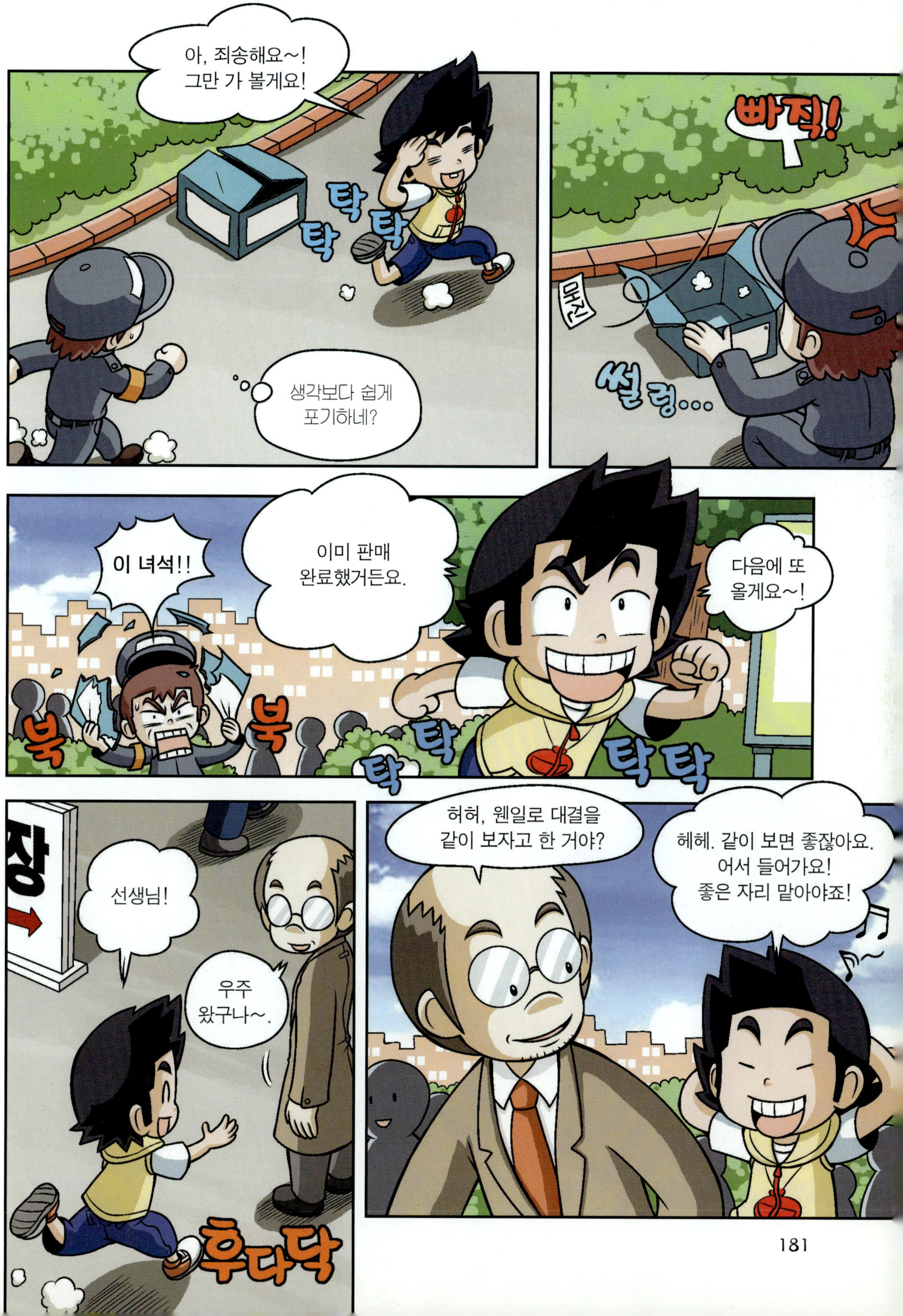

아, 죄송해요~!
그만 가 볼게요!
탁 탁 탁
생각보다 쉽게
포기하네?
빠직!
썰렁...
이 녀석!!
북 북
이미 판매
완료했거든요.
다음에 또
올게요~!
탁 탁 탁 탁
선생님!
우주
왔구나~.
후다닥
허허, 웬일로 대결을
같이 보자고 한 거야?
헤헤. 같이 보면 좋잖아요.
어서 들어가요!
좋은 자리 맡아야죠!

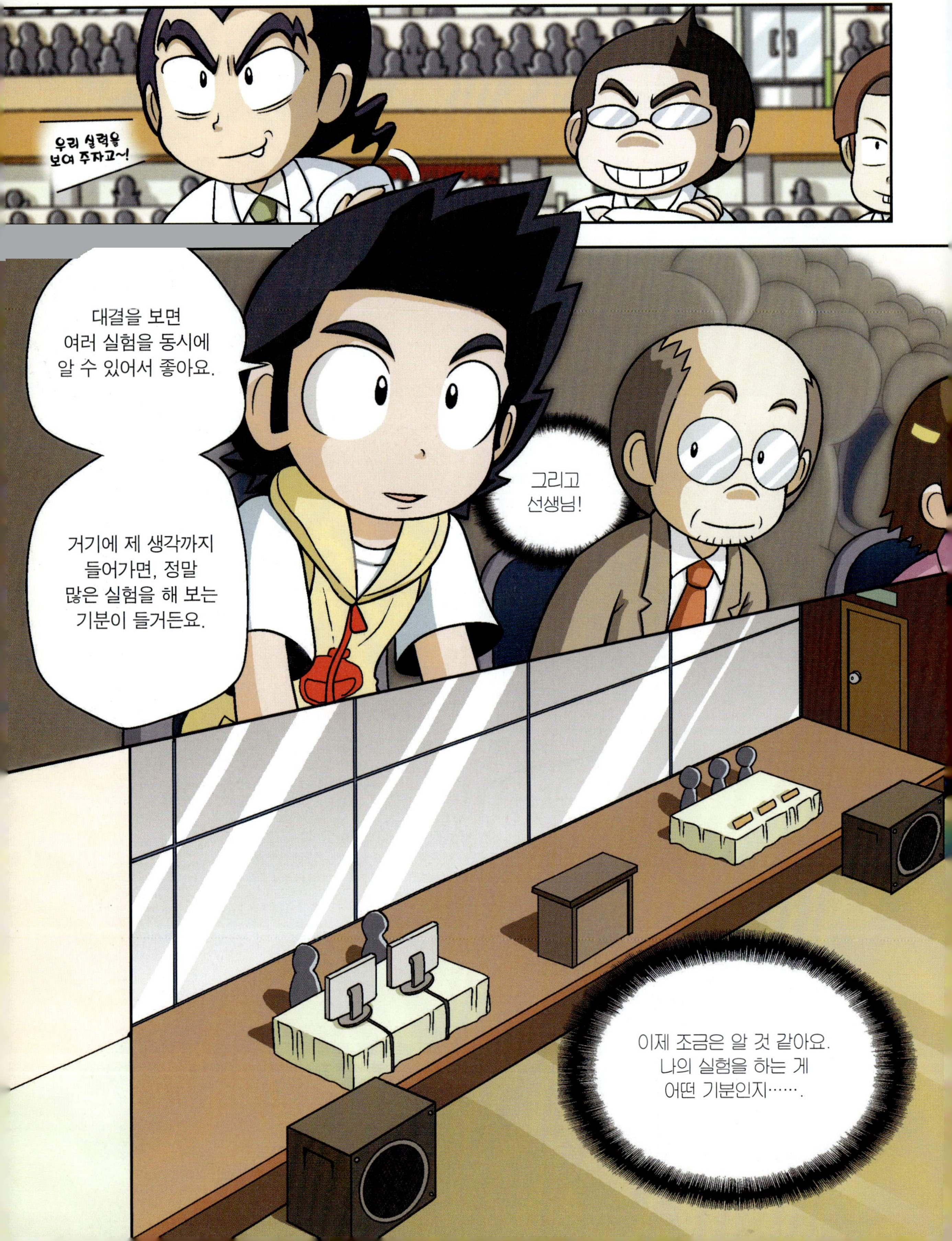
우리 실력을 보여 주자고~!
대결을 보면 여러 실험을 동시에 알 수 있어서 좋아요.
거기에 제 생각까지 들어가면, 정말 많은 실험을 해 보는 기분이 들거든요.
그리고 선생님!
이제 조금은 알 것 같아요. 나의 실험을 하는 게 어떤 기분인지…….

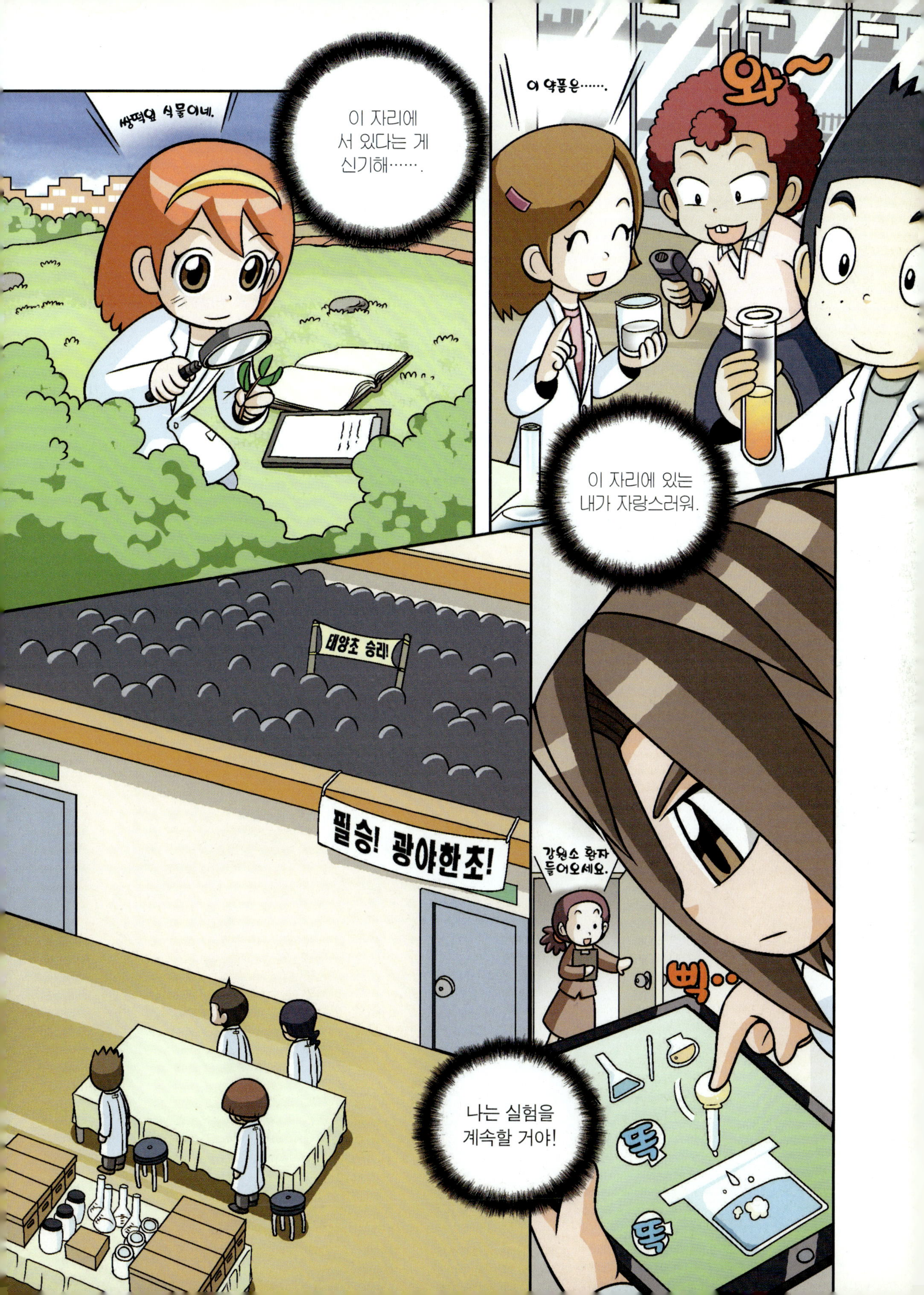
쌍떡잎 식물이네.
이 자리에
서 있다는 게
신기해…….
이 약품은…….
와~
이 자리에 있는
내가 자랑스러워.
태양초 승리!
필승! 광야한초!
강원소 환자
들어오세요.
삑…
나는 실험을
계속할 거야!
똑
똑

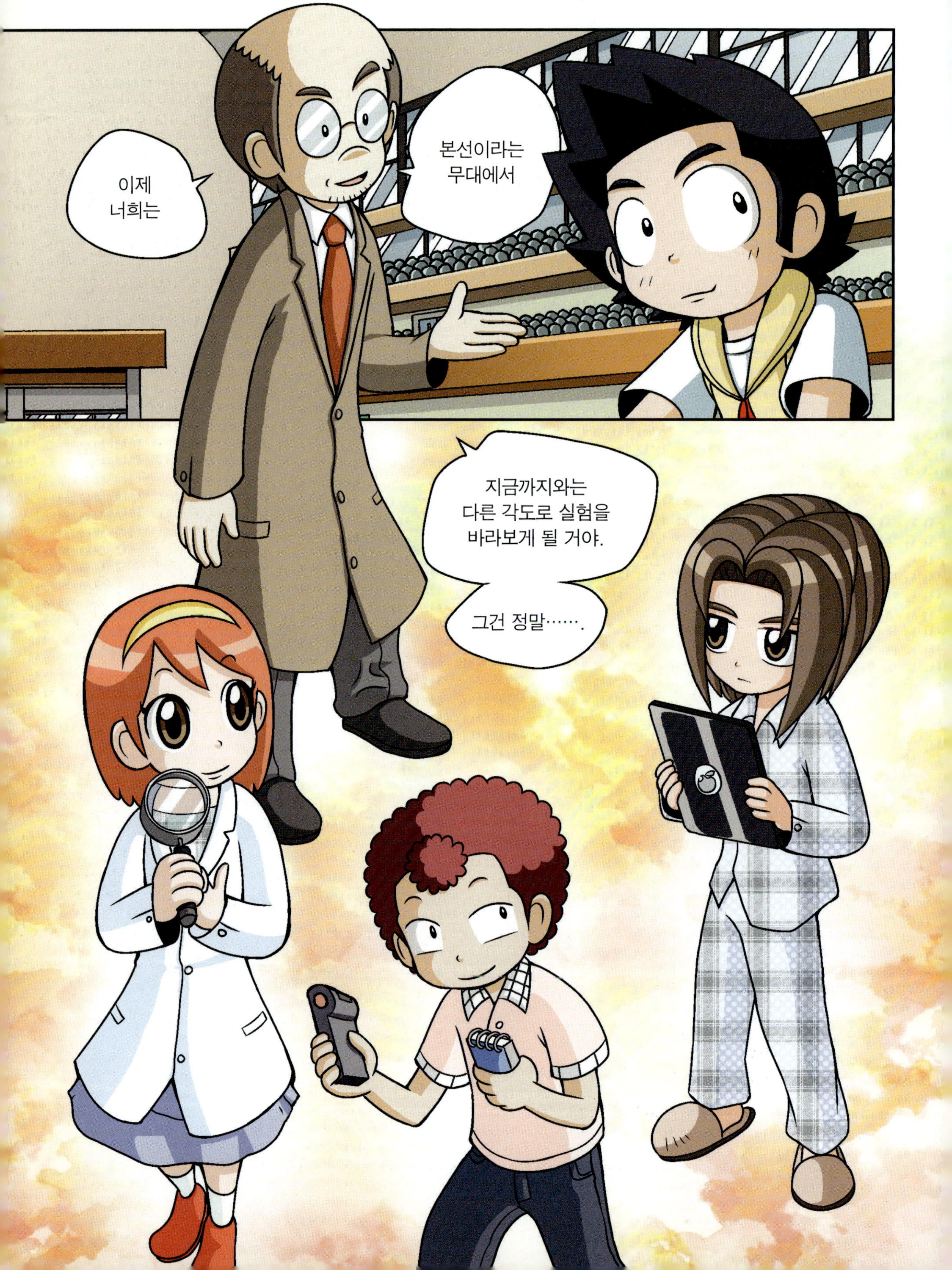
이제
너희는
본선이라는
무대에서
지금까지와는
다른 각도로 실험을
바라보게 될 거야.
그건 정말…….

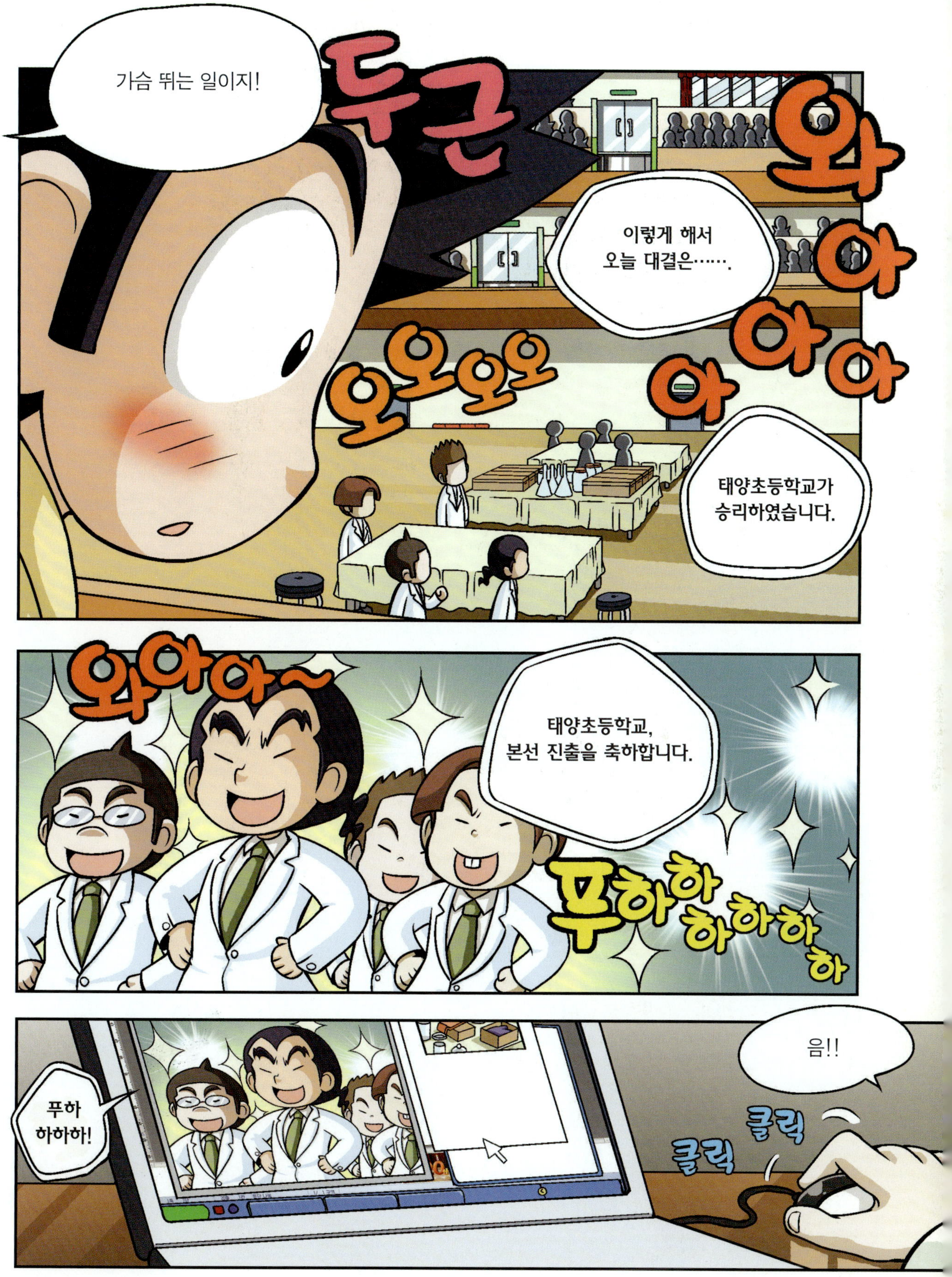
가슴 뛰는 일이지!
두근
와아아아아아
이렇게 해서
오늘 대결은…….
오오오오
태양초등학교가
승리하였습니다.
와아아~
태양초등학교,
본선 진출을 축하합니다.
푸하하하하하하하
푸하
하하하!
음!!
클릭
클릭

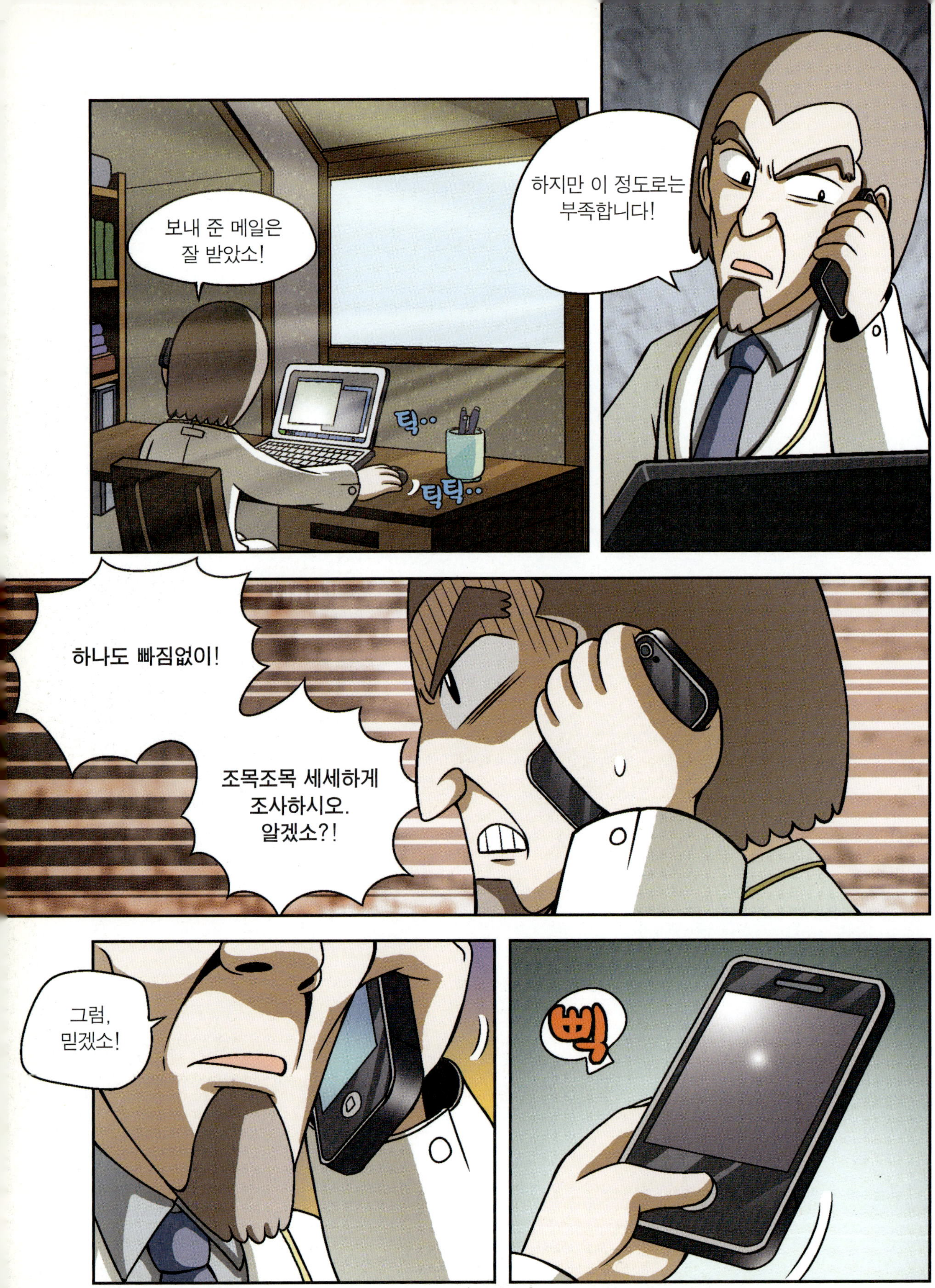
보내 준 메일은 잘 받았소!
틱..
틱틱..
하지만 이 정도로는 부족합니다!
하나도 빠짐없이!
조목조목 세세하게 조사하시오. 알겠소?!
그럼, 믿겠소!
삑

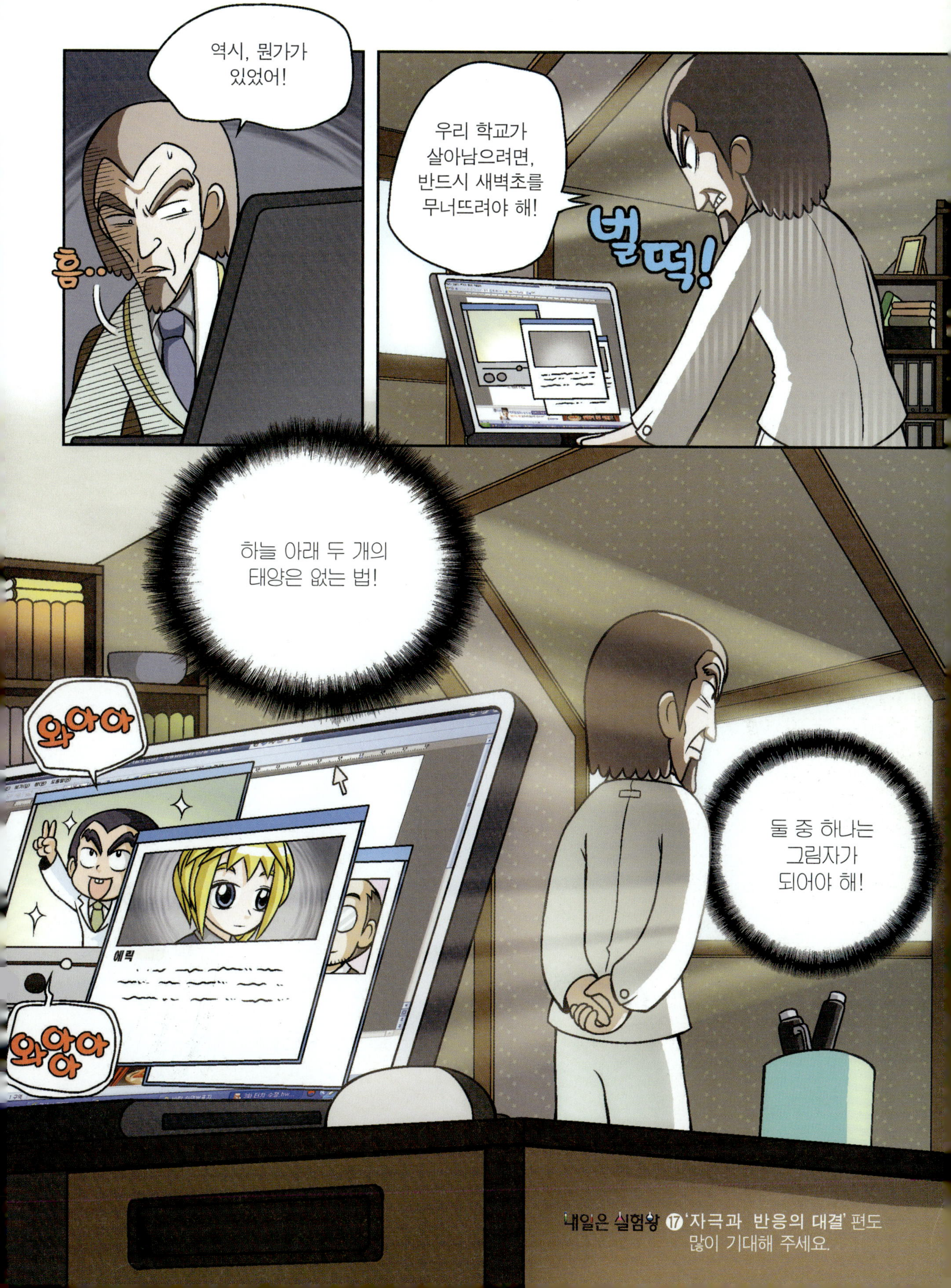
역시, 뭔가가 있었어!
흠…
우리 학교가 살아남으려면, 반드시 새벽초를 무너뜨려야 해!
벌떡!
하늘 아래 두 개의 태양은 없는 법!
와아아
와아아
둘 중 하나는 그림자가 되어야 해!
내일은 실험왕 17 '자극과 반응의 대결' 편도 많이 기대해 주세요.

파동의 정의와 종류

파동은 용수철이나 물처럼 한 부분에서 생긴 진동이 퍼져 나가는 현상입니다. 이때 파동을 전달하는 물질을 매질이라고 하는데, 매질은 제자리에서 진동만 할 뿐 이동하지 않고 파동이 가진 에너지만 이동합니다.

파동의 기본 요소

파동의 진행 방향
마루
파장
마루
평형 위치
진폭
진폭
골
파장
골

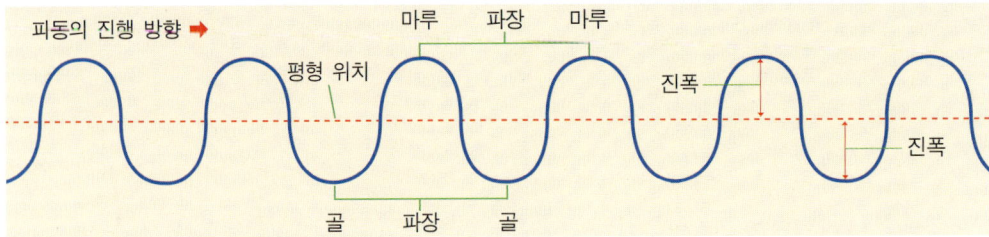

마루와 골 파동은 마루와 골로 이루어져 있습니다. 파동에서 가장 높은 부분을 마루, 가장 낮은 부분을 골이라고 부릅니다.

파장 마루와 마루 또는 골과 골 사이의 길이로, 파동의 성질을 결정짓는 중요한 요소입니다. 파장이 바뀌면 그 파동의 성질도 변합니다.

진폭 주기적으로 진동하는 물체가 평형 위치에서 가장 높거나 가장 낮은 부분까지의 거리로, 마루의 높이 또는 골의 깊이를 진폭이라고 합니다.

진동수 단위 시간 동안 매질의 한 점을 지나가는 파동의 수를 말하며, 1초 동안의 진동수의 단위는 헤르츠(Hz)로 표시합니다. 전파나 음파의 경우 주파수라고도 합니다.

주기 매질이 한 번 진동하는 데 걸리는 시간으로, 마루(골)를 통과한 후 다음 마루(골)까지 도달하는 데 필요한 시간입니다.

매질 용수철이나 물처럼 파동을 전달해 주는 물질로, 물결파의 매질은 물, 용수철에 생기는 파동의 매질은 용수철, 소리의 매질은 공기입니다.

우주야! 내 말 들려?
응, 희미하지만 들려! 공기와 물이 동시에 매질이 됐어!
뽀글
뽀글

파동의 종류

횡파
매질의 진동 방향
파동의 진행 방향

종파
매질의 진동 방향
파동의 진행 방향
느슨 조밀 느슨 조밀 느슨
마루
마루
마루
골
골
골

파동은 크게 횡파와 종파로 나뉩니다. 횡파와 종파는 파동이 진행하는 방향에 대해 매질이 어느 방향으로 진동하는가에 따라 결정됩니다.

횡파는 용수철의 끝을 쥐고 상하 또는 좌우로 흔들면 생기는 파동처럼 매질이 진동하는 방향과 파동이 나아가는 방향이 수직을 이룹니다.

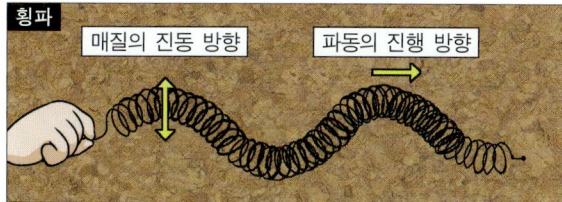

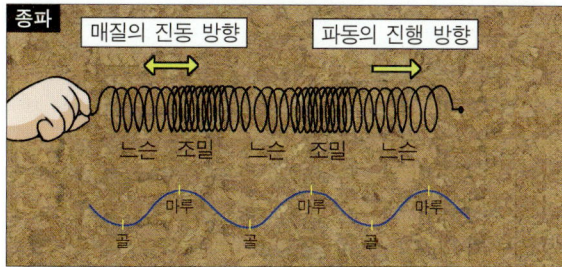

종파는 용수철의 끝을 잡고 앞뒤로 흔들었을 때 생기는 파동처럼, 매질의 진동 방향과 파동의 진행 방향이 같습니다. 용수철의 밀도가 빽빽한 부분과 느슨한 부분이 번갈아 바뀌면서 나아가는 파동이라고 할 수 있습니다. 종파를 그래프로 나타내면 밀도가 큰 곳이 마루, 작은 곳이 골이 됩니다. 대표적인 횡파로는 물결파가 있고, 종파로는 소리가 있습니다.

파동의 이용

파동은 여러 분야에서 이용되고 있습니다. 밤을 밝혀 주는 빛부터 의료 기기에 사용되는 초음파와 휴대 전화를 연결하는 전자기파까지 오늘날 파동은 우리 생활에 없어서는 안 될 만큼 널리 쓰이고 있습니다.

뚜…
뚜…
뚜…

음파 음파는 공기뿐만 아니라 액체와 고체를 통해서도 전해집니다. 바다의 깊이와 지형 등을 탐지하는 데 사용되며, 임산부의 태아나 우리 몸속의 병을 눈으로 확인하는 초음파에도 이용되고 있습니다.

안 돼~!
전자기파에 포위됐다!
윙~
윙~

전자기파 전자기파는 파장에 따라서 전파, 적외선, 가시광선, 자외선, X선, 감마선 등으로 나뉩니다. 우리가 외부 세계를 파악하는 데 꼭 필요한 빛(가시광선)부터 휴대 전화, 방송, 통신 등에 쓰이는 전파, 항공이나 선박, 군사 레이더에 유용하게 쓰이는 마이크로파까지 이용 분야가 광범위합니다.

파동의 다양한 성질

파동은 다양한 성질을 가지고 있습니다. 거울이나 콘크리트 벽에 닿으면 튕겨져 나오기도 하고, 우리의 몸속을 통과하기도 합니다. 또 장애물을 만나면 돌아 가기도 하고, 멀리 떨어진 물체를 움직이게 할 수도 있습니다.

파동의 반사

파동은 진행하다가 다른 매질의 경계에 닿으면 파동의 전부, 또는 일부가 되돌아오는데 이것을 파동의 반사라고 합니다. 매질의 종류에 따라 반사의 정도가 달라져, 콘크리트같이 단단한 벽은 거울이 빛을 반사하는 것처럼 소리를 100% 가까이 반사합니다. 이러한 원리는 건물 설계에 이용되어, 특히 공연장 등에서 모든 객석에 소리가 골고루 전달될 수 있게 합니다.

©Wiki

속삭이는 화랑 영국의 세인트폴 대성당의 속삭이는 화랑은 소리의 반사 원리를 이용해, 작은 소리도 30m나 떨어져 있는 사람에게까지 들린다.

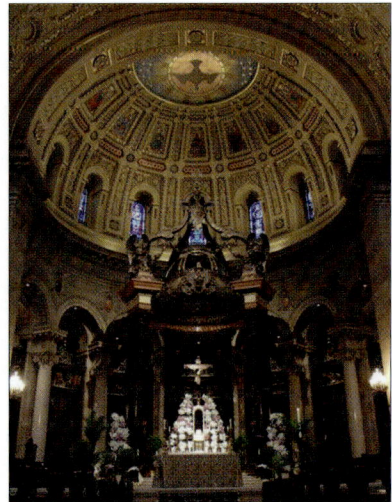

파동의 굴절

파동은 물질의 경계부에서 일부는 반사하고 나머지는 굴절을 일으키며 나아갑니다. 파동의 굴절이란 파동이 진행하다가 매질이 다른 경계면에서 진행 방향이 꺾이는 현상을 말합니다. 파동이 굴절하는 이유는 두 매질에서 진행되는 파동의 속력이 달라지기 때문입니다. 일상에서 가장 쉽게 접하는 굴절 현상은 돋보기나 안경, 망원경에 쓰이는 렌즈입니다. 그 외에도 물컵에 넣은 연필이 수면에서 꺾여 보이는 현상, 수조 바닥에 놓인 동전이 실제보다 가깝게 떠 보이는 현상 등이 모두 파동의 굴절 때문에 일어나는 현상입니다.

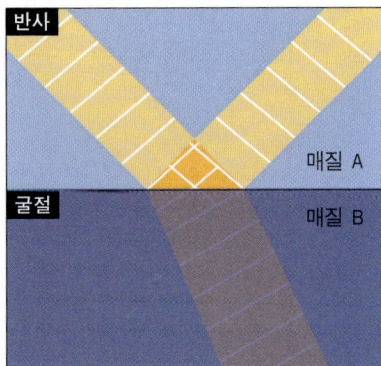

반사

매질 A

굴절

매질 B

반사와 굴절 매질이 달라지면 파동의 일부는 반사하고, 일부는 굴절한다.

파동의 투과

파동은 물질 속을 통과하여 나아가기도 합니다. 이러한 현상을 파동의 투과라고 하며, 주로 의료 분야에서 널리 이용되고 있습니다. 가장 대표적인 예가 엑스레이의 인체 투과입니다. 우리 몸속에는 엑스레이가 투과하기 쉬운 곳과 그렇지 않은 곳이 있는데, 이러한 원리를 이용해 인체 내부의 상태를 볼 수 있는 엑스레이 사진을 얻을 수 있습니다. 또한 초음파는 인체를 투과한 후 반사되는 파동으로, 이를 이용해 임산부 배 속의 태아 모습이나 몸속의 질병 등을 관찰할 수 있습니다. 또 지구의 내부에 깊게 투과시켰다가 지표로 되돌아오는 지진파의 투과와 반사를 이용해 지구의 내부 구조를 밝히는 데도 이용됩니다.

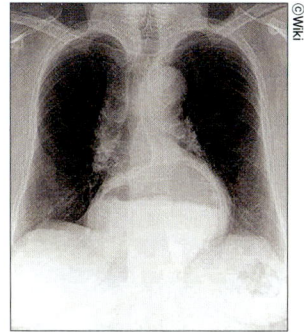
엑스레이 사진.

파동의 공명

모든 물체는 자신만의 고유한 진동수를 갖고 있습니다. 한 물체가 진동하기 시작하면 그 물체와 같은 고유 진동수를 가진 다른 물체도 파동 에너지를 흡수하여 함께 진동하는데, 이러한 현상을 공명이라고 합니다. 공명이 일어나면 물체의 흔들림이 매우 커지기 때문에 때로는 공명 현상으로 다리가 무너지고 건물이 주저앉는 등 큰 재앙이 일어나기도 합니다.

타코마 다리의 붕괴 1940년 11월 7일, 미국 워싱턴 주의 타코마 다리가 무너졌습니다. 원래 시속 190km의 바람에도 끄떡없게 만들어진 다리였지만, 다리의 진동수와 바람의 진동수가 같아 공명을 일으키자, 시속 67km의 비교적 약한 바람에 다리가 엿가락처럼 휘어지다 무너지고 만 것입니다.

타코마 다리의 붕괴.

멕시코시티의 지진 1985년 멕시코시티의 지진에서는 높은 건물보다 유독 20층 높이의 건물만 피해가 컸습니다. 그 이유는 약 60m 높이 건물의 진동수가 지진파의 진동수와 맞아 공명을 일으켰기 때문입니다. 이렇게 지진의 규모가 크지 않아도 물체의 고유 진동수와 지진파의 진동수가 같으면 큰 재난으로 이어질 수 있습니다.

1985년 멕시코시티의 지진.

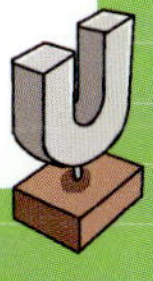

파동의 간섭

마루
골
마루 +
골
=
보강 간섭

마루
골
마루 +
골
=
상쇄 간섭

두 개의 파동이 서로 겹쳐서 파동이 강해지거나 약해지는 현상을 파동의 간섭이라고 합니다. 이때 진폭과 파장이 같은 두 파동의 마루와 마루가 겹쳐 마루의 높이가 두 배로 커지는 것을 보강 간섭이라고 합니다. 반대로 두 파동의 마루와 골이 겹치면 파동이 약해지거나 사라지는데, 이를 상쇄 간섭이라고 합니다.

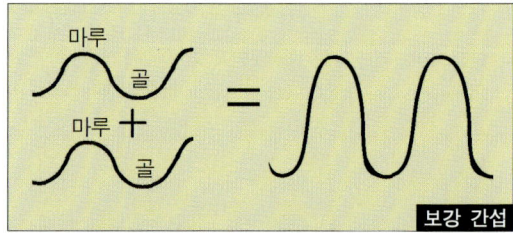

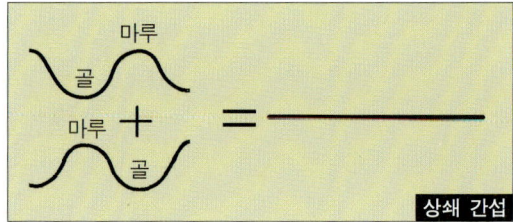

이러한 간섭 현상은 일상생활에서도 요긴하게 이용됩니다. 자동차나 오토바이에 달린 머플러는 반사된 소리로 상쇄 간섭을 일으켜 밖으로 빠져나오는 소음을 줄입니다. 공연장을 설계할 때도 소리의 간섭 현상을 고려해야 합니다. 상쇄 간섭을 일으키는 자리에서는 소리가 잘 들리지 않고, 보강 간섭을 일으키는 자리에서는 소리가 지나치게 크게 들릴 수 있기 때문입니다.

빛의 간섭 비눗방울이 신비로운 색깔을 띠는 것은 비눗방울 윗면에서 반사한 빛과 아랫면에서 반사한 빛이 서로 간섭을 일으키기 때문입니다. 이것은 보는 각도에 따라 간섭의 정도가 다르기 때문에, 한 번에 만든 비눗방울들이 서로 다른 색으로 보이기도 합니다.

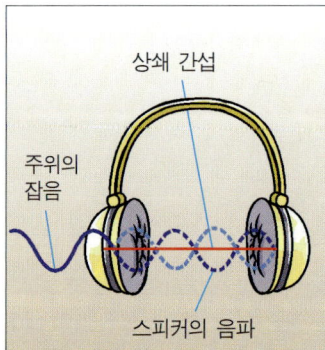

소리의 간섭 소음 제거 기능을 가진 헤드폰은 바깥의 소음과 같은 위상의 파를 스피커로 내보냅니다. 이렇게 상쇄 간섭을 일으켜 잡음을 사라지게 하는 것입니다.

전파의 간섭 때때로 휴대 전화의 수신 상태가 좋지 않은 이유는 기지국에서 보내는 전파가 여러 경로를 지나 도달하는 동안 상쇄 간섭을 일으켰기 때문입니다.

표면에서
반사한 빛
바닥 면에서
반사한 빛

빛의 간섭.

상쇄 간섭
주위의
잡음
스피커의 음파

소리의 간섭.

반사 전파
회절 전파
기지국
직접 전파
상쇄 간섭
뭐라고?!

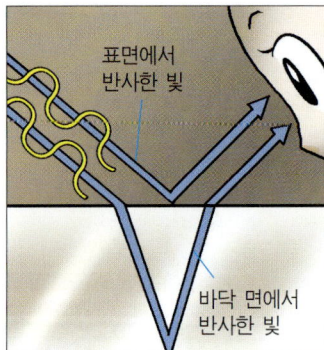

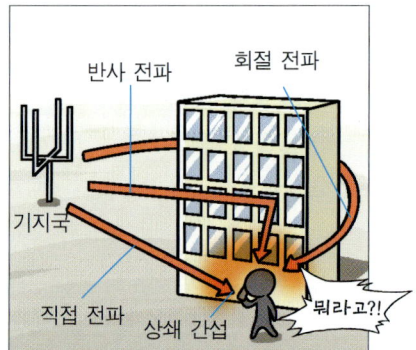

전파의 간섭.

파동의 회절

파동이 장애물의 가장자리에서 휘어지는 현상으로, 물결파를 좁은 틈으로 통과시켜 보면 파동의 회절을 쉽게 관찰할 수 있습니다. 회절은 파장이 길수록 더 잘 일어납니다. 장애물이 있을 때 소리는 들리지만 앞은 볼 수 없는 이유도 소리의 파장은 1m 정도로 매우 길지만, 빛의 파장은 400~700nm 정도로 매우 짧기 때문입니다.

부릉
쫑긋
이 소리는 중화루가 지나가는 소리?

빛의 회절 빛의 회절 현상은 빛이 파동이라는 것을 입증해 주는 중요한 현상 중 하나로, 이것은 이중 슬릿 실험을 통해 눈으로 확인할 수 있습니다. 빛의 회절 현상은 사진기의 원리에도 사용됩니다. 사진기의 조리개를 조이면 선명한 사진을 얻을 수 있지만 너무 많이 조이면 오히려 사진의 품질이 떨어지는데, 이것은 조리개의 틈을 지나는 빛이 회절하며 분산되기 때문입니다.

©Wiki

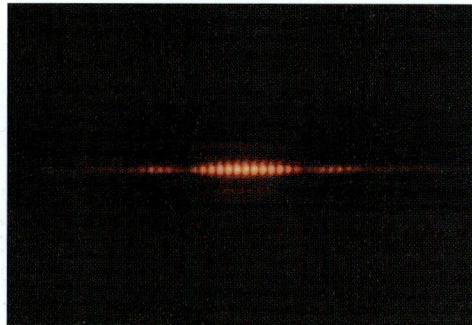

빛의 회절 무늬.

전파의 회절 라디오의 전파가 큰 건물의 뒤쪽이나 산속 계곡에서도 수신되는 것은 전파의 회절 현상 때문입니다. 특히 라디오의 AM 방송은 FM 방송에 비해서 수신이 잘 되는데, 이것은 AM 방송에 사용되는 전파의 파장이 FM 방송에 사용되는 파장보다 길어서, 건물이나 장애물을 만났을 때 회절되어 구석구석 잘 전달되기 때문입니다. 그래서 FM 방송은 건물 지하나 터널, 지하철 등에서는 수신이 잘 잡히지 않습니다. 하지만 FM 방송은 전파의 파장이 짧은 대신 주파수대를 널리 잡으며, 방송국 간에 혼신을 일으키지 않기 위해 주파수 간격을 크게 잡아 음질이 좋다는 장점이 있습니다.

방송은 역시 AM이지!
FM 방송은 왜 잘 안 잡히지?

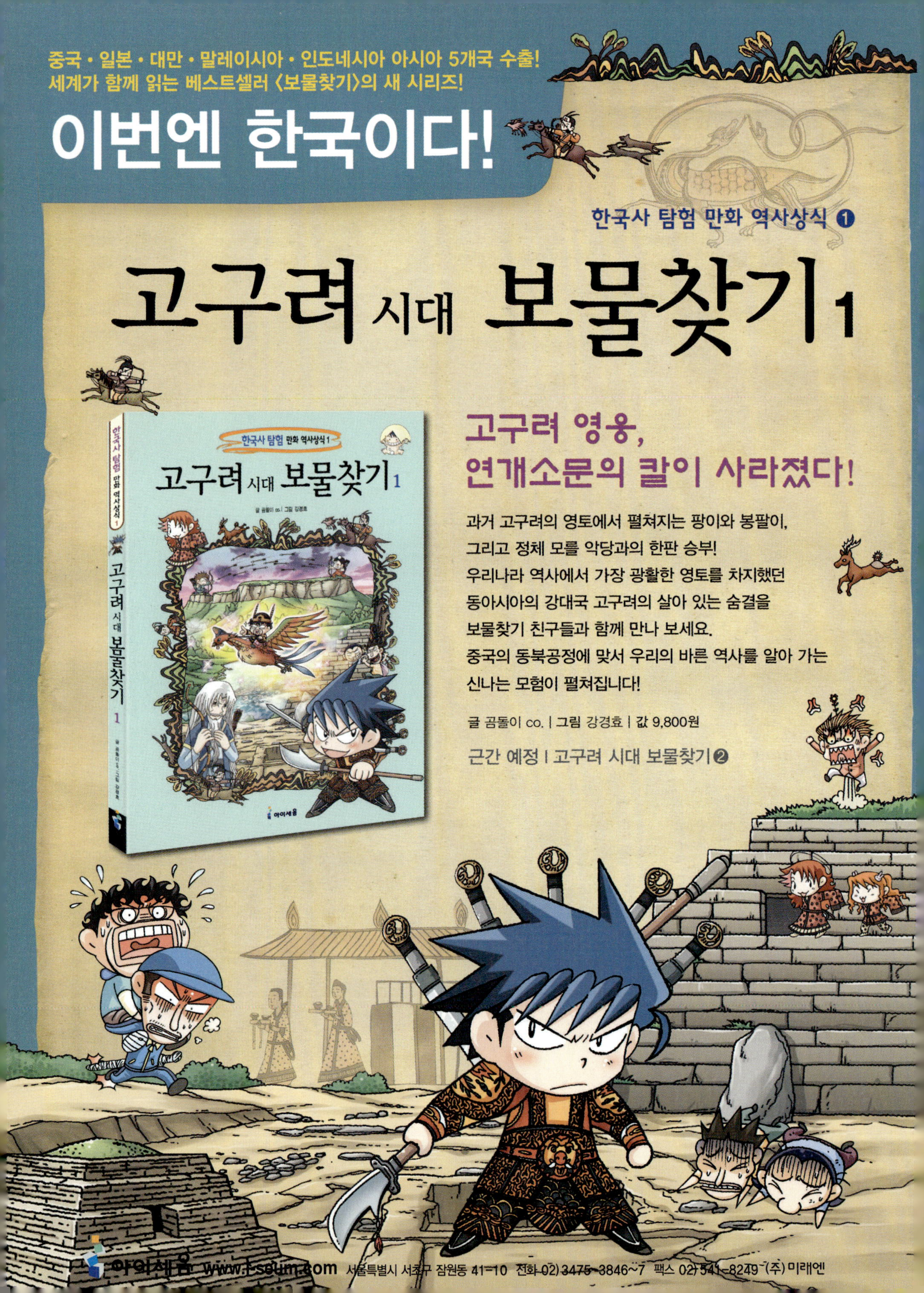

중국 • 일본 • 대만 • 말레이시아 • 인도네시아 아시아 5개국 수출!
세계가 함께 읽는 베스트셀러 〈보물찾기〉의 새 시리즈!
이번엔 한국이다!
한국사 탐험 만화 역사상식 1
고구려 시대 보물찾기 1
한국사 탐험 만화 역사상식 1
고구려 시대 보물찾기 1
고구려 영웅,
연개소문의 칼이 사라졌다!
과거 고구려의 영토에서 펼쳐지는 팡이와 봉팔이,
그리고 정체 모를 악당과의 한판 승부!
우리나라 역사에서 가장 광활한 영토를 차지했던
동아시아의 강대국 고구려의 살아 있는 숨결을
보물찾기 친구들과 함께 만나 보세요.
중국의 동북공정에 맞서 우리의 바른 역사를 알아 가는
신나는 모험이 펼쳐집니다!
글 곰돌이 co. | 그림 강경효 | 값 9,800원
근간 예정 | 고구려 시대 보물찾기 2
아이세움 www.i-seum.com 서울특별시 서초구 잠원동 41-10 전화 02) 3475-3846~7 팩스 02) 541-8249 (주) 미래엔

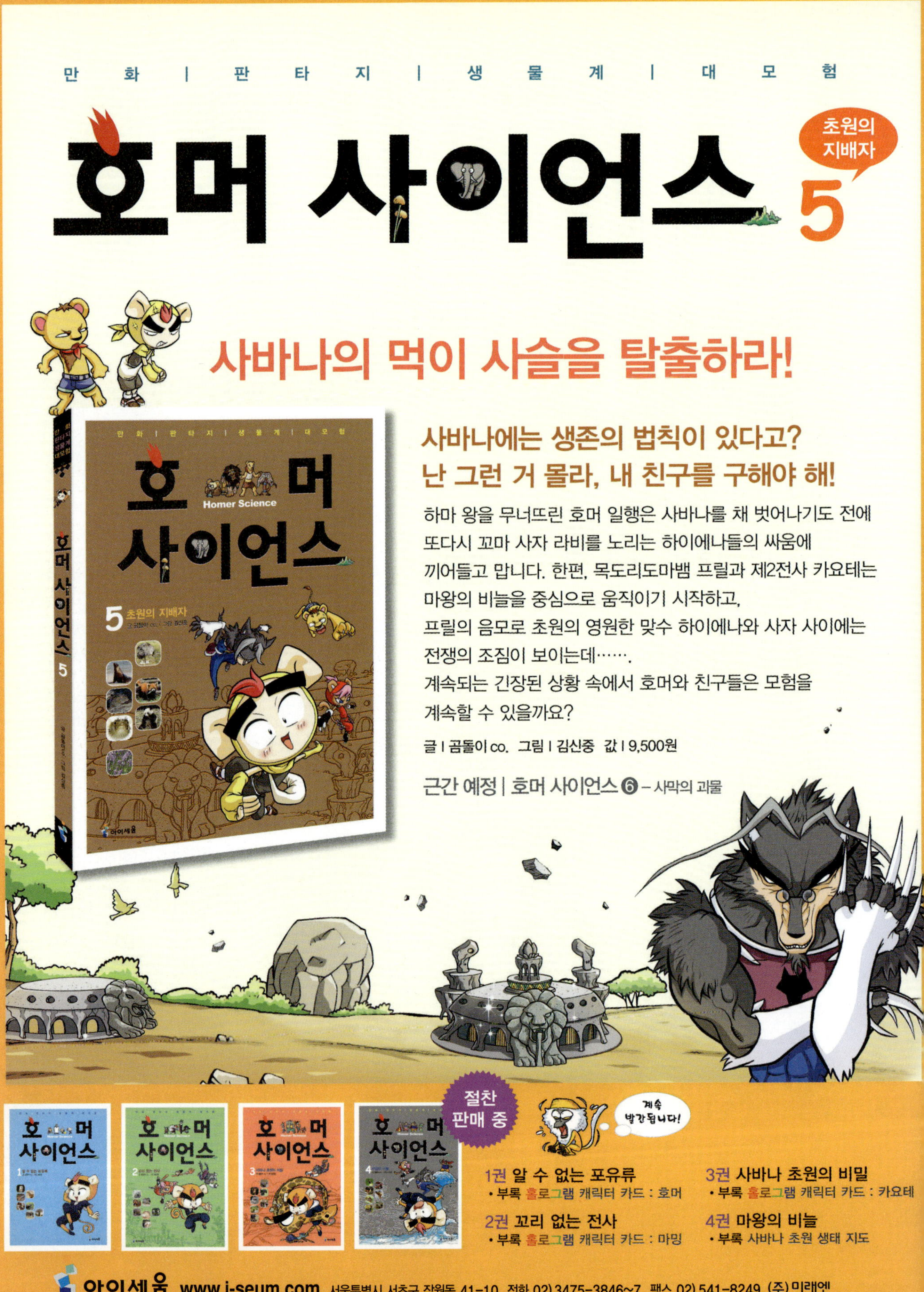

만 화 | 판 타 지 | 생 물 계 | 대 모 험
호머 사이언스 5
초원의 지배자
사바나의 먹이 사슬을 탈출하라!
사바나에는 생존의 법칙이 있다고?
난 그런 거 몰라, 내 친구를 구해야 해!
하마 왕을 무너뜨린 호머 일행은 사바나를 채 벗어나기도 전에
또다시 꼬마 사자 라비를 노리는 하이에나들의 싸움에
끼어들고 맙니다. 한편, 목도리도마뱀 프릴과 제2전사 카요테는
마왕의 비늘을 중심으로 움직이기 시작하고,
프릴의 음모로 초원의 영원한 맞수 하이에나와 사자 사이에는
전쟁의 조짐이 보이는데…….
계속되는 긴장된 상황 속에서 호머와 친구들은 모험을
계속할 수 있을까요?
글 | 곰돌이 co. 그림 | 김신중 값 | 9,500원
근간 예정 | 호머 사이언스 ⑥ – 사막의 괴물
호머 Homer Science 사이언스
5 초원의 지배자
아이세움
절찬 판매 중
계속 발간됩니다!
1권 알 수 없는 포유류
• 부록 홀로그램 캐릭터 카드 : 호머
2권 꼬리 없는 전사
• 부록 홀로그램 캐릭터 카드 : 마밍
3권 사바나 초원의 비밀
• 부록 홀로그램 캐릭터 카드 : 카요테
4권 마왕의 비늘
• 부록 사바나 초원 생태 지도
아이세움 www.i-seum.com 서울특별시 서초구 잠원동 41-10 전화 02) 3475-3846~7 팩스 02) 541-8249 (주) 미래엔

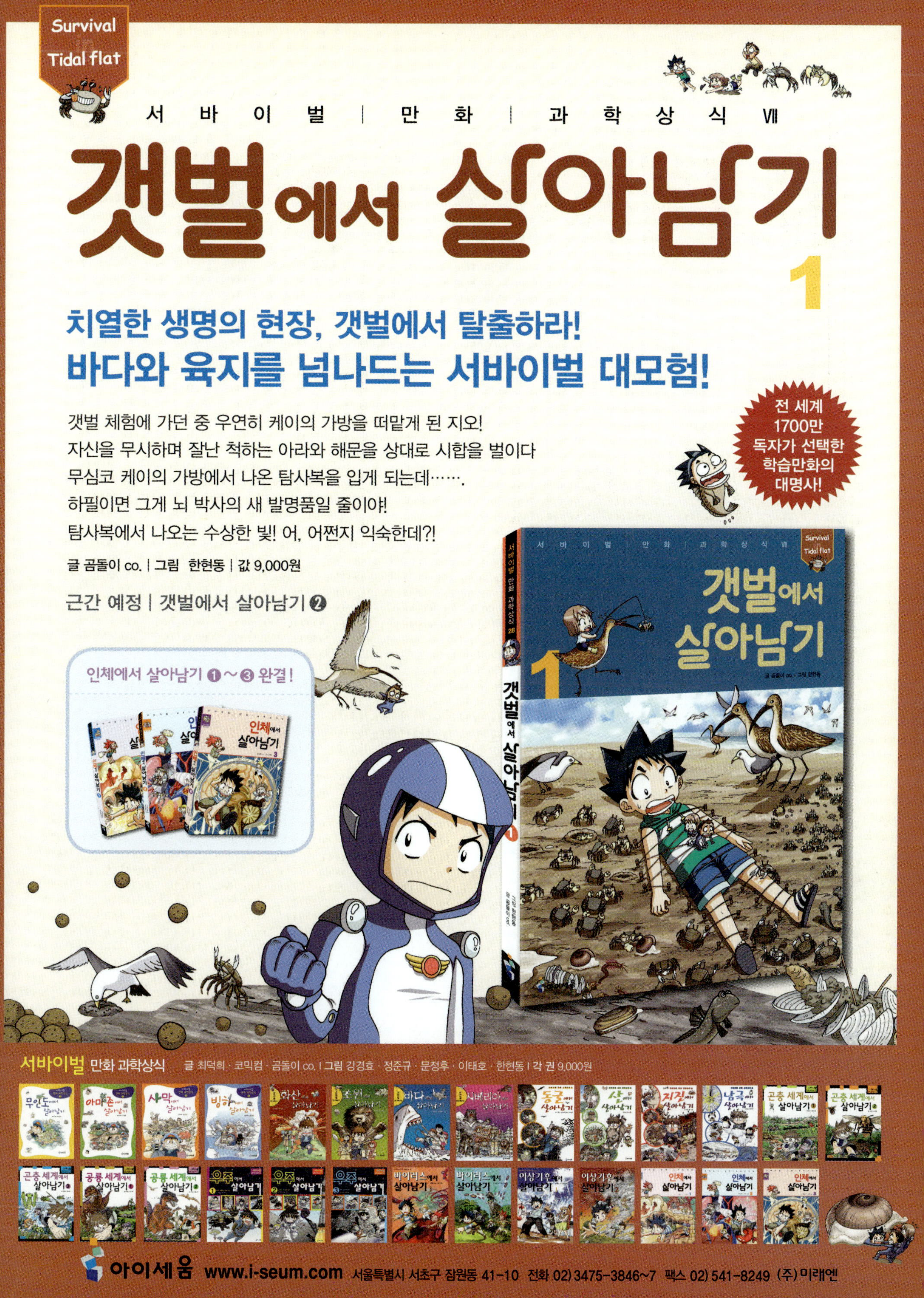
Survival in Tidal flat
서 바 이 벌 | 만 화 | 과 학 상 식 Ⅶ
갯벌에서 살아남기 1
치열한 생명의 현장, 갯벌에서 탈출하라!
바다와 육지를 넘나드는 서바이벌 대모험!
갯벌 체험에 가던 중 우연히 케이의 가방을 떠맡게 된 지오!
자신을 무시하며 잘난 척하는 아라와 해문을 상대로 시합을 벌이다
무심코 케이의 가방에서 나온 탐사복을 입게 되는데…….
하필이면 그게 뇌 박사의 새 발명품일 줄이야!
탐사복에서 나오는 수상한 빛! 어, 어쩐지 익숙한데?!
글 곰돌이 co. | 그림 한현동 | 값 9,000원
근간 예정 | 갯벌에서 살아남기 ❷
전 세계 1700만 독자가 선택한 학습만화의 대명사!
인체에서 살아남기 ❶~❸ 완결!
갯벌에서 살아남기 1
서바이벌 만화 과학상식 글 최덕희 · 코믹컴 · 곰돌이 co. | 그림 강경효 · 정준규 · 문정후 · 이태호 · 한현동 | 각 권 9,000원
아이세움 www.i-seum.com 서울특별시 서초구 잠원동 41-10 전화 02) 3475-3846~7 팩스 02) 541-8249 (주) 미래엔

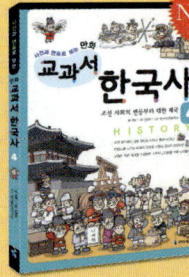

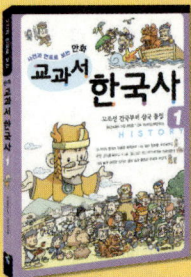

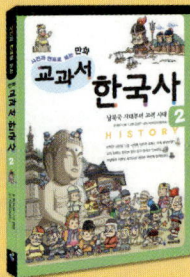

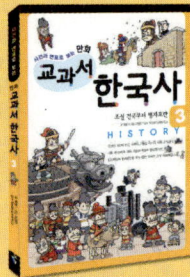

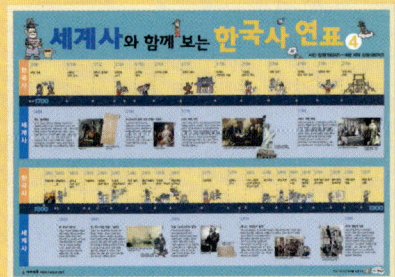

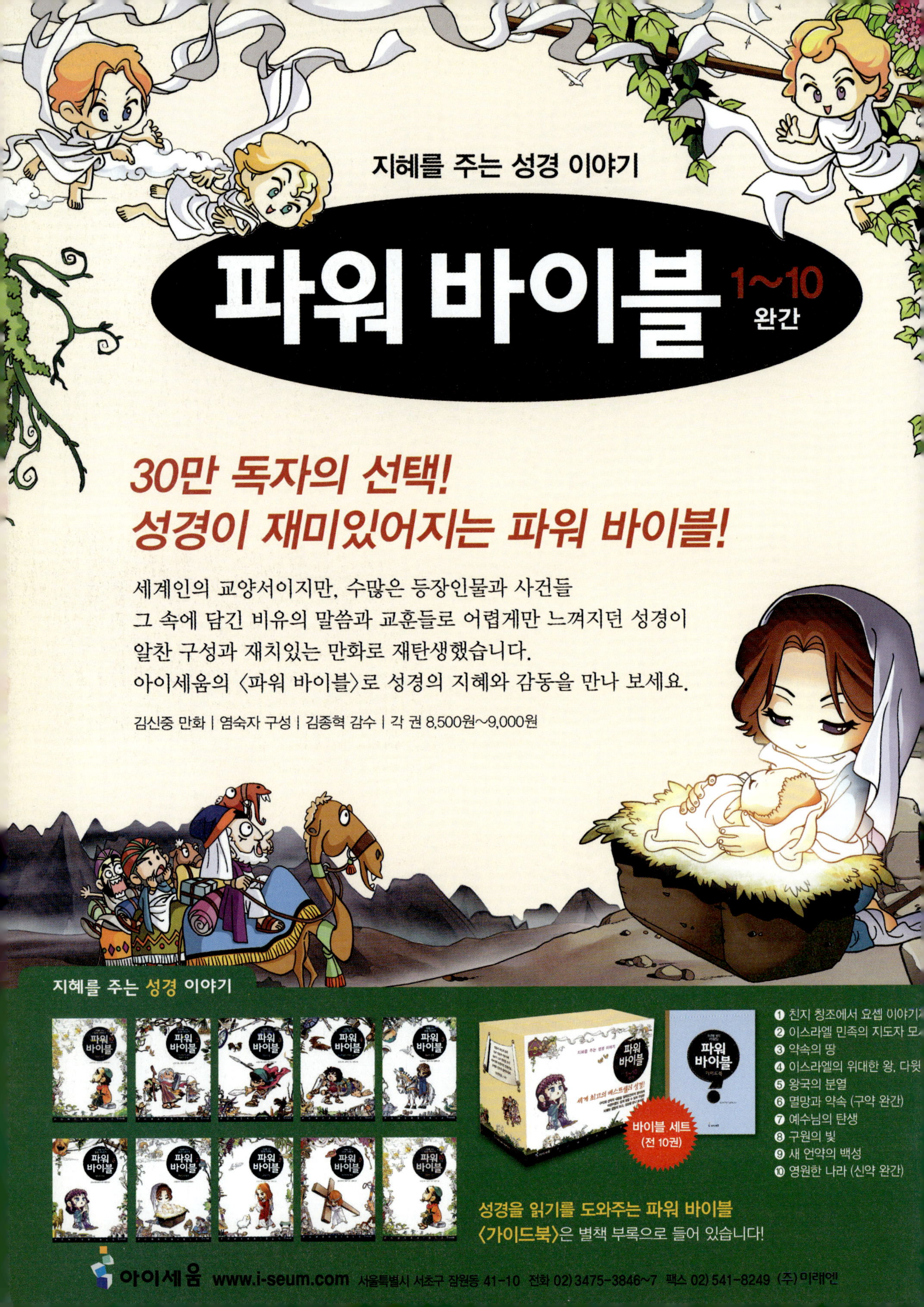
지혜를 주는 성경 이야기
파워 바이블
1~10
완간
30만 독자의 선택!
성경이 재미있어지는 파워 바이블!
세계인의 교양서이지만, 수많은 등장인물과 사건들
그 속에 담긴 비유의 말씀과 교훈들로 어렵게만 느껴지던 성경이
알찬 구성과 재치있는 만화로 재탄생했습니다.
아이세움의 〈파워 바이블〉로 성경의 지혜와 감동을 만나 보세요.
김신중 만화 | 염숙자 구성 | 김종혁 감수 | 각 권 8,500원~9,000원
지혜를 주는 성경 이야기
바이블 세트 (전 10권)
❶ 천지 창조에서 요셉 이야기
❷ 이스라엘 민족의 지도자 모
❸ 약속의 땅
❹ 이스라엘의 위대한 왕, 다윗
❺ 왕국의 분열
❻ 멸망과 약속 (구약 완간)
❼ 예수님의 탄생
❽ 구원의 빛
❾ 새 언약의 백성
❿ 영원한 나라 (신약 완간)
성경을 읽기를 도와주는 파워 바이블
〈가이드북〉은 별책 부록으로 들어 있습니다!
아이세움 www.i-seum.com 서울특별시 서초구 잠원동 41-10 전화 02) 3475-3846~7 팩스 02) 541-8249 (주) 미래엔